U0827178

医药营销管理系列丛书

医药营销新规则

环境、实践与新趋势

[美] 米基·C·史密斯（Mickey C.Smith）
E·M·米克·科拉萨（E.M.“Mick”Kolassa）
格雷格·珀金斯（Greg Pekins）
布鲁斯·西克（Bruce Siecker）◎著
思齐俱乐部◎译

Pharmaceutical Marketing Principles, Environment, and Practice

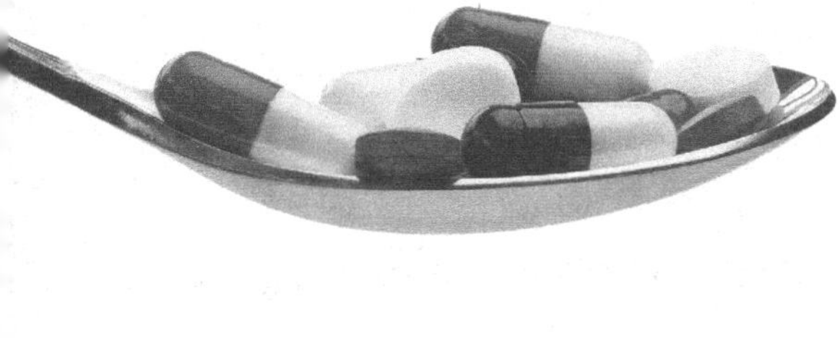

電子工業出版社
Publishing House of Electronics Industry
北京·BEIJING

Pharmaceutical Marketing: Principles, Environment, and Practice by Mickey C. Smith, PhD; E.M. "Mick" Kolassa, PhD; Greg Perkins, PhD; Bruce Siecker, PhD
Copyright © 2019 by Health Service Analysts
All Rights Reserved.
Authorized translation from English Language edition published by Informa Healthcare, part of Informa plc.

本书中文简体字版由 Health Service Analysts 授权电子工业出版社独家出版发行。未经书面许可，不得以任何方式抄袭、复制或节录本书中的任何内容。

版权贸易合同登记号 图字：01-2010-7643

图书在版编目（CIP）数据

医药营销新规则：环境、实践与新趋势 /（美）米基 • C.史密斯（Mickey C.Smith）等著；思齐俱乐部译. —北京：电子工业出版社，2017.1
（医药营销管理系列丛书）
书名原文：Pharmaceutical Marketing: Principles, Environment, and Practice
ISBN 978-7-121-30627-3

Ⅰ. ①医… Ⅱ. ①米… ②思… Ⅲ. ①药品—市场营销学—商务规则 Ⅳ. ①F724.73

中国版本图书馆 CIP 数据核字(2016)第 304233 号

责任编辑：刘淑敏
印　　刷：涿州市般润文化传播有限公司
装　　订：涿州市般润文化传播有限公司
出版发行：电子工业出版社
　　　　　北京市海淀区万寿路 173 信箱　邮编 100036
开　　本：787×980　1/16　印张：21.25　字数：369 千字
版　　次：2017 年 1 月第 1 版
印　　次：2023 年 5 月 第 7 次印刷
定　　价：68.00 元

凡所购买电子工业出版社图书有缺损问题，请向购买书店调换。若书店售缺，请与本社发行部联系，联系及邮购电话：（010）88254888，88258888。
质量投诉请发邮件至 zlts@phei.com.cn，盗版侵权举报请发邮件至 dbqq@phei.com.cn。
本书咨询联系方式：（010）88254199，sjb@phei.com.cn。

致我深爱的妻子 Molli

——E. M. Kolassa

献给我的妻子 Glenda 和儿子 Sean

——Greg Perkins

谨将我的工作献给美国制药工业和药学专业，献给 Beverly A. Siecker——我最爱的药师，献给我的商业伙伴、妻子和好友。

——Bruce Siecker, RPh, PhD

此书是我所著的医药营销系列的最后一本，谨以此书献给 Mary K. Hopkins Smith（RN 和 PhD）。若不是她的宽容，这个系列的第一本书就不会问世，也正是她的坚持，这最后一本书才得以呈现。

——Mickey Smith, RPh, PhD

我们还要感谢 Linda Rike、Marilyn Biondi、Peg Marr 和 Amy Rentner，他们在本书出版方面做了重要的工作。

好评如潮

1998 年刚做产品经理时看的是一本二手的科特勒的《市场营销》英文原版书，记得当时如获至宝，今天看到大家齐心协力翻译了本书，让更多刚入行和希望入行的年轻人有了参考书，我感到非常高兴！这也恰恰让我想到了医药营销行业的大趋势，那就是善意营销——一切为了病人的利益最大化，选择合适的病人，给予恰当的治疗，该停药的停药，该继续治疗的再继续治疗，我个人对此深信不疑。

阿斯利康中国内地和香港地区总裁　王磊

在中国医疗体制改革之时，希望本书对错综复杂的医药市场是一张良方。当今的产品经理不是纯粹的技术者，而是营销活动中的运营者。

第一三共（中国）投资有限公司总裁　包幼甫

本书将为我们更系统地学习和了解医药领域的专业营销知识和基本理论提供更多的便利。中国的医药市场相比西方有其独特之处，如何站在巨人的肩膀上发展符合中国国情的营销模式是我们需要不断探索的方向。尽管如此，我相信对于无论是专业营销人员还是有兴趣了解医药这个特殊行业营销模式的读者来说，本书都会是一本很好的入门级教科书。

卫材（中国）药业有限公司、医药事业本部副总经理　郭永

制药业是一个相对特殊的行业，它必须更好地兼顾经济效益与社会责任，既要遵循一般的市场规律，考虑利润和效率；又始终不应忘记其道义和社会责任，须知对生命的尊重、对他人的关爱是我们这个行业的立足之本。本书的译者们心中有爱（本书所有稿费将用于资助贫困学生），以他们的辛劳践行着理想与责任，相信也将感染和鼓舞更多的同道或有志于医药营销事业的人。

中国的制药市场在未来若干年仍会蓬勃发展，这对于每一个从业人或希望跨入这个行业的人都是难得的机遇。通过阅读此书，读者可以了解制药业市场营销工作的基本原则和规律，以及由此衍生的药品研发、定价、推广及外部环境对制药市场的影响。随着中国医药市场的发展，企业和社会对医药营销提出的要求越来越高，相信本书于中国的医药营销人当有借鉴意义。

诺华制药（中国）呼吸疾病领域业务负责人　向宇

本书的作者史密斯有近40年的药品行业经验，他以美国药品营销环境为背景，为想加入或刚加入药品营销行业的人员讲述了药品营销的基本原则、环境及实践活动。如作者所说，虽然市场环境变化很大，但是这些基本原则依然适用。虽然本书是以美国市场为背景的，但是它的基本营销原则在中国一样适用，是医药营销人员必读的工具书，虽然中国的医药环境和美国有很多不同之处。

艾伯维医药贸易 Specialty Care 部门负责人　谢勤

医药营销的全链条分析、重要环节的深入剖析、核心要素的实例对比，加上中国产品经理的精心翻译，可读性极强。本书可作为医药营销初学者的教科书、从业者的参考书，工作中不时翻看和查阅将会大有裨益。

武田（中国）投资有限公司消化事业部负责人　张和平

在中国，市场营销方面的书籍林林总总，但真正针对医药市场的市场营销学却近乎空白，本书以营销学的理论体系为线索，从市场、产品、价格、渠道等方面阐述了市场营销的真谛，并注重从战略和策略上详细地体现这些知识，案例解析也提供了更直接的帮助，深入浅出地呈现了一个美国医药市场。美国市场相对成熟，机制也较完善，大家稍微了解一下美国的市场环境有助于更好地理解此书，中国现在正在渐渐地走上规范化道路，相信本书会带来莫大的收获。

葛兰素史克（中国）投资有限公司企业运营前总经理 EFGM　章清猜

今天，医学已经开始向精准医学迈进了，中国的医疗互联网化也拉开了大幕，医药营销的环境虽然发生了巨大的改变，但本书依然是药企从业人员的必读书，无论是市场部、销售部，还是医学部……因为市场营销是公司每个人的职责，而不仅是市场部的工作。

多年来，制药业的市场营销一直没有一本好的教材，很多医药市场部的人都是自己在工作中摸索，加上公司的有限培训，仍不成体系。本书可以让市场部人员成为真正的市场营销者，让销售人员的销售更有技巧，让医学部的工作更有策略。

药品营销，既要有“术”，同时也要懂“道”。“道”既包括药品营销的原理，也包括药品营销要遵循的道德规范，在合规的大趋势下，懂“道”也许是长期发展的硬道理。

良医汇创始人、礼来制药前品牌副总监　王珏

医药领域终于有了自己的营销专著！亲历过去20年来医药行业营销人员对营销领域的启蒙和实践，深知营销与销售团队沟通的重要性；然而，营销人知道沟通的重要性和能否善于沟通则是两回事。营销人需要有自己明确的价值主张，还必须用对方的语言而不是用营销术语来表达自己的主张，才能够真正产生影响力。现在，有了医药行业自己的营销学，就不用花那么多时间把通用营销学的内容转化到医药领域来了。

《做自己的教练，医药代表的五把利剑》和

《做自己的教练，销售经理的22条军规》作者　仲崇玉

前言

当这本书正在被准备时，我的脑海里出现了很多出书的原因。当然这本书会是我30 多年前开始出版的医药营销学五部曲的最后一本。我已经研究医药商业 40 多年了（如果你从我的第一份工作算起，工作在一个喝苏打水的地方，从字面上看，是街角的一个小药房）。还有一点可别忘了，这可是医药市场营销的一个黄金时代。

回首这三四十年的出版和经验，我这几年知道的那些有关医药营销学的曾令我感到巧妙的东西现在已不那么真实了。那种自我贬低有助于良好的沟通交流。但是事实是今天市场上的准则还像我 1968 年发行第一本书时一样真实、准确。有些东西改变了，那么某些东西也要随之而变，这就是这种准则的应用。

在本书里，我的合著者和我一同回归到这种准则。然后我们企图用语言描述影响准则应用的环境因素。最后我们提供了医药营销学准则的应用例子来解释这些环境因素。

我们把这本书的读者分为两类：一类是有着学术背景知识，但缺少医药营销学的知识或经验；另一类是有医药营销学或其他医药营销的知识，但缺少实地营销锻炼。理想的读者是已经或想把自己的第一定位立在医药产业上。那第一份工作不需要负责公司市场活动中的某一项目。的确，我个人有一个信仰，就是工作在医药市场业的每个人，不管是市场零售员工还是科学实验员，都应该有一个销售对该公司乃至社会的影响的基本的理解。

我相信一位中等水平的读者应该包括调节、评论、投资于或直接从事医药产业的人。记者、政治家、市场调节者、消费者、拥护者、教育工作者、股票经纪人和引领健康的专家教授们，都对既有效率又有效的医药营销作用和系统的理解利害攸关。

米基·史密斯

作者简介

米基·C·史密斯（Mickey C. Smith）博士是美国密西西比大学医药营销管理中心总监。他是20本以上书籍的作者，并负责编辑《药品销售与管理杂志》和《药物经济学研究杂志》。

E·M·米克·科拉萨（E.M. "Mick" Kolassa）博士是美国密西西比大学药物科技研究所药品营销管理研究的项目协调员。他是波士顿战略定价集团的前副总裁和山德士制药有限公司定价与经济策略的前总监。科拉萨博士是《药品定价要素》的作者。

格雷格·珀金斯（Greg Pekins）博士是苏威制药公司全球监管系统高级副总裁。他曾在4家制药公司任职27年以上。他的工作经历包括法规事务、临床研究、质量保证/控制及合规性。他曾在多个方面取得成就，其范围涵盖了Actifed向非处方药转换和参与开发治疗AIDS的前两种药品——Retrovir与Hivid。

布鲁斯·西克（Bruce Siecker）博士是全球商业研究有限公司的总裁。作为药品制药商、批发商、反向分销商、药房和协会的咨询员，他实施了客户端发起的关于商业与职业问题的研究，提供法规和纲领性合规性审计、调查和培训计划，并提供Channel Clicks——一项客户趋势预测服务。

目　录

第1部分　介　绍

第 2 部分　产　品

第 3 部分　价　格

第 4 部分 渠 道

第5部分 推 广

第 6 部分　结　论

第 1 部分

介　绍

第1章

总论

米基·史密斯（Mickey Smith）

“市场营销是对理念、产品及劳务进行设计、定价、推广及分销的计划与实施的过程，从而创造满足个人和组织目标的交换。”

——美国市场营销协会（American Marketing Association，AMA），1985

关于市场营销的定义众说纷纭，部分定义极具研究价值。某位资深教授曾将市场营销定义为“不断创造并传递生活的标准”。类似从宏观角度关于市场营销的解释也在另一定义中得到印证：“市场营销是在一定范围内，以高效的解决方案满足社会需求或促进消费价值观交换的基本社会过程。”

此种有关市场营销宏观方面的解释与行业息息相关，而行业里的所有产品更与人类的幸福及整个社会紧密相连。此外，我们目前还从微观层面发现了有关市场营销更为传统的定义。著名市场营销专家麦卡锡（McCarthy）与佩罗（Perreault）认为微观市场营销是“通过预测客户的需求，将满足需求的产品和服务从生产商手中引导至客户处，从而实现组织目标的活动”。

莱维特（Levitt，现代营销学奠基人之一）总结了市场营销专家的真知灼见。他认为，市场中到处充斥着竞争，渴望从中获取成功需要具备看似简单实则至关重要的因素：

➢ 任何交易都旨在获取并维系客户。

- 为了达到交易目的，生产者必须采用合理的竞争方式，生产与提供满足客户需求的产品和服务，并保证所提供的产品和服务与客户的利益保持一致。
- 要生存就必须不断创造利润。
- 做到以上这些需要明确的目标、精细的计划及清晰的沟通。
- 必须建立利于管理的奖惩系统和纠错反馈机制。

药品营销

如果您希望从本书中受益，请牢记 “知易行难”（Deceptively Simple）4 个字。

如今，市场营销已经渗透到人们的日常生活中。比如，人们对汽车颜色的选择不再拘泥于一种，这正是营销分析的功劳；佛罗里达和加州新采摘的橘子在短短几个小时内便可抵达密歇根和缅因州，这正是营销中分销的作用；市面上出现的种种精美的包装食品和预制食品也是营销对产品包装影响的深层体现。

研究市场营销的另一个原因在于其有助于我们了解商品成本。一般而言，客户购买商品所支付的价格中，营销成本占了一半之多。作为消费者，我们应该了解这些成本的本质，以便更好地评判自己的市场投资是否值得。

营销原则适用于多种行业和多种环境，是营销板块中值得反复研究的领域。本章节所涉及的药品营销（Pharmaceutical Marketing）原则主要是从制药商的角度出发进行探讨的，同样适用于整个行业。

市场营销的发展演变

市场营销自古就有。人类的第一次市场交易可以从圣经中找到蛛丝马迹——亚当和夏娃用整个伊甸园换来了一口苹果。自亚当、夏娃与撒旦的第一笔交易发生后，有关营销的道德标准并没有得到改善。

虽然以往交易的规模和范围有限，但不管是贸易还是简单的物物交换都贯穿了整条历史长河，而市场营销近期才逐步成为社会发展的主要动力。毋庸置疑，只有当人类的生产能力超过生存所需时，市场营销才开始变得重要。从世界范围来看，这一演变出现的时间与地点均有所不同，所以世界各地的市场竞争水平并不一致。快速发展的国际贸易正在慢慢缩小这一差异。

随着生产力及专业化分工的产生，市场营销的发展逐步加快。在早期的美国，拓荒者只能依靠仅有的几亩土地生存。人们变得越来越精通耕作后，大多数人成了优秀的烟草种植者，而他们的邻居擅长种植玉米和小麦。物物交换由此诞生。烟草交换玉米，玉米交换小麦，小麦交换大米。很快，这些擅长种植某种作物的人开始变得更加专业，效率也随之提升，最终使得各种商品的总产量大幅增加。

为了发掘更多的交易机会，生产者需要将货品运到其他的区域，马车制造商应运而生。而当交换媒介——货币被发明后，运输问题才得到相应缓解，从此不再需要把全部货物运到每个潜在用户处。某一天，突然出现了这样一批人：他们购买了农民的所有作物，再转卖给买家。此时，中间批发商便出现了。

市场营销过程的最后一个主要环节是快速发展的规模化生产技术、不断演变的市场传播方式及迅猛发展的运输方式共同作用的结果。如今，人们几乎可以大量生产任何一种产品，所以市场营销推广方面的任务也就诞生了：

- 让公众了解产品的可用性。
- 让人们了解产品的特点，从而提高销量。

药品营销的发展历程

随着社会的发展，各个领域纷纷出现了各自的“专业人士”。以前的“赤脚医师”慢慢开始演变为当今制药商；美国独立战争（Revolutionary War）时期的小商贩逐渐发展成为今天的推销员，并不断将草药和治疗方法推销给医生和病患。工业的迅速发展使得众多公司如雨后春笋般诞生，如礼来制药（Lillys）、施贵宝（Squibbs）、帕克斯（Parkes）和默沙东（Dohmes）等。它们创立公司，成为现代制药行业的先驱。

尽管美国内战（Civil War）结束后零售商体系和社区药店逐渐取得成功，但药品批发业（Drug Wholesaling）早在之前便以独立的市场营销机构身份不断凸显其重要地位。

索德克（Sonnedecker）指出，美国制药业的发展得益于战争。特别是在内战后，战争期间对药品的特殊需求，激发了制药企业的蓬勃发展。第二次世界大战（World War II）是制药企业发展最为重要的一个阶段。从各方面来看，20 世纪 40 年代早中期是药品营销开始的标志时期。

虽然有时很难区分事情发展的来龙去脉，但毫无疑问，磺胺药（sulfas）的广泛使用、青霉素（penicillin）的研发及“神丹妙药”（Wonder Drugs）的研制铸就了 20 世纪下半叶医疗水平的突飞猛进。相比之下，制药业的市场营销却难以跟上制药科技快速发展的步伐。

在制药业高速发展的过程中，市场营销的手段并没有太大发展。即使在 20 世纪初的“经济大萧条”时期（Depression Years），药品销售情况依然良好。第二次世界大战后，随着经济的复苏，大量药品研究工作得以展开，制药业达到空前繁荣。由于药品的特殊属性，成千上万人使用这些药品并从中获益。但如果药品研发生产失败，那么造成的伤害也是不可估量的。

整个制药业的发展前景越来越广阔，越来越多的公司试图在整个行业中站稳脚跟，竞争也就随之而来。这种情况下，仅靠新药品研发已经无法实现销售增长。于是，制药行业开始大量网罗熟悉制药业且有经验的批发商和零售商。价格开始成为这一阶段主要的竞争手段。行业环境的发展，迫使制药企业不得不提高营销技能以匹配其研发能力。

制药公司负责组织和管理药品营销的人员发现他们所处的行业拥有一些与众不同的特点及问题。同其他生产普通用品的行业相比，制药行业最大的不同在于独特的购买决策方式。消费者对于他们购买的药品没有选择权。这个选择权由第三方——医生来把控。此后，整个制药行业才将推广活动的重心转移到医生身上（当时由 40 万名医生掌握 2.5 亿人口的药品选择）。

此外，药品本身的作用也非比寻常。它不仅可以挽救病患者的生命，同时可以减轻病患者的痛苦。但同时许多药品都存在危险性，一旦误用，病患者的生命就可能受到威胁。因此，药品营销要比其他行业更加严谨、规范。无论是零售商还是医师，都必须持有执照；生产商和批发商也必须提前注册；争相开拓分销地的厂家也被法律限定在固定的销售区域内。由于关系到人员健康，药品扮演着一个非常特别的角色。社会及公众对药品行业既爱又恨，所以药品营销在遇到任何问题时都要时刻准备接受公众强烈的批评和责难。

除了其自身的特性，医药行业与其他行业一样也受到基本营销规则的限制。这些规范原则适用于任何环境下的任何情况。无论该产品是抗癌注射剂（injectable anticancer agent）还是家用清洗剂（household detergents），企业都应该遵守这一营销基本原则。

营销的社会功能

回到宏观营销的概念，我们更加关注的是，发达经济体中采用了何种高效的营销策略。图 1.1 描述了供给和消费的多样性并揭示了它们的差异性，而这些差异性往往令人挠头不已。市场营销就是在两者之间提供解决之道的活动。众所周知，市场营销通过对营销环节的管理得以展现，这些管理环节包括采购、销售、运输、存储、标准化与评级、财务、风险评估及市场信息收集等。这些方面的成功不仅可以带来可观的经济效益，还有利于企业的健康发展及为公众带来更好的生活质量。

下面简述各个营销管理环节的重要性。

- **采购**：零售商与批发商需要代表用户发掘和评估物品及服务质量。
  销售：最“显而易见”的营销环节，包括所有的促销形式。现代管理学之父彼得·德鲁克（Peter Drucker）曾写道：在我们看来，销售的存在总是必要的。营销的目的在于让销售显得多余，营销的目的还在于洞察消费者，从而让商品及服务能够实现自我销售。从理想化角度看，营销可以让消费者时刻做好购买准备。
- **运输**：商品的物理移动和提供必要的仓储场所。
- **存储**：保存商品直到消费者需要——分销过程中的主要组成部分。
- **标准化与分级**：通过多种标准化程序及分级方法对物品进行分类，以方便客户选择。监管机构需要更多类似程序。
- **财务**：提供产品研发、生产和储运过程中所需要的资金。

➢ **风险评估：**涵盖医药行业固有的不确定性，需要时刻关注外部风险。

➢ **市场信息收集：**包括收集、分析和传播信息，需要通过这些信息执行和控制市场活动。

市场营销需要解决的问题

生产部分

生产专业化与分工使供给多样化

空间分离	生产者与消费者在地理上是分离的。生产者倾向于在相对集中的地点，按照行业聚集在一起，而消费者分散在世界各地。
时间分离	商品生产出来的时候，消费者可能并不想在此时消费，并且商品从生产者运送给消费者也需要时间。
信息分离	生产者不清楚谁是消费者，他们需要什么商品，在什么地方，什么时间需要，能接受什么价格。消费者不清楚自己能获得什么商品，从谁那里获得，在何时、何地、以什么价格获得。
价值分离	生产者根据商品和服务的成本、竞争对手的价格对商品估值。消费者根据商品和服务给自己带来的经济效用及支付能力对产品进行估值。
所有权分离	生产者持有商品和服务的所有权，但他们自己并不想消费。消费者却需要自身没有的商品和服务。
数量的差异	生产者偏好大量生产和销售，而消费者偏好少量购买。
品类的差异	生产者专门生产或提供某些品类的商品和服务，而消费者需要更加宽泛的品类。

消费部分

需要从产品类型、时间、地点和所有权效用上来满足多样化的需求与想法

图 1.1 市场营销有助于生产与消费

资料来源：William Mclnnes, A Conceptual Approach to Marketing, in *Theory in Marketing*, Second Series, eds. Reavis Cox, Wore Alderson, and Stanley J. Shapiro [Homewood, IL :Richard D. Irwin, 1964], pp.51-67.

并非每家公司都会涉及市场营销的所有环节，但市场营销的每个环节不可缺少。图 1.2 详细描述了这些营销环节的运作方式。分散来看，每家公司都试图制定属于自己的“市场营销组合”（marketing mix，将商品、服务、促销活动、分销组合起来）。通常，产品和服务的组合要尽可能地接近市场的需求，这样才能奏效。

市场营销的从业人员一直在尽力使公司的营销组合与消费者的需求相匹配，从而推动了“市场营销观念”思考方法的诞生。市场营销观念所体现的是目前显而易见但

未被践行的理念。相较于让整个市场使用个体营销者倾向的产品与服务，改变每个营销者的产品和活动来迎合市场相对容易些。市场营销观念要求整合公司的所有资源以满足客户的各种需求。那些曾经对自身生产专长引以为傲的公司现在发现营销技能更加重要。任何一个期望充分服务客户的公司都致力于开展营销活动，让产品在对的地方、以合适的价格与合适的数量出售。既然医药行业所涉及的产品关乎大众健康，与普通日用消费品更依赖销售刺激不同，医药产品营销就必须有其自身规律。

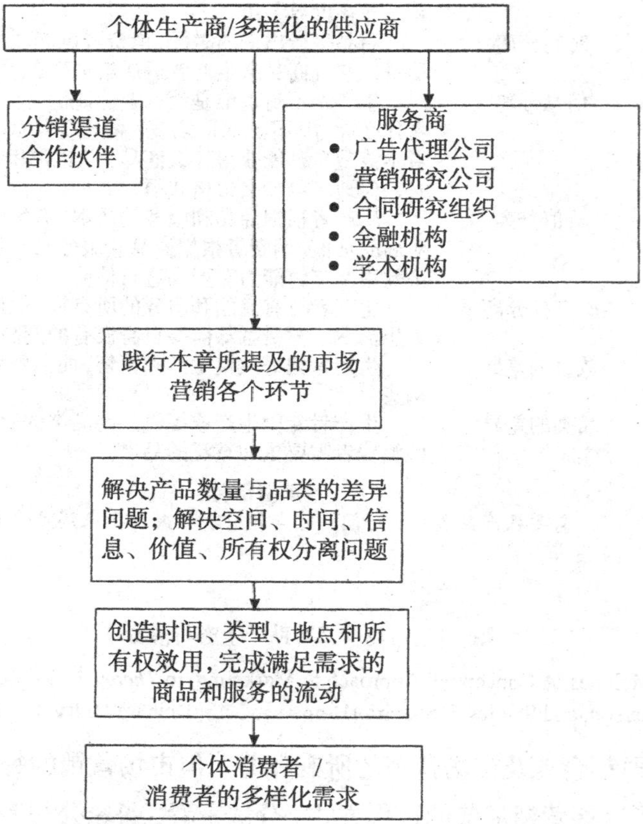

图 1.2　市场营销系统模型

资料来源：选自 E. Jerome McCarthy *Basic Marketing* [Burr Ridge, IL: Richard D.Irwin, 1981], p.26.

合适的产品

没有哪个行业的产品像医药行业这样要符合特定的规范。药片的活性成分哪怕有几微克的差异都有可能影响销售，而且对患者造成伤害。

市场营销部门在研发合适的产品方面起着越来越重要的作用，这是近年来医药行业最重大的改进举措之一。作为市场研究的具体分支，营销调研在产品研发方面责任重大。它不但要负责了解疾病本身的相关治疗方法（疾病的发生率），而且要知晓医生与患者对新药品能接受的剂型、包装与价格。

当代制药公司的经验反复证明，医药调研与选择适合病患特质的药品特性密不可分。而对医药业的生产技术而言，这些调研成果均无法满足治疗需要。

合适的数量

医药产品的数量主要体现在药品的包装规格上。特殊情况下，药品的包装规格能影响药品的效果。其他情况下，包装可以作为一种促销手段。例如，止痛药的包装数量和规格可以是每瓶 100 片（送往社区药房），也可以是每桶 5 000 片（送往医院）。合适的数量是产品营销特质的一个重要方面，但无论数量如何，它对公众健康都有同等价值。

合适的地点

就处方药而言，“销售地点”选择似乎并不是问题。处方药必须由医生或者药师以处方形式给患者，从这个意义上讲，销售地点永远是被事先决定好的。然而，现实并非那么简单。为有效地推广处方药，制药企业大力发展分销渠道（批发商、零售商、医院、诊所及政府采购系统），所以分销系统变得愈发复杂。建立分销系统时，患者的需求会影响渠道分销点的设定。同时，患者和分销点的分布又会进一步影响工厂与仓库选址、销售区域划分及药品运输方式。

在确定“销售地点”这一问题上，营销的另一大任务就是维护分销系统中每个合作伙伴的业务关系。因此，无论零售商、批发商还是医院，都需要了解药品制造商的分销政策。在整个医药产品的分销业务流程中，最关键的莫过于制定药品召回/药品退市管理制度。分销系统管理保证发货和收款的效率，以及随时与客户保持沟通并保证公司产品的库存及良好状况。绝大多数医药制造商都会在营销部门设立专门负责贸易业务的总监或者分销渠道的总监。他们一方面要分析、遴选分销商，另一方面要确保各个分销主体了解并执行企业的分销管理制度。

合适的价格

价格是营销组合的重要组成部分。虽然迫于治疗疾病的需要，许多病人会不计成本地购买一些必需药品，但当市场上有了可替代品时，定价过高的药品终究会失去市场。

正如本章节详细阐述的，医药行业的一大特点就是消费者不会主动或情愿购买医药产品。人们通常愿意花钱买一条新连衣裙、一张电影票或到一家高级餐厅就餐，而只有在生病时才会购买药品。处方药成了一个不受欢迎的商品，更不用说其昂贵的价格了。在世界各地，药品价格都会经常遭受公众的非议。有时，这种负面信息直接指向社区医师；而有时，整个医药行业都可能被谴责。在这样一个大背景下，公众认为，从来就没有合适的药品标价，而只有过高的标价（以及飞速的涨价）。

很明显，如果药品继续由营利性机构生产，则一定会产生费用和成本。正如西奥多·莱维特（Theodore Levitt）所言：“吃东西不是生活的目的，却是生活的必需品；若不吃东西，生命就无法延续。同理，利润是公司生存的必需品；没有利润，生意就无法继续下去。”无论是患者自己、健康维护组织（HMO）、医疗机构还是政府机构为此埋单，营销部门都必须制定合适的药品价格。对于同一种产品，制药企业可以根据客户不同制定不同的售价，而非单一定价。每粒抗生素胶囊的售价可以根据以下因素的变化而变化：

- 数量。
- 零售商。
- 批发商。
- 医院。
- 医生。
- 销售其他国家。

商业因素纷繁多样，有些比其他因素更有效，从而决定了药品的价格。市场部门需要了解：

- 产品销售量预测情况。
- 竞争产品的定价。
- 研发成本。
- 市场特征。

后续章节中，我们可以发现一些药品的定价其实低于生产成本，从而减轻了某些特需病患者的经济负担。

合适的时间

在市场需求时，药品能够及时供应是营销管理需要考虑的基本要素。比如，肾上腺素注射剂就必须随时有足够的存货以备抢救使用。

另一个时间管理问题的维度也和市场营销的职责相关。它决定着新药品上市的时间。毫无疑问，在紧急情况下，制药商应当刻不容缓地推出安全、有效的医疗方式或药物。对于其他一些药物，想要确定上市时间并非易事。比如，上市口服避孕药就需要一个比较宽松、开放的社会环境。再如，冻疮药最好在冬天上市。

信息传播

虽然市场营销想要获得成功有几个基本要素（如合适的产品、数量、地点、价格及时间等），但也无法百分百保证产品有销路，最可能导致失败的原因在于不能与客户进行有效沟通。广告是众所周知的一种市场传播的有效方式。广告是最直观、最吸引人的传播方式。相反，如果市场营销进展有序，那么传播将会变成一个双向行为。

药品生产企业最先给客户传达的信息是“有这么个药品”，即提升产品的知晓度。人们从来不会去购买自己一无所知的产品。医生是药品信息的第一接受者［奥尔德森（Alderson）称为“替代研究”（vicarious search）］。当医生了解患者疾病所需时，他们就会根据患者症状为患者（没有药物的判断能力）寻找最为合适的治疗药品。虽然医生经常翻阅医学文献，积极寻找解除病人疾苦的药品或治疗方法，事实上医生很可能不知道某家公司的药品或有新产品上市。这时，就需要有人（通常是制药企业）与医师沟通，介绍产品。

但众人并不希望高价药品生产商在介绍药品时用简单傲慢的措辞进行推广——比如，“优尼科（Utopiotic）是瑞思坦德制药公司（Rhemstrand Pharmaceutical）推出的优秀产品”。市场人员需要告诉医生，药品值得让患者使用、如何正确服用及该药品的潜在副作用。药品是把“双刃剑”（two-edged sword）。医药企业不应为了提高销量来掩盖药品本身的副作用。为保护广大消费者免受不良药商的侵害，美国食品药品监督管理局（Food and Drug Administration，FDA）制定了相关准则，以确保制药企业如实完整地给医生传递药品信息。

市场营销管理

有关市场营销主要职责的内容已在前面提及。任何一种职责都不可能由市场营销独立完成。比如，生产合适的产品需要生产部门和研发部门的通力合作，产品定价需要财务部门的参与。而营销是这一系列职责的关键所在。怎么解决这一问题?

公司内部各部门间的有效协调需要在高层管理的统一架构之下进行。保持有效协调需要两个条件:一方面,决策者需要有制定公司明确发展目标的能力和意愿;另一方面,由于公司需要关注医药市场中的各种活动与动态,所以决策者要对市场有高度的洞察力。公司的目标可以是一段模糊的定性描述,也可以量化的描述,如销量、利润和投资回报率等。明确的目标可以为公司各个部门的活动提供方向。同时,现代管理中,制药商的各项活动必须由市场部根据对医生和患者的评估进行统筹指导。正如莱维特所说:“如果公司决策不以市场为导向,那么这一决策堪称是失败的决策。比如,决策的目标仅仅是创造和维系客户。所有关于这一目标的事实都是后天衍生而得的。”

医药市场营销的社会定位

药物是把双刃剑,对人的健康会造成一定影响。由于药品本身在社会中发挥着十分独特的作用,医药产业相应地在社会中也扮演着重要的角色。某大型制药企业的总裁对此曾这样描述:

- 研发新药。
- 在保证药品安全的情况下,将产品作为有效医疗手段。
- 保证药品质量,进行有效生产和分销。

令人欣慰的是,目前绝大部分医药企业都能够完成自己的社会角色。但无法避免的是,医药行业正成为很多不法分子的目标。病患非常容易受到庸医和造假商人的侵害。病患的弱势地位使合规机制成为必需——为了保护公众利益,制药企业不仅自发地制定相关行业自律规则,政府部门也出台了相应的法律法规。

医药行业总是通过协会进行自律,秉持业界一贯坚持的职业道德,维护所有成员的名声。业界任何一个企图违规的成员都会受到法律法规的严惩。相关法律法规已经涉及方方面面。无论制药企业的广告内容,还是处方医生的从业资格,相关法律法规都有着严格的规定。

营销定律适用于各个行业,医药行业却有着与众不同之处并以其独特的特点考验着市场营销人员的每条神经。这一切越发使得有关研究制药行业的市场营销成为一个令人兴奋的、值得深究的课题。

对于普通公众而言，能了解一些医药市场策略不无裨益。毕竟，市场策略和产品宣传的费用总会转嫁到产品身上并最终让消费者埋单。正因如此，医药产品的市场营销成本往往被人诟病。而公众并不清楚附加在市场营销上的价值，以至于普通民众一直对其抱有反感和疑惑态度。本书将为制药行业营销正名。

第2章

大环境

米基·史密斯

概述

数据和信息有哪些不同？数据是原始事实的如实收集，而信息是对这些事实进行选择性组织和创新性解读的结果。

对营销和营销决策（Marketing Decision Making）进行学术研究，有几种公认的方法，其中最重要的是环境论方法。这种方法将营销者描述为众多环境的焦点，其所在公司在这些环境中运作；同时，营销活动的结局会在这些环境中体现。本书也将采用这种研究方法，具体如图 2.1 所示。

药品体系（Medicinal System）和营销体系之间，存在着一种微妙的平行关系，本书将多次提到这一点。为阐明这一关系，我们首先以人体为例进行说明：人的身体既会受到内在因素的影响（小至细胞水平），又会受到外界因素影响（大至全球气候变暖）（见图 2.2）。制药产业与外部和内部的大小环境会相互影响，药品营销活动也会受其影响而发生重要改变，营销者熟知这一点很关键。从多个角度看，药品制造商正处在“中心节点”上，因为即便患者是关注的焦点，药企还是会受到社会、产业和患者群特征变化的深刻影响。

企业在外部环境中运作，应对其进行密切观察，并根据环境趋势所带来的影响，通过持续评审、调整企业决策，对自身进行构建。

本章将依次审视图 2.1 中所包含的各种环境因素。

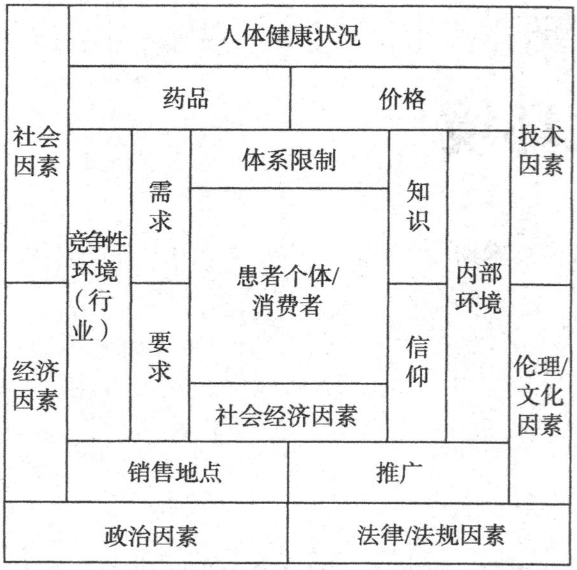

图 2.1　药品营销环境

患者和消费者：多层内循环

制药行业内不会发生任何事，直至个体开始某种行动，除非在紧急情况下。症状是引发患者行动的重要条件，但不是必要条件。反之，症状也经常被忽视或者被故意置之不理，个中原因与人类行为的其他任何方面一样复杂。那么，患者是一群什么样的人，他们又为何会这样表现，我们将对这一部分重点讲述（见图 2.2）。

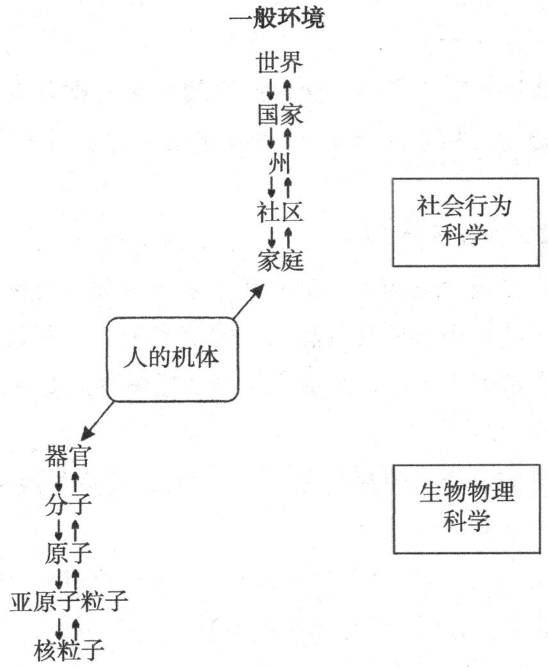

图 2.2　人在自然界的双重位置

资料来源：摘自 Nathan B. Talbot, Concerning the Need for Behavioral and Social Science in Medicine, in *Views of Medical Education and Medical Care*, ed. J. H. Knowles [Cambridge: Harvard University Press, 1968], p.20.

患者是一群什么样的人

威廉·奥斯勒（William Osler）曾写道："了解患病的是哪类人，比了解一个人患了哪种病更重要。"这句话用在药品营销上尤其正确。

市场调研的最基本任务是确认产品的潜在消费者。对于制药行业而言，潜在消费者几乎包括每一个人；而具体药品则有其特定的消费者。所以，药品营销者至少必须能从庞大的潜在人群中找出特定的目标患者。不过，现在有数据可以帮助完成这一任务；而数据基本上都是免费的，不过其常常被忽略。

对于药品的研究、开发及市场营销的顺利进行，一些普通的人口特征确有其重要作用。例如：

- 年龄：显然，大量证据表明，老年人用药远多于年幼者；而老龄人口在整个人口中的比例也正不断上升。
- 性别：女性用药比例高于男性；女性的平均寿命也比男性长。而且，她们因为生育还承担着一定量的照护用药量。（如果有其他家庭成员，她们也通常负责给家里人买药。）
- 种族：某些疾病具有种族特异性，不同种族的发病率和严重程度可能都有巨大差异。例如，男性非洲裔美国人，高血压和前列腺癌的发病率远高于平均值。
- 婚姻状况：这个特征会影响购买模式。研究证明，已婚者用药更为合理。
- 教育程度：这决定了患者阅读药品说明书，理解自身健康状况、症状，遵从医嘱的能力。
- 经济水平：在何时就诊、使用处方药还是OTC药品的决策方面，经济水平仍然是一个重要影响因素。
- 伦理/宗教特征：在一个多元文化（如美国）的社会中，伦理和宗教对药物的理解和使用非常重要。例如，罗马天主教徒曾经对是否使用口服避孕药存在很多争议；穆斯林需要使用特殊动物来源的材料制成的胶囊。不同文化对疾病的认识和反应不一样，如中国人对替代医学（传统中医）的认知。社会中，多种语言并存也是一个问题。

在国家层面，上述及其他类似因素相对容易获得，在进行任何市场营销决策之前，也都应对这些数据进行深入理解。同样，这些因素也都是必要但不充分的。

位于圣路易斯港口的马特森·杰克公司（The Mattson Jack Group）认为，应用以患者为基础的模型进行市场预测具有优势。该公司认为，这种模型可将如下因素纳入考虑范围：

- 人口变化（上文所述的人口特征）。
- 发病率、患病率及超额死亡率的变化。
- 诊断率和治疗率的变化。
- 对目前需求的识别发现。
- 疾病亚型。
- 其他非药物疗法。

该公司指出，应用以患者为基础的预测模型，人们可以更好地把握一种疾病所形成的整体市场。然而，我们也应该清楚地认识到，该公司提案中不仅仅是对人口统计学因素的简单罗列。此外，该提案并未专门提及图 2.1 中的第二层内循环，而这一循环中所涉及的种种因素对于任何完整的市场评估和决策制定都是非常重要的。

制定营销策略的关键在于如何定义市场。发现有竞争力的药品及市场边界是所有层面市场营销决策的重中之重。市场定义的“宽窄”会极大地影响一种商业的定义、市场空缺的机会、对竞争威胁的反应及对主要资源的分配决定等策略性问题。一个大市场可能包括很多差异巨大的“亚市场”（Submarket）或者细分市场（Segment）。营销策略的一个关键因素，就是选择并满足一个细分市场，但这并非易事。市场细分的方法很多，决定用什么方法去细分就是一个问题。市场细分即意味着选择一个“可识别的”特定消费者群体，使自己的产品或品牌与这个人群的特征相匹配并不断扩大商业范畴。

不同市场的性质不同，因此应当选择不同的市场细分方法。营销实践中，可以用通常的人口统计和社会经济参数、性格和生活方式参数、特定情境事件（Situation-Specific Events，如使用频度、品牌忠诚度和态度等）作为市场细分的基础。对处方药来说，疾病的特性及第三方付款的类型更加重要（见表 2.1）。

表 2.1　药品市场细分的基础

消费者市场
1. 人口统计因素（年龄、收入、性别等）
2. 社会经济因素（社会地位、家庭生活阶段等）
3. 地理因素
4. 心理学因素（生活方式、性格特点）
5. 消费模式（轻、中、重）
6. 认知因素［利益细分（benifit segmetation）、感知图（perceptual mapping）］
7. 品牌忠诚模式
8. 健康状况

评估市场容量和研究市场特征，不仅仅是简单的“人数清点”。分析处方药市场的消费群所需的人口统计数据所必需的因素包括性别、年龄、收入等。对某些类型的药

品，还要考虑一些其他因素，如职业、信仰、教育水平和行动能力。

从药品生产商的角度来看，性别是一个重要的人口统计学特征。我们已经证实，女性构成了超过的半数人口，并且该趋势会持续下去。女性对医药保健市场的重要程度远远超过了自身人口比例，处方药市场也是这样，这对于制药商而言更为重要。这一点对于那些为女性提供性别相关药品（如雌激素、阴道霜剂和口服避孕药等）的生产商显而易见。

所有产业都会关注年龄因素。每个年龄段人群的相对比例很重要，不仅可以预测各年龄段人群对某类产品的需求量（如婴儿腹绞痛解痉药），而且有助于指导研发力度。制药行业的新产品研发，对婴儿至 19 岁青年，以及 65 岁以上年龄段老人格外关注。这两个年龄段的人群不仅仅存在专有的新药研发机会，政府项目对这两个年龄段的群体也给予了更多的经济资助。制药商在进行长时间的规划时务必考虑这两点。此外，这两个年龄段的人群接受医疗的相对比例高于其他年龄段。

收入水平决定着药品花费，其重要性毋庸置疑。收入水平也决定着购买医疗服务的类型和水平。家庭越富足，家庭成员就越倾向于为日渐增加的小毛病而寻求医疗帮助（处方药需求随之增加）。低收入人群，在头疼脑热这类小病上更多地采用自我治疗方式。

人们需要什么

70 多年前，心理学家亚伯拉罕 · 马斯洛（Abraham Maslow）注意到，人们在满足自己的某项需求前需要先满足更加基本的需求。他确定了 5 个不同等级的需求类型，其中最基本需求在底端，最高需求在顶端。根据马斯洛的研究，正常的个体会首先努力满足最基本的需求，继而把自己解放出来，关注更高的需求层级。

这些需求层级包括：

- 自我实现需求：这是实现自身最大潜力的欲望。虽然每个人都有这种潜在需求，但是要实现这种需求，要先满足其他更基本的需求。
- 尊重需求：人们需要自我尊重，即对自我的高度评价，以及社会中其他人的尊重。这个需求得到满足，人们会感到自信，相信自己对世界有用；无法满足该需求，人们会感到自卑和无助。

- 社交需求：对个人或社会的挚爱关系非常重要，该需求不能得到满足会造成人的行为失调、失控。
- 安全需求：现代社会中，该需求更多地反映为经济及社交的安全需求，而不是人身安全需求。
- 生理需求：该需求包括饥、渴、睡、性等。这些都是基本需求。这些需求未被满足的情况下，其他需求都不重要。

初看上去，药品只能解决生理需求。然而，随着处方药的不断研发，越来越多的其他需求也可被满足。新近的研究表明，药品不仅在需求金字塔底层发挥作用，在最高层也非常重要。

《商业周刊》（*Business Week*）的一期封面报道讲述了“生活方式药品的新时代”。由于公众对一种叫作万艾可的蓝色精灵片空前感兴趣，媒体的报道也铺天盖地。该报道（及众多其他通俗小报）称，药品或可改善很多所谓的“健康人”的生活质量，如焦虑、肥胖、记忆力差及脱发。生活质量的提法并不新鲜（40 年前口服避孕药就是如此），专门针对非疾病人群的治疗药物还是个新概念。

一提到生命的终极动力，人们就会立刻想到达尔文的“适者生存”观点。但生存只是初级需求，属于基本需求，不是人生的终极需求。人生终极的、远期的、综合的动力是人的自我实现。然而，与许多影响深远的思想相同，“自我实现”这个术语在被详细解释后才能更好地为人们所认知。

对于人生的意义，哲人和圣人已经争论了好几个世纪，我们更无意参与这场争论。但该问题仍悬而未决：人们在满足了安全、归属和地位需求之后还要什么？大多数人的答案是自我实现，即实现人的潜能。这意味着“扩大”和“提高”自己，也意味着延展他们的个人身份、个性和独特性。

我们很容易发现，人们大多数时间都在满足基本需求。人们花费大量的时间，保证生存和健康，保证安全，与家庭和朋友保持良好关系，以及得到尊重和认可。对于大部分人而言，其意识被如何活得好、与人和睦相处、看上去好看之类的想法所占据。为了满足那些基本需求，人们需要花费大量的时间，获得足够的经历，甚至需要一些智慧。所以，大部分人并不知道在满足了基本需求之后，可以在什么领域追求自我实现。直到活了几十年之后，更成熟的消费者才会开始追求这类需求。

提到老年人，可能会让人联想到穷困、孤独和疾病。但事实远非如此，只有很少的老年消费者是这样的。人们之所以那么想，是因为遭遇如此不幸的老人更易引起媒体的关注。营销人员不能就此带上歧视眼镜看待老年人。

对于老年消费者，我们还有另一个更加令人感到惊讶的数字：2000 年以前，在美国，所有可支配个人收入的一半都在年龄超过 50 岁的人手里！这才是一群在人生中已经达到一定位置、开始寻求满足自我实现需求的人。

同样值得指出的是，自我实现还可以指最大限度地延伸自己的生活，在生活已经被破坏的情况下亦是如此。因此，20 世纪 80 年代后期，制药行业开始了针对“生活质量”药品（慢性疼痛镇痛药）的艰苦研究。事实上，“生活质量”这一属性已经成为临床试验和市场推广活动的一部分。

研究需求金字塔时，我们不仅要进行纵向观察，还要跨需求层级，研究消费者行为。而进行横向观察时，任何一个需求类型也不可能总是压倒性地超过其他需求类型。此外，应用这种方法，我们可以发现更多的需求类型，并对其进行准确定义。对这些需求的划分与消费者自身的划分并不相同，它更可能是基于消费者与营销人员接触过程中表现的关注点和活动，所以这些需求类型与具体的消费者产品、服务和品牌联系更为密切。

表 2.2 给出了 15 种消费者需求类型，并对每种类型进行了描述。而对每种需求类型，该表也给出了几种相关的医药产品和服务。

表 2.2　消费者需求和医药市场

需　求	描　述	医药产品 / 服务
成就感	克服困难；完成艰难的任务；锻炼能力、技术和才干	激素、维生素、保健品、镇静剂
独立性	有自主性；不被别人支配；有选择权；自由决定；与众不同	促进依从性的药物、控制发作的药物、患者自我控制的镇痛剂、家用诊断药品、所有 OTC 产品
展示	自我展示；被别人关注；体现身份；获得注意	食欲抑制剂、口服避孕药
被认可	寻求他人的正向注意；展示优越和优秀；被视为榜样；受到社会嘉奖	激素

续表

需　求	描　述	医药产品 / 服务
统治	把自己的意愿施加于他人的权力；保持权威和影响力；指导和监督别人工作；赢过对手以显示力量	药物及疗法委员会、医生处方
附属	和别人有关联；归属或赢得接受；享受令人满意的、互相帮助的关系	专业机构 / 老年俱乐部
关怀	关心、安抚和支持他人；乐见孩子茁壮成长；帮助他人成长；保护他人免受伤害	准妈妈培训、替代性父母、老年病科
求助	接受别人的帮助、安抚、支持、鼓励；接受关怀的接受者	对医生的满意度
性需求	建立个人的性身份和吸引力；享受性接触；接受和提供性满足；保持多个性选择但并不发生关系；避免性欲旺盛带来的后果	性功能障碍、β 受体阻断剂、口服避孕药
激励	经历能够激发认知感的事件和活动；自由的行动；参与迅速有力的活动；品尝美味；参与新的和不同寻常的环境	不催眠的抗组胺药、咖啡因、中枢神经激动剂
转换心境	玩；娱乐；从日常生活解脱；放松；放弃关心其他人和事	烟草、酒精、抗抑郁药、辅助镇静剂
创新	寻求变化和多样性；不同寻常的经历；完成新的任务和活动；学习新技能；寻找独特的兴趣关注点；（享受）吃惊或困惑	肿瘤治疗性疫苗、POCT 居家自我监测、远程医疗和移动医疗（手机作为医患沟通的平台）
理解	学习和理解；认识到联系；发现因果关系；根据环境想办法；以自己的专业特长来教授、指导和让人印象深刻；精神追求	临床手册、咨询、质子泵抑制剂（抗酸药）、安定剂
一致性	渴望秩序、整洁和逻辑联系；控制环境；避免模棱两可和不确定性；准确预测；事情如期发生	轻泻剂
安全	避免受伤害；保护自己、家庭和财产；保持供给；保护和获取资产；在攻击中不受伤害；避免事故和意外	患者用药记录

资料来源：摘自 Robert B. Settle and Pamela L. Alreck, *Why They Buy* （Wiley, 1986）, pp.339-366.

表 2.2 中所列的产品和服务当然不是全部，不过这些产品和服务是满足相应需求的典型示例。不同的需求，与大量的产品、服务之间并非一一对应；显然，它们在一定程度上相互重叠。相对 5 类需求金字塔，这个列表更为精细，因此我们能够将各种产品和服务与相应的需求联系在一起。这样做的作用显而易见：通过观察不同需求和常用于满足这种需求的消费产品，针对某一种产品或服务，营销人员可找到受众的最适需求，并以此制定推销策略。

需求导致行为，人们也已经提出了很多消费者行为模式。本章将依照安德鲁（Andrew Twaddle）的研究所提出的行为模式进行进一步讨论。该理论模型简单而全面，它的建立基于“疾病是一个决策制定的过程”这一理念。安德鲁模型对疾病的认知是“疾病是健康的改变状态”，人们将在其中做一系列的决定（见图 2.3）。

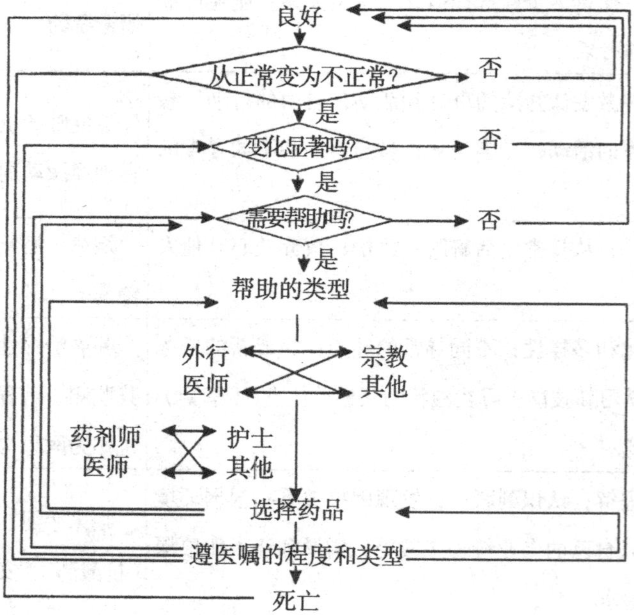

图 2.3　疾病过程中的决策步骤

资料来源：摘自 Andrew C. Twaddle and Richard M. Hester, *A Sociology of Health* [St. Louis, MO: C. V. Mosby, 1977], p.124.

“正常状态”是否发生了变化

就我们目前的讨论而言，并无必要对社会意义上的“正常”进行定义。依照研究目的及其中的患者，正常就是“人们认为正常”的状态。当然，正常状态的特征则要因人而异。

任何情况下，不正常都有多种形式。最典型的形式是，我们经常所称的“症状”。对大多数人来说，疼痛是不正常的，便秘也是不正常的，所以这些症状就代表着不正常状态。另一种变化是功能变化，如修剪草坪而不喘息。这种变化诚然不是由于疾病而引起的，如可能是由于年事较高引起的。（事实上，一些这种变化本不应该归结为疾病，但刻板印象可能会导致误诊。）

很多到医院看病的人并没有自觉“不正常”的症状。例如，很多高血压患者是在没有症状的情况下被诊断出来的。他们往往是在进行常规体检或者筛查项目时，才知道自己得了某种病。

很多药品生产商和公共健康倡导者也致力于帮助患者在出现症状前发现“不正常”。人们以“偏离正常的形式”，编写出发现肿瘤的“7 种早期危险信号”。很多生产 OTC 药的厂家，在产品推广的商业广告中，描述（或者暗示）了正常人应该注意的某些身体变化。

对症状的忍耐程度因人而异。针对特定程度的疼痛，有人可能不为所动，有人可能会立即寻求缓解。对疼痛反应的差异也已被证实。而症状的严重程度，往往与出现频度及危害性高度相关。症状持续存在及症状复发会被人们认为是严重表现。

许多症状的病因并不确定。例如，背部疼痛的严重程度，很大程度上取决于患者觉得是肌肉疼痛还是肾病引起的。对疾病预后的假设也是如此。症状的严重程度，与所预期的症状持续时间、所引起的功能障碍的严重程度及是否可能导致死亡等密切相关。

人际影响通常会形成“外行咨询系统”，即出现一种症状时所咨询的朋友和亲属。这些熟人的影响反过来会作用于“熟人圈子”，通过他们的亲身经历，形成对疾病的理解和知识，为患者提供信息，为医疗决策提供建议。而这些熟人的建议，是最具影响力的。

众所周知，有很多症状时，人们经常能感觉到，但多数人并没有采取措施来缓解这些症状。一些研究显示，其他生活危机所造成的社会压力可能是就医行动的促发因素。例如，某患者的胃痛症状一直时断时续，而导致他去医院看病的触发因素可能是离婚行为。

是否可治愈显然会影响对严重性的感知，因为不可治愈的疾病很容易被看作残疾而非疾病。对于存在明显躯体表现的症状（可被患者和他人看到），患者及亲友常会认为非常严重。患者处理症状的方式也是如此。对于患者自觉或不自觉的表情扭曲和呻吟，旁边的人都会认为情况更加严重。

综上所述，人在健康方面所做的决策是复杂的、主观的，并会常常受到情绪和他人的影响。

变化的显著程度

所有影响患者就医、接受治疗决策的因素中，症状相关因素如下：

- 症状对正常生活（或正常人的特征）的干扰程度。
- 症状的清晰度。
- 对症状的耐受阈值。
- 对症状的熟悉程度和严肃程度。
- 对病因的认知。
- 对疾病预后的认知。
- 人际影响。
- 患者的其他生活危机事件。
- 对治疗方法的认知。
- 症状的躯体表现。

➢ 印象管理（impression management）[①]。

该清单并不一定详细全面，而支持每一种因素存在影响的证据有时也模棱两可。不过，每个案例的证据都显示，这些因素在患者疾病进程中进行复杂决策制定时起到一些（通常不可量化）作用。

是否需要寻求帮助

前面已经描述了判断症状是否值得引起关注的一些影响因素。即使患者已经确定症状值得关注，也不意味着一定会主动寻求就医。有些患者采取自我治疗方式，或者干脆自暴自弃。

所需医疗帮助的类型

人们决定寻求医疗帮助后，需要考虑寻求什么类型的帮助。虽然，看医生是现今社会基本医疗的模式，但这不是唯一选择，还可以求助于牙医、足部医生、眼科验光师、按摩师、心理医生及其他非专科医生。选择哪种类型的帮助，取决于社会、文化、经济、教育、情绪、地理、法律等诸多因素的影响。

治疗药物的选择

对于处方药的选择，目前仍由医生决定，但这并不意味着患者对于该选择过程不关心。

英国的一项研究发现，患者去看医生，并不像大家以为的那样以开药为目的。另

---

① 本文在此所使用的“印象管理”，是指一个人通过一定的方式影响别人形成的对自己的印象的过程。它是自我调节的一个重要方面，也包括与他人的社会互动，是自我认知观点的核心和人类的一种基本动机：不论个体在组织内部还是组织外部，都渴望被别人积极看待，避免被别人消极看待。试图使别人积极看待自己的努力叫获得性印象管理；而尽可能弱化自己的不足或避免使别人消极地看待自己的防御性措施是保护性印象管理。译者认为，这里应指有症状者出于使别人对自己形成某种认知的目的而故意表现出（或不表现出）某种症状。

一项英国研究发现，一个患者样本中，56%的患者希望医生开处方；而 24%的患者离开医生诊所后，并没有遵医嘱，而是自己决定到药店去买非处方药，这尤其值得关注；那些本来期望得到医生处方而实际并没有获得者，50%会自行决定买什么药来治疗。不过，也有研究发现，那些看医生后没有被开处方的患者在和医生的交流方面比被开处方者更满意，这使该问题更加令人困惑。

诚然，消费者自身可深入参与选择和购买非处方药的过程，该过程可能也非常复杂。图 2.4 给出了自行购买药品进行治疗的决策过程。这个过程中，分析每一步骤的时机和量化每个阶段的患者数，对 OTC 药品的营销至关重要。

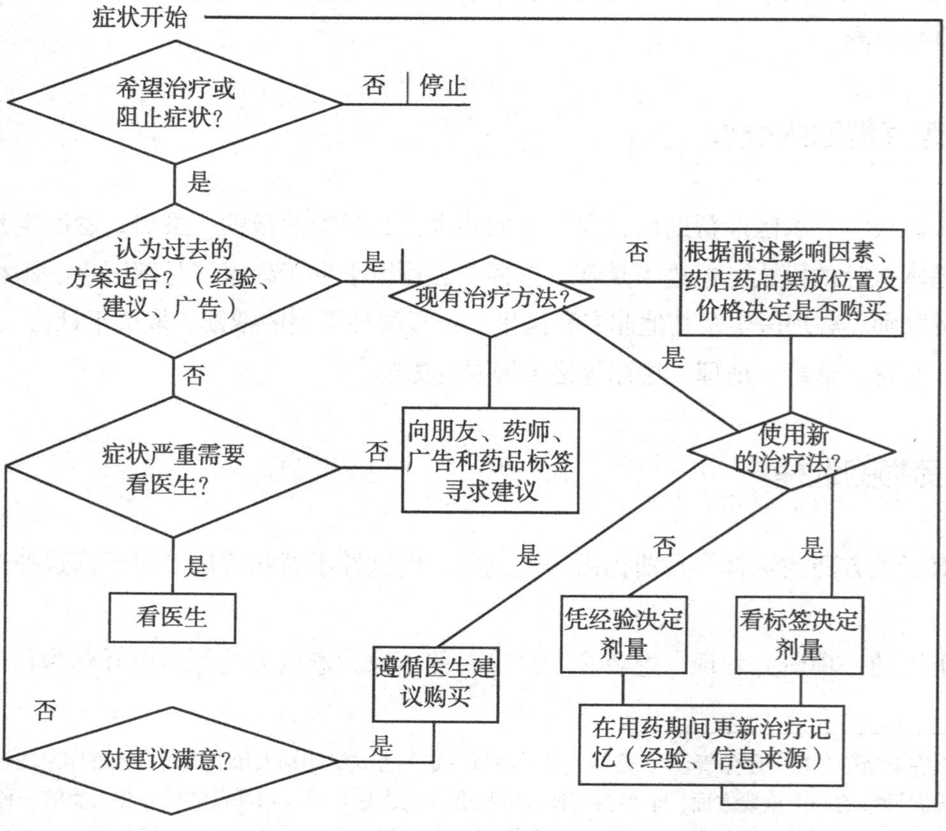

图 2.4　自我诊疗模型

资料来源：Adapted from T.P. Hustad, A. E. Courtney, and R.M. Heeler. An Emerging Model for Purchase and Consumption of Nonprescription Drugs, *Journal of Consumer Affairs* 13（1）:81-85, 1979.

患者依从性

患者依从性对治疗的重要性毋庸置疑。此外，某些经济因素也非常重要，主要是药物相关的各种费用，这会促进或削弱患者的依从性。患者依从性除了具有医疗意义之外，在零售和生产商层面上讲是一个营销问题。后文会对此展开进一步详述。

潜在客户群的需求

需求意愿（Want）与现实需求（Need）之间的区别很容易理解。例如，一个人可能会想要一台新的雷克萨斯车，但为什么需要一辆新的雷克萨斯则很难想象。在医疗保健领域，这种区别时常会带来重大影响。下面是两种可能发生的需求—意愿不匹配的现象：

➢ 出于各种原因（以消费者为投放目标的广告、口头推荐、药物成瘾/习惯性用药），患者会想要（Want）某些药物，但实际并不需要（Need）。

➢ 出于各种原因（诊断、治疗、花费），患者需要（Need）某些药物，但实际并不想要（Want）。

在很多方面，市场营销在医药领域的社会贡献就在于有效、高效地匹配需求和意愿。

确定医药产品的潜在客户群的需求似乎很容易，一般会从患病率和死亡率着手。如果一个社会人群中，死亡的首要原因是心脏病、癌症及卒中，则人们显然需要预防及延缓此类疾病所致死亡的药品。20 世纪一首流行歌曲《老毒品贩子》（*The Old Dope Peddler*）中一句讽刺的歌词是“为善者诸事顺”。马尔萨斯（Malthus）说过：“毫无疑问，如果引入牛痘可以根除天花，我们将会发现……一些其他疾病的死亡率升高。”

每个人都会因某种原因而死亡，一种死因概率的下降肯定会导致另一种死因概率的上升。这是无法逃避的事实，但人们在正确认知这一事实方面有些失败。某种程度上，社会和医药产业所做的努力，仅仅是有意或者无意地“忍受”死亡的原因。（或许终极目标是，每个死亡鉴定书上都把“自然因素”列为死亡原因。）

综上所述，医药行业将永远有机会研发预防或延缓死亡的药物（尽管如今并没有人会因为天花而死亡，但每个人都确定会死亡），也永远不会穷尽研发药品预防和延缓疾病的机会。如今，治疗、控制、预防疾病及其早期表现已成为医药产业的新使命。然而，根据上文所提到的提高“生活质量”的药品，我们必须认识到该使命已经有所扩展且非常有可能继续延伸。现有的和潜在的技术一定会对该产业进行重新定义。在不远的将来，西奥多·莱维特（ Theodore Levitt）所提出的问题“你从事什么业务”将会得到更多截然不同的答案。同时，仅仅在合理应用药品方面，营销就大有可为，而患者依从性是营销活动颇具前景的领域。

加强依从性：将现实需求转化为意愿需求

先看两个小故事。第一个故事中，约翰在忍受了数日令其不安的症状之后，终于决定预约医生。他从工作中抽出时间，坐上拥挤的地铁，在候诊室等了一个多小时，再花了 40 美元的诊费，最终他拿着处方离开了医生办公室，但没有去取药。这是怎么回事？

另一个故事是关于产品经理珍娜的。她用 700 万美元的预算制定了各种各样的市场推广计划，主要是为了促成约翰手中所拿到的处方。她的推广策略非常出众，但她所在的公司可能永远无法从那个处方中赚得一分钱，珍娜本人甚至对此一无所知。这种行为同样令人费解。

不过，这些行为所幸还有解决方案；更为幸运的是，解决方案也正是营销策略。一些药品生产商对于依从性的重要性了然于心。

曾经的葛兰素（Glaxo）公司在 1992 年春天推出一则广告。广告中，一位医生说道：“如果我的患者没再回来，就表示治疗起作用了。”而患者所说的是：“我不能告诉医生，他给的治偏头痛的药没用。”

这则广告中的对白引自统计数据，即近半数偏头痛患者会因为药品无效或副作用而不再对医生抱有信心。这说明依从性问题除了重要之外，还很复杂，并易于受到多种因素的影响。在该偏头痛的案例中，可能的结果如下：

- 医生对于自己处方的疗效判断错误，这会导致对该患者开具下一处方时重演上一幕。
- 患者对药物疗效，甚至医生的能力，失去信心。
- 偏头痛会持续发作，会极大地影响患者的生活质量。

- 因病导致的生产力丧失（广告所引的评估研究表明，偏头痛发作造成社会生产力损失 60 亿～170 亿美元）。
- 患者花费的其他无效治疗成本（如 OTC 药物）。

图 2.5 给出了患者依从性对市场营销的影响。该图虚拟了 1 000 000 例慢性病 X 患者的潜在市场（A）。初始潜在市场是 12 000 000（每例患者有一张新处方和 11 张可再取药的处方）。假设一个治疗慢性肺纤维化的新药，有 100 万例患者（A）；潜在市场，每年 1 200 万张处方（100 万患者，1 张新处方，11 个续方）。假定就诊率是 90%，即 90%的患者定期去看医生（B）；其中 10%的患者没有拿到处方（C），即处方率是 90%；接下来是持续处方及购药率，这里仅仅假设 6%的患者没有遵医嘱购药（D）。最终，把总的停药和未按时服药率按照 20%计算，潜在市场的总损失率达到 39%！

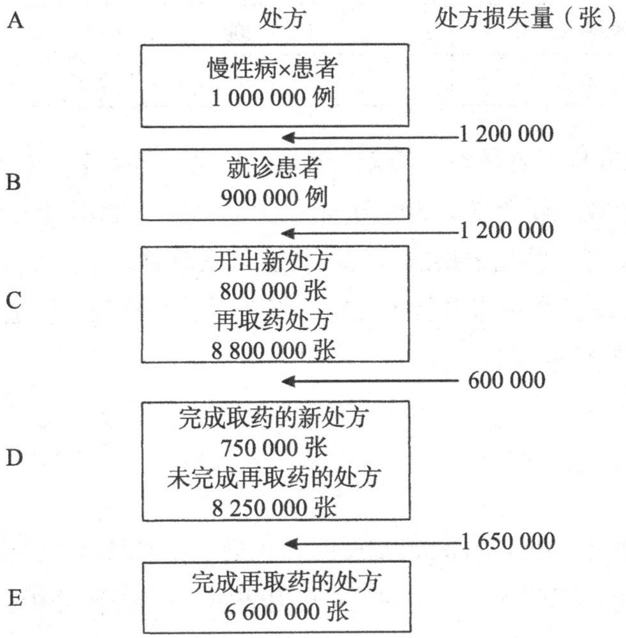

潜在处方（100 万例患者×12 张处方）	12 000 000 张处方
全部新处方及再取药处方	7 350 000 张处方
全部处方损失	4 650 000 张处方

图 2.5　处方市场分析

进一步依据处方流模型，进行产品利润分析。假定每张处方的药品利润率是 10%，公司的产品占有 20%市场份额的处方，通常公司会采取多种营销方式来增加总销量。首先，借助传统营销方式（如临床推广、降价等）来增加新处方市场的份额。然而，各个公司的销售代表都围着处方医生转，很少真正关注患者。如果某家制药公司仅仅关心一下患者，改善其依从性，那么将会怎样？表 2.3 的数据分析让人大吃一惊。

表 2.3　改善患者依从性对处方流的影响　　单位：美元

	现实市场	理想市场：患者 100%依从
新的处方	160 000	160 000
新的处方并购药	150 000	160 000
续开处方	1 920 000	1 920 000
续开处方并购药	1 320 000	1 920 000
差额（新方与续方）	610 000　或者　6 100 000	

患者 100%依从医嘱是理想状态。但是，从这个示例中，患者续开处方购药的依从性提升 50%，年收入就会增加 300 万美元；相应地，市场份额也提升了 4%。随着互联网的普及，对患者个性化的疾病管理，将能切实改善患者依从性。尤其针对某些细分市场，通过大数据挖掘和患者行为分析，将能帮助制药公司制定针对患者推广的策略，以及制定预算与预期产出。

知识、信仰、文化

健康信念模型（Health Belief Model，HBM）在解释患者的依从性相关行为中起着重要作用。构建该模型的初衷是对人的健康相关行为进行分析，特别是疾病的预防行为。HBM 用作分析市场行为时，有助于发现市场活动中需要改变的具体方面（见图 2.6）。

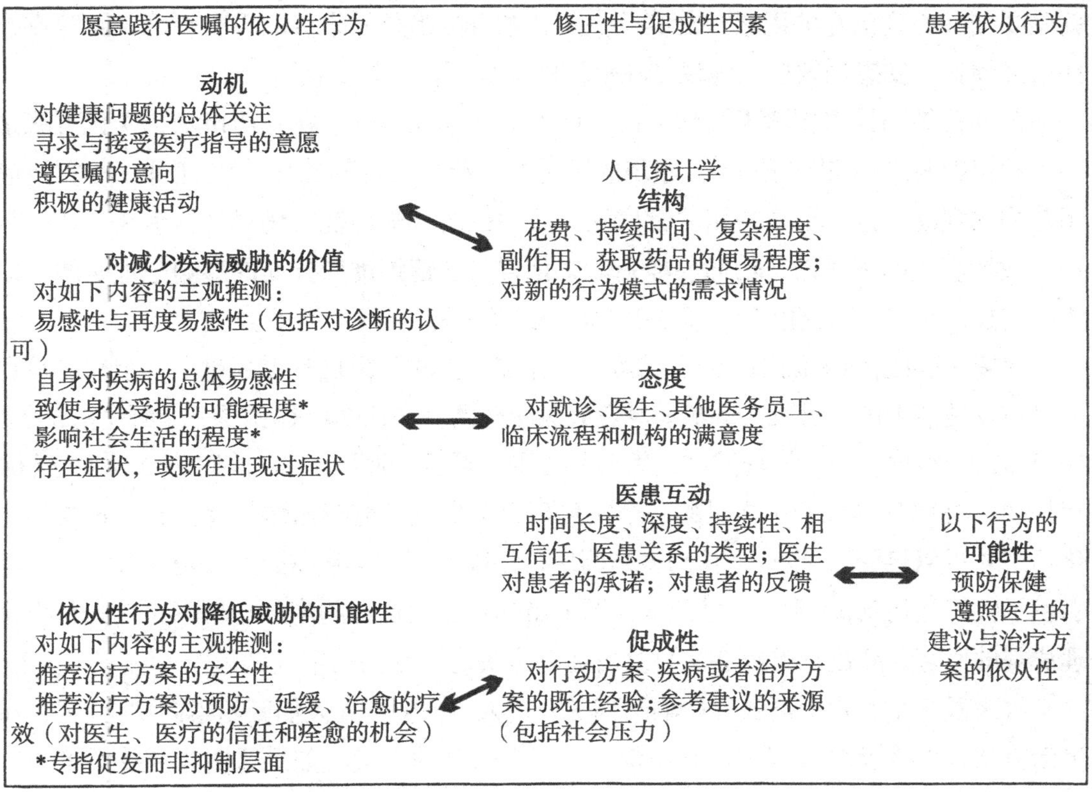

图 2.6　健康信念模型对依从性行为的预言和解释

该情境下的感知（Perception）与观念（Belief）在实践中并无差异，并且都会变化。患者教育可对这种改变起到不同程度的作用。提供疾病和药物的知识不一定有效，但很有必要。患者教育是一种提供这些知识的方式，市场营销则可对此提供工具。起初，以患者为导向的教育的目的仅仅是告知潜在消费者，他们的疾病有一种有效的治疗，该治疗可从医生处获得。

知识本身并不能保证公众都采取理性行为。既往和现存的观念（无论是否基于事实），以及文化背景，对于患者行为具有重要的、复杂的影响。“相信”对于治疗成功起到非常重要的作用。既往和现有的健康、疾病的信念，以及患者的文化背景，都会对患者的行为造成重要而复杂的影响。信任是药物治疗成功的关键，包括对医生的信任和对药物的信任。安慰剂效应正缘于此。新药上市都必须进行双盲临床试验，目的就是要剔除心理治疗的因素，真实反映药物本身的治疗效果。两千多年前，希波克拉底已经预言了安慰剂效应，他说“在信任的前提下，疗效更佳”。

市场营销同样需要考虑文化，而目前考虑得远远不够。在医药市场，文化可能是一个关键因素。20 世纪 60 年代出现的所谓的“药品文化”，指人们出于非医疗需要应用药物的现象。这个词语使用非常广泛，人们试图减少传统文化对自身生活方式的掌控，包括个人的价值观、信仰、准则。文化背景在营销推广方面的影响是现实的，但不一定显而易见。“文化滞后”（Cultural Lag）就是个很好的例子。

保罗·斯托利（Paul Stolley）认为，文化滞后是科技发展程度超过了社会适应与利用科技发展能力的一种社会现象。对口服避孕药的社会认知历程就是一个鲜明的例子。20 世纪 30 年代，药厂发现推广这类药品几乎不可能。而到了 20 世纪 50 年代末至 60 年代初，“性解放运动”（当时的一个文化现象）出现，避孕药作为女性自我解放的文化标志才得以接受。（也有人认为，是药店可以随时买到的避孕药和《花花公子》杂志引发了性解放运动。）到 20 世纪末，新上市的口服流产药物米非司酮不仅受到药物管理法规的监管，新出现的社会文化复古运动也决定了新药的市场命运。

再来看一个文化影响药品影响的例子。进入 21 世纪，人们开始崇尚“自然”，在生活方式、饮食及自我保健等方面都采用“自然”的方式。如果这些改变持续下去，人们的生活方式将大为改观。而疾病治疗同样受到影响。

为了战胜病魔，人们宁愿吃一片神奇的药品，也不愿理性地改变自己的生活方式，因为改变行为习惯太难了。古希腊神话中，医神阿斯克勒庇俄斯有两个女神助手。古人从崇拜健康女神海杰娅（Hygeia），转而崇拜她的妹妹——药神帕那刻亚。传说中，“帕那刻亚对来自大自然的药物有神奇的认识”。

文化影响疾病治疗的例子层出不穷。20 世纪 70 年代曾出现“生活被医疗化”现象。刘易斯研究报道，在抽样医生群体中，2/3 的受访医生认为医生过度使用了镇定药。报告中，他借助分析安定（Valium）的广告来阐释自己的观点，认为过度处方的主要原因在于“人类问题都可以通过医疗、药品解决”。在报告最后，他指出：“一旦我们的日常生活问题被定义为某种疾病，如何区分真正的疾病和人为的疾病。”

弗雷岑对于药品有着独到的见解，他解释了人类问题的“医疗化”。他认为（当然也存在各种争论），医生声称有能力认知疾病及其原因，而不一定要具有治疗疾病的能力。”事实上，仅仅诊断疾病而没有治疗的手段是残忍的。当前诸多罕见病没有任何治疗药物和治疗手段，罕见病因此从一个医学问题变成社会问题。

现实中，药物并没有减轻患者对疾病的心理焦虑，也很少治疗病因。抗高血压药、抗关节炎药乃至阿司匹林，都是用于控制症状的。如何减轻那些因为日常生活问题所导致的精神不适呢？

某些替代疗法可能是患者处理这些个人问题的好方法（如瑜伽、放松疗法等），否则人们愿意继续尝试服用药物来缓解自己的精神压力。医生也勉为其难。

医疗行业的发展及制药行业不断“塑造病人”，使医疗承担了诸多社会性的问题，药品也成了人们生活中的“小点心”。新时代的医学模式强化了患者的参与性，而不是患者依赖于医生或与医生对抗。

医药很难承载某些社会价值观；但现实中，医药行业已经从它所处的社会中独立出来，开始扮演一个构成和塑造社会意义的非常重要的角色。医生成为“有道德的生意人”，将普通人群中存在的种种心理现象定义为疾病，如“神经紧张”或者“神经衰弱”。而社会公众也在强化着医生的这种倾向，如果医生看完患者，没有给患者开药，仅仅说“应当加强锻炼，应当缓解压力”等，患者则会感到失望。尽管许多时候这种判断是正确的，所以医生所要承担的个人压力确实很大。

1997 年，作为药物流行病学专家，格雷厄姆·杜克斯（Graham Dukes）在《国际药物风险与安全性杂志》（*International Journal of Risk and Safety in Medicine*）上发表了一篇对于 SSRI（选择性五羟色胺再摄取抑制剂）及其他抗抑郁药物在社会领域与医学领域的综述。

文章中提到，生命“医疗化”将一些日常存在的事情视为需要进行诊治的疾病问题，如妊娠、绝经……举动异常的儿童被诊断为儿童多动症，于是需要药物治疗；近 30 年抑郁症发病率急剧攀升，这种因为生活压力而出现的正常反应也被定义为抑郁状态。

本章开始时提到的“生活方式药”已经进入到我们的生活中，并深深地影响着社会文化。社会文化对医学的新发展（见表 2.4）又将做出什么反应呢？

生活方式多样化，引发制药行业开展新的药物研发，进而对社会文化变迁产生影响。表 2.4 是针对生活方式领域所开展药物研发的新方向。

表 2.4　生活方式多样化与药物研发

1．延长或缩短儿童期和青春期
2．控制对睡眠的生理需求
3．安全、短效的解酒药
4．提高性机能
5．控制侵犯行为的冲动
6．调节营养、代谢和身体生长
7．增加或减弱反应能力（降低紧张压力）
8．延长或改善记忆力
9．辅助提高学习能力
a．过目不忘
b．强化疗法
10．促成或阻止移情作用
11．引发或缓解罪恶感
12．培养或阻断母性行为（如催产素）
13．阻断或延长对产生某种感觉的时间感（非成瘾性“幸福药”）
14．提高创造力和记忆力
15．强化对美感或敬畏感的认知

资料来源：Adapted from Nathan S. Kline, Probable Future Alterations of Life Patterns by Drugs, in *Psychotropic Drugs in the Year 2000*, eds. William O. Evans and Nathan S. Kline（Springfield, IL: Charles C Thomas, 1971）, p.78.

针对生活方式药物的各种管理法规和影响

只要消费者有需求，按理说医药企业就应该闻风而动，但真正有所作为又谈何容易。以下是一些影响生活方式医药产品的限制规定，以及复杂的消费者购买过程：

- 患者要首先判断是自己去药店直接购买非处方药（OTC）还是去看医生。
- 买非处方药，就得自己付款，并要对费用/效用进行权衡 。
- 如果决定看医生，自己的家庭医生并不一定有权处方这些药物；或者，按照医保规定只有经过某些认证的执业医师处方了特定的处方药品，医保才给予报销。

➢ 即使医生有权处方这些药物，而且能被医保报销，医保政策还有新的限制规定：药物福利管理（Pharmacy Benefit Management，PBM）要求这些医生在用药治疗时，根据仿制药等效性的原则，为了节省费用，只能用更加便宜的仿制药或者在同一治疗类别中选择更加便宜的治疗方法。

➢ PBM 甚至详细规定，对于一种治疗，隔多长时间才可以再次开药，每次开多少，一张处方可以开多少药，以及在多长时间内使用等。

这里多次提到的 PBM 是一种重大趋势，因为医药负担在各个国家都让人们不堪重负，尤其是针对处方药。接下来的章节将集中讨论处方药，而处方药绝大多数是由医保覆盖的。对于非处方药，可以暂时不去理睬医保。但对于那些由处方药转化而来的非处方药，公司是否做出转化的战略决策，依然首鼠两端。作为付费方，各个国家的医保部门或商业健康保险，都对处方药和非处方药的发展有着极其重要的影响，它们的发言权最大。

古代的疾病治疗模式是，医生在何处执业，患者就去找他们寻求治疗。随着药物的生产、加工的分工和发展愈加专业和精细，专门的职业药剂师应运而生。那时没有硬性要求医师、药师分离，而且这种分工方便合理。直到第二次世界大战后，制药行业才开始建立真正意义的药品研发体系，才开始出现现代制药工业。面对层出不穷的各种创新药品，各个国家政府纷纷制定各种管理法规（以美国的《Durham-Humphrey 修正案》《食品、药品和化妆品法案》的补充法案为代表）。在药物的使用方面，规定药品划分为处方药和非处方药，而处方药必须有执业医生开具的处方。在药物的研发方面，任何新药都必须通过药监局的上市前审批，以免那些存在安全隐患的药品在无人监管的情况下出售给公众。所谓的“说明书”（Label），是指按照法律要求印制的固定模式的字句，而且必须清晰地出现在药品包装上。比如，“警告：法律严禁在没有处方的情况下配发此药品！”除了少数个案（如成瘾性药物），消费者不会为了这么几片药去以身试法。类似的产品还有放射性装备、烟酒等。如今，在使用处方药的问题上，法律对患者、医生和药剂师三者都有明确的规定。

20 世纪 50 年代以后，另一个“第三方”横空出世。这个“第三方”扮演了支付者的角色。患者找医生看病，然后拿着医生开的处方找药剂师取药，最后找这个“第三方”报销医药费（详见第 3 章）。这里的“第三方”指的是患者和医务工作者之外的第三方。从市场营销的角度看，由于药品的这种特殊性，对真正的最终消费者而言，购买什么东西不由他们决定，他们也不用付钱（或者只支付很少一部分钱），这在其他领域是绝无仅有的。

关于“药品福利管理”，大多时候是沾了“福利”的，就是不用自己付钱。在美国，PBM 模式始于 20 世纪的《Kerr-Mills 法案》。①

公众对医保药品的需求，压力持续加大。如果没有良好的管理机制将无以为继。为此，威尔伯·米尔斯（后来担任这个项目筹款委员会主席）开始寻求各方都能满意的解决方案。首先尝试的方案，就是让参加社保的相关受益人根据自身情况进行选择，或者在门诊高比例报销，或者住院免费。这一方案，被时任美国卫生部长（或称健康、教育与福利部，Department of Health，Education and Welfare，HEW）弗莱明拒绝。他告诉威尔伯·米尔斯，这个方案肯定会被艾森豪威尔总统否决。但如果把这个法案放到委员会内部投票表决，十有八九能通过。威尔伯·米尔斯没有放弃，继续努力打破僵局。在美国医学会（American Medical Association，AMA）的协助下，威尔伯·米尔斯尽量网罗方案所涉及的各个相关方，那些由各个州出资运营的医疗福利计划也被纳入进来。其目标是建立一个新的医疗福利体系——免费医疗救助（Medical Indigency）。对于很多老年人而言，哪个医保福利计划都不会接纳他们，而他们却是最需要钱看病的人。《Kerr-Mills 法案》催生了被称作“医疗救助”（Medicaid）的方案。改进后的方案相比之前的救助办法花钱更少而覆盖的人群更广。从政治博弈的角度看，推出改进后的方案真可谓占尽了天时、地利，当时正值民主党执掌国会期间，此方案铭刻着深深的民主党烙印，不仅如此，背后还有美国医学会的鼎力支持。正因如此，后来证明改进后的方案得到了各方的一致认可。

---

① Pharmacy Benefit Management （PBM）：“药品福利管理”。药品市场中，有一个独立于患者、保险公司之外的第三方，其核心是用市场的手段对药品费用进行管理。以提供药品报销目录为例，它会在药品目录中明确报销药品品种、成本效果最佳和临床效率最高的药品以供参考，并与付费方共同决定药品报销范围和报销比例。为了将自己的产品列入药品目录，获得更大的订货量，制药企业会与专门从事药品福利的第三方公司就药品价格进行谈判，制药企业最终会降价或提供折扣以换取更大的市场份额。《Kerr-Mills 法案》也称《医疗救助法》，是 Medicare 和 Medicaid 的前身。

到了 20 世纪 60 年代，医疗救助法案实施的重点转到了针对特定人群的医疗救助上。继 Medicaid 之后，众多利益群体激励推进 Medicare 医疗救助法案。Medicaid 和 Medicare 共同对公众健康和医药产业产生了巨大的影响。

令当事者始料未及的是，到了 2000 年，Medicare 救助计划覆盖的老年人群体，人均医疗花费远远高于其他人群，而且没有包括老年人庞大的门诊用药。最后推出的医保措施是《医疗重大疾病保险法》(Medicare Catastrophic Coverage Act)，可是这一法案被国会先通过，而后又被废止。这背后原因众多，关键是对于“到底能够花费或者可以花费纳税人多少钱来给穷苦人治病”的问题上，政府的各个部门无法达成一致。这一法案的问题，又成为 2000 年美国总统大选的主要论题。2008 年，奥巴马总统竞选的政策主张之一就是全民覆盖的医保计划。

由联邦政府和州政府合作推行的医疗救助计划（Medicaid），直至今日仍在发挥作用，它为计划内的特殊人群提供各种药物或非药物的治疗和帮助。同样，Medicaid 有着许许多多的用药限制。

在商业医疗保险领域，人们自己支付保费、购买医疗保险而获得医疗保障由来已久。健康维护组织（Health Maintenance Organizations，HMOs）和其他专业的医保机构都在设法推出自己的医疗计划项目。想加入这些项目，先要绞尽脑汁地跟商业保险公司谈判，费尽口舌地讨价还价来争取更多医疗福利。所有这些支付方的不断演化发展，推动着医药行业发展的每一步，同时对每个消费者参与医疗服务行为产生着潜移默化的影响。

本书将另辟章节专门分析药品福利管理计划。在此，通过一个类比的例子，帮助读者理解医保对医药行业的整体市场环境的影响。

假设你拥有某处房产，你为房产购买了一份财产保险，每年缴纳保险费。这样遇到大灾大难的时候，你就不会倾家荡产；为避免年久失修，你平时维护这处房产的费用也会得到一些保险公司的赔付。有一天，你发现房子的烟道有点儿问题，要搞定这个问题，只要给你一台电钻就行了。

按照房屋保险的合同，购买电钻的费用是可以报销的，但是为了能够获得这笔报销费用，你得先去找专门的房屋修理专家，向他说明你的房子出了什么样的问题（他们是不会提供上门服务的）。他们评估后，给出专家意见，同意你去买一台电钻。在此之前，专家还要评估你的行为能力、智商，能否看懂电钻的使用说明书并正确使用。

你之前已经在广告上看到 Black & Decker 牌子的电钻不错，然后你就问这名评估专家能不能买这个牌子的电钻。“当然可以！”评估专家说，然后他把这个电钻牌子写在专门的纸上。你拿着这张纸到指定商店（只有指定商店被保险公司接受）去购买，可这个时候商店查过你的资料，告诉你说在你购买的保险计划里，Black & Decker 牌子的电钻不给报销，要是想报销就得用 Knobstock 牌电钻。

虽说这个类比的例子未必恰当，但参加医疗保险的人所面对的情形，大致和这个买电钻的人差不多。

外部综合环境

图 2.2 展示了图 2.1 中内环与外环的关系。

我们每个人都有自己的特点和行为。除此以外，我们每个人都有其他更大团体中的身份，包括家庭、正式或非正式的社团，最大可至整个社会。理解图 2.2 中所示的平行关系有重要价值，这些关系在人类在自然中的位置中也有所体现。正如人的整个机体必须持续行动，以修复精神和身体的损伤，在社会层面，有些项目需要频繁启动，以便纠正其各个成员的健康问题。

早期的著名医学专家魏尔啸（Virchow）在其著作中表明，为了更好地研究医疗健康，必须深入地研究社会。

魏尔啸说过：“流行病是一种警告，预示着人类发展中出现的混乱。这种混乱，政治家绝不能掉以轻心。”根据魏尔啸的说法，针对个体患者的治疗只是医学的一小部分功能，更重要的是控制人群疾病的蔓延，这需要社会性及政治性的行动。从这一点上看，医学是一种社会科学。

威尔逊（Wilson）指出：“虽然我们清楚社会就像一个机体，它是由不同的、相互依存的系统组成的。一些特定的系统经常产生变化，从而对一些子系统产生作用。我们必须认识到，团体（社会）不同部分的相关性远比机体的普遍相关性更弱。此外，我们必须明白，认为团体具有类似中枢神经系统这种想法是极为荒谬的。”

尽管存在这些局限，对于任何想要在医疗系统中发展的个人而言，研究社会及其目标都是至关重要的。尽管社会并不能时时刻刻保持一致，但确实会像机体一般行动：设定优先级、明确目标、选择方法。当社会生病时，它会决定去寻求多少医疗，而谁又会提供这种医疗。

医疗服务的体系构成包括每一位患者及每一位医疗专家，这些均由公共行动所体现。该行动的产品就是为回应社会需要而产生的各种公共健康项目。

一般情况下，社区参与的医疗联合体的目的在于促进、保护及恢复本区域的人口的健康。在医疗方面花费金钱、人力及物力是社区整个结构的投资，并不能认为是总账目上的一部分。因此，理想情况是，社会的目标在于尽量减少所有人群的疾病和死亡，在于保证每个人都有渠道接触高质量的医疗服务，在于彻底清除或减少不必要的致畸、致残的社会或经济后果。为了实现这些目标，不同的社会，结合不同的文化价值观、政治态度、经济环境和技术能力，可能采用不同的方式。

1883—1965 年，健康保健和社会态度改变的曲折性充分证明了社会力量对于医疗保险 Medicare 从理性到法律转变的重要性。从这个角度来讲，社会的立法程序和看得到的社会舆论压力必然会发生，现在看来都是可以接受的。考虑到从保险计划到立法所带来的问题，国家通过了一项健康福利计划，同时没有引起社会大的骚动，这简直是令人难以置信的。

医药历史学家，詹姆斯·哈维·杨（James Harvey Young），在其著作中详细阐述了食品和药品立法的历程。对食品、药品立法的管理，具有多变性、复杂性、竞争性和灾难性。他所论及的那些法律，主要是与药物相关的法规。事实上，对其他类型的医疗项目进行立法也会有类似特点，只是没有明显的灾难性。

社会目标变得越来越明确，也应该更加有力地执行。社会变化如此之快，对心理和生理环境造成了很大危害。大量的、复杂多样化的个人医疗需求，逐渐重塑着社会的医疗需求。提供综合的、必要的服务来解决复杂的问题，社区的参与是非常必要的。

许多问题相对较新，如城市化、人口密度加大及随之而来的对各种各样的污染、自动化、工业化及人性化。单独的作用机制不可能成功，因为复杂的社会的各个部分已经无法避免地变得互相依存了。

社会健康环境和人的自身健康目标日益成为社会的基本需求。之前，人们倾向于满足能够治愈或者解决危机性的医疗，而如今医疗已经受到重大发现和变革（包括药品）的影响，重点也从诊断和治疗转变为更加宽泛的方式，包括疾病的预防及康复。

社会越来越关注健康的话题，其所提出的目标反映了公众健康意识的提升。远离疾病这一概念已经被扩展，甚至包括在一种健康状态下生存。人们认为，医疗保健不仅是从疾病中恢复健康，还包括保持良好的健康状态。目前，人们期望，所有的人，无论是健康还是患病，都能得到最高质量的医疗服务。

表 2.5 展示了目前患者自己认为的、社会所能提供的医疗服务之间的差异。数据来自对超过 10 000 人的调研，体现了理想系统下，患者个人及所对应的医疗系统应该如何行动。尽管两者无法兼容，但互相之间需要妥协是显而易见的。

表 2.5　患者和医疗健康体系之间的认识差异

公众认为，患者应该具备	公众认为，医疗健康体系应该具备
责　任	
风险相关行为：患者应当对自己生活方式带来的后果负责	公民事件：为不可预知的风险提供支持
个人的职责：遵医嘱	财务职责：为危机事件承担相应的费用
财务职责：为自己选择的医疗服务付费	
公 平 性	
方便性：可以就近得到医疗服务	大众便易性：提供平等的医疗服务
	社区问题：提供关怀和支持
可负担性和效率	
成本/获益/价值：了解治疗方案的成本效益关系	可依赖性：确保高水平的医务人员
审慎：了解治疗的局限性	成本/获益/价值：让所有人获益
简便：了解易懂的医学信息	效率：最大限度地减少浪费
	审慎：更好地平衡个人和社会的利益
	可支付性：服务定价民众可接受
	简便：为患者提供更简化的服务体系

续表

公众认为，患者应该具备	公众认为，医疗健康体系应该具备
尊　严	
人权：对于死亡，人们有自我选择的权利	人权：尽量减少患者的痛苦
关怀：可以得到医生情感上的关爱	关怀：不仅是医生，更是一个“关护者”
同情心：得到医生的理解和耐心	同情心：理解患者的病情
信任：可以和医生建立个人关系	信任：提供准确、真实的信息
尊重：可以得到医生的尊重	
选　择	
信息：有更多自我选择的空间	信息：和患者一起做决定
控制：对疾病的后果有一定的控制	控制：给患者一些控制的权利
知情同意：在决定前有机会调查	知情同意：对于医疗决策，给患者提供全面的信息
个人责任：接受或拒绝一个治疗方案	自主权：由患者做决定
质　量	
生命质量：保证患者的生活质量	生活质量：追求最大化的生活质量
治疗质量：得到个体化的治疗和关注	治疗质量：尽可能提供最好的治疗和就医环境
医疗技术：可以获得最恰当的医疗技术	医疗技术：采用可改善患者病况的医疗技术
看护：希望看护者能理解和支持患者	看护：使得服务体系更加方便

资料来源：Adapted from Elizabeth Moench, “What Does DM Mean to Patients,” *Pharmaceutical Executive*, May 15（5）: 52, 53, 56, 1995.

对于一种商业或其行业，最终的考验是其社会影响。很明显，制药行业对于社会非常重要。一个公司或其单个产品的重要性最终是由市场上的其他公司或产品所决定的。最终看来，控制所有社会活动的正是社会本身。控制的主要方法在于是否购买。这是控制的最有效形式。立法者是由人们选举出来的，他们也能间接地使法律生效。

一般大众当然并不能得到足够的信息来决定对于市场的控制所带来的益处。许多情况下，他们也没有足够的知识来评估一个营销活动所带来的产品价值和社会价值。

经济环境

早在1880年，德国率先建立起一套完备的医疗保健体系，其目的最初也与经济有关，因为德国人认为，健康的工人是最有工作效率的工人。欧美国家制定社会福利制度时，规定工人65岁退休，也是基于健康和经济原因的综合考虑。当时，大部分工人会在这个年龄去世。

生命的另一经济现实是，人们对医疗保健的需求永无止境，而负担医疗服务的社会医保基金有限，而且日益不堪重负。正是因为费用支付的原因，以及其他更为复杂的原因，经济及对人道主义和医疗的关注会一直是制药行业考虑的重点。

影响大多数商业的经济趋势和事件包括如下可能：

- 经济危机，世界范围的经济衰退。
- 美国国债不断创造新纪录，外国投资者持有越来越多的美国债权。
- 政府对国内经济体增加监管。
- 一些发展中国家蓬勃发展。
- 世界粮食生产。
- 世界经济的预期（下降还是稳定增长）。
- 世界货币体系的衰退。
- 通货膨胀。
- 美国商业社会中工会占据重要地位。
- 全球化的自由贸易。
- 新的流行病发病率增加，如非洲的艾滋病。

期望所有公司对外部经济环境未雨绸缪，进行战略规划，这并非不现实。在做战略规划时，经常会有很多公共信息、研究报告可供分析和使用。有的公司收集外部经济信息的工作，还停留在个人的、凭直觉的分析层面上。不过，有的制药公司已经建立了成熟的药物经济研究部门，这些部门的一部分工作就是评估、预测外部经济形势，另一部分工作是为营销部门提供经济因素对医药市场影响的建议。

医药经济学（药物经济学）是20世纪兴起的交叉学科，它以评估治疗方法和药物对生活质量的影响，研究营销过程中出现的医药经济现象和应用。当代药物经济学已经将研究领域进行了不断拓展，不仅仅评估死亡对患者的影响，还评估疾病对患者生活质量的影响，疾病导致工作和娱乐时间减少的价值，以及患者所支付的药费和治疗费用。从这些多个维度的评价上看，仅仅细菌性感染，给患者和社会造成的损失也是巨大的。

道德和文化环境

20 世纪的大部分时间是，公众认为医药行业是“有道德的行业”。这个自我赋予的称号，是因为行业主体是医生，而医生在当时被视为专业人士，并代表着社会道德。近年来，这个称呼不再被使用，医药行业反而成为那些批评大量不道德行为人士的众矢之的。

从 20 世纪初，制药行业率先成为“扒粪”运动的对象。许多记者和专栏作者不断揭露出药品和医疗的黑幕。“扒粪”成了社会荣誉的称呼。“扒粪者”一词，最早源于西奥多·罗斯福总统的名言，后来逐渐成为勇于揭露黑幕记者的代名词。它最早始于厄普顿·辛克莱和塞缪尔·霍普金斯·亚当斯，他们的事迹被两本书记载并出版，分别是《丛林生存》（*The Jungle*）和《美国大骗局》（*The Great American Fraud*）。美国食品药品监督管理局由此得以出现，并逐步成为制药行业游戏的制定者。

在“扒粪运动”中，人们对医生黑幕的揭露也毫不留情，马丁·格拉斯写了《医生》（*The Doctors*）一书，莫顿·敏茨所著的 *The Therapeutic Nightmare,* reissued under the title *By Prescription Only* 最为著名。

这些揭露医疗行业的书描述了医药勾结的伎俩，并且做出一些要求：

- 呼吁禁止所有药物经由医生的推广。
- 要求患者拒绝使用那些“只是对现有药物分子结构稍加修饰的药物，或把现有药物做成复方制剂的药物”，除非卫生部门能够证明修饰后的药物会带来巨大的临床益处。
- 要求在药物申请专利 3 年后，政府强制要求公司转让专利。
- 强调患者应该坚持使用通用名的药物，抵制品牌药。

整体的社会道德环境是公司所处的外部环境的一部分。医药行业必须时刻警惕，并适应其变化。这些变化往往是渐进式的，并会在积累到一定程度时突然爆发。如果到危机来临才醒悟，则为时已晚。

评估生活质量改善最初只是学者感兴趣的一种研究，后来逐渐成为公众意识。本书的其他章节对此还有进一步讨论，这里将其作为文化环境的一部分。

什么是生活质量（Quality of Life，QOL）？其定义众说纷纭。评估生活质量（如药物副作用对生活的影响）长期以来一直是新药临床试验的必需组成部分。拓展生活质量的内涵，以接近真实的生活，经济因素影响是重要部分。从简单地评估疾病和治疗的直接影响，到关注生活质量，这是社会进步的标志，也给临床研究带来了新的指向和活力。

对于制药行业来讲，从治疗简单疾病，到决定晚期肿瘤患者姑息治疗，都关乎生活质量问题。

评估生活质量，告知公众产品之间的差异，以及阐明药物疗效的社会价值，对于一名医药营销职业经理来讲，具有巨大的潜在商业价值。但是，营销经理必须更深入地进行哲学思考，从生活质量对人的影响跨越到商业价值。

生活质量与人性的关系有如下方面：

- 身体状况的相关因素。
- 出现或不出现相关症状。
- 治疗方案的毒性和副反应。
- 对身体的外观、灵活性的影响。
- 心理、社会、精神方面的因素。
- 社会应对能力。
- 人际交往。
- 幸福感。
- 内心的平和。
- 经济的成本和影响。
- 更宽泛的影响，如对其他人的影响。
- 个人倾向。
- 文化的差异。

➢ 政治的考虑。

➢ 哲学和道德层面。

➢ 时间的价值和意义。

在英国，医药经济学已被广泛应用于实践中，并参与健康相关的诸多社会决策。

20 世纪，我们提出生活质量调整年（Quality-Adjusted Life Years，QALY）的概念，试图让不同治疗结果具有可比性的指标。某种程度上，评估任何治疗方法及其生存率，QALY 都是一个可靠、有效的方法。例如，两个患者使用同样的治疗方法，每个人都多活了 5 年，只不过一个患者一直昏迷，另一个是在恢复部分机体功能的情况下度过的。计算 QALY 会产生截然不同的成本效益结论。

成本效用分析（Cost Utility Analysis，CUA）是一个经典指标，它强调从治疗干预中获得的经济效益，作为衡量健康的“效用”。效用值通常被用作表示一个患者的健康与伤害程度，用从 0 到 1 的数值来表示：0 意味着死亡，1 意味着非常健康。这些效用值反映了每个人的健康状况。将效用值与生存率一起使用，研究者可以通过 QALY 来计算患者生存的时间。QALY 在美国应用还不普遍，因为它对于不同的健康状态而产生的效用值缺乏实际意义。在英国，评估国家医疗资源的优先顺序时，用每个“生活质量调整年”所支付的成本（cost per QALY）作为重要的参考标准。然而，英国对于 QALY 数据的使用及分配公共卫生资源时的疑虑也很多。这些疑虑包括人为设定效用选择价值，以及对于预期生存时间很长的那些老年患者或重病患者，如何评估他们的效用价值。

1947 年起，英国国立卫生机构（National Health Service，NHS）引入生活质量调整年，使其成为经济因素与医学评估的经典方式。起初，NHS 通过 QALY 找到获得免费、高品质医疗护理的基线。继而，在医疗资源有限的大背景下，医疗服务需求迅速超过供给能力。在免费的前提下，政府必须安排各种医疗需求的先后顺序。

获得某种形式的医疗保健，患者很少会被拒绝，但极可能会被要求预约，从而被推迟很久。除了先来后到原则，医生也需要根据患者在排队中的位置做出价值判断。医生使用的判断标准，与计算 QALY 的标准非常类似。比如，在医疗资源有限的前提下，哪些患者可以通过最少的费用获得长久收益。

应用这些判断标准，体现了如何设定医院设备的配置、手术台的数量和做手术的医生。医疗资源总是有限的，对手术的需求远远超过了医疗服务的能力，所以必须安排患者手术的先后顺序名单。对于有些患者，他们有时在等待获得治疗的过程中就死亡了。而对于患者及其家属而言，每一个患者都认为自己是最重要的。

举个例子。在英国，终末期肾病（End Stage Renal Disease，ESRD）治疗是免费的，2008 年共有 4.7 万肾衰病人进行了肾替代治疗，ESRD 患者中 47%进行了肾移植、43%进行了血液透析。英国 NHS 认为给所有肾衰患者做血液透析，医保经费将难以为继。于是，NHS 选择限制发展透析设备，而聚焦在推广器官移植上。一些社会活动家抱怨政府的这一计划把责任推诿到没有足够的肾脏来源上，政府不愿投入更多的资金建设透析中心。近年来，随着新的抗排异药物出现，高昂的药物费用促使 NHS 开始转变观念，肾衰患者进行血液透析的比例逐渐增高。

社区医疗服务的策略和费用管理不同。患者在社区医生那里得到免费的医疗服务，社区医生预先帮助专科医生做出评估。社区医生可以处方任何医保目录内的药物，但他们的处方行为一直受到管控。举例来讲，如果一名医生给患者处方了很贵的药物，则他必须减少其他处方金额，从而控制总的药品费用。

政治环境

政治影响着社会的方方面面。政治是外部市场因素（如经济、宗教和文化环境）的直接体现。政治因素并不一定与其他社会因素完全吻合，而且政治反过来影响着其他因素。评估政治环境是制药行业的必修课。表 2.6 提供了评估政治因素的关注点。

表 2.6　分析政治环境

政治风险的来源	由于政治产生的团体	对国际商业运作的影响
政治体制的差异（民主政体、社会主义、君主立宪） 不同党派的竞选需要和利益诉求 社会的失衡与动荡	当权政府及其附属机构 议会中的反对派 不参政的反对派（如阿尔及利亚的民族解放阵线、国内的游击组织、恐怖组织）	没收财产 临时征用财产 经营受限：市场份额、特殊产品、政策法规、合资/合营的硬性规定等 资产转移受限：分红、利息、产品、货物、人员、所有权

续表

政治风险的来源	由于政治产生的团体	对国际商业运作的影响
本土企业的既得利益 武装冲突和政变 新的盟国	无正式组织的共同利益群体（学生、工人、农民和少数民族） 外国政府或国际组织（如欧盟） 意图介入武装冲突或政变的外国政府	毁约或不平等条约 歧视（税收或强制分包、采购） 骚乱、暴动、革命或战争带来的人员和财务损失

资料来源：Adapted Stefan H. Robock and Kenneth Simmonds, *International Business and Multinational Enterprises*, Fourth Edition （Homewood, （L: Richard D. Inwin, Inc., 1989）, p. 383.

1992 年到 2008 年美国总统大选，医疗改革一直都是民主党的核心议题之一，主要的争议是处方药的开支（大选后，由私营行业主导进行了许多医疗改革，但政府迟迟没有行动。直到 2008 年奥巴马当选总统，才强力推行了全民医保法案）。老年人的医疗问题一直是公共政策的主要议题，关键在于门诊用药报销方面。

案例：政治环境的影响

美国联邦医疗保险（“Medicare” 为三种特殊人群提供健康保险：年龄 65 岁以上的患者、残障者、肾病末期患者）中有关于门诊用药报销的规定。相关条款在当初国会立法过程中可以说异常顺利。在大选年，这项明显惠及老年人的政策很快得到了民主党领袖的支持。共和党也不想在这项法案上过多纠缠而得罪选民。这为这项法案的快速通过提供了便利。

尽管医保在覆盖门诊治疗费用的立法过程相当迅速，但是这一问题由来已久。最终通过的法案，可以说是多方利益妥协的产物。

早在 1967 年，有人就已经开始探讨医保对门诊的处方药予以报销的问题。当时美国的林登·约翰逊政府成立了一个工作组研究这项问题。工作组提交了一份报告，提出增加药物报销的建议，负责审核报告的非政府委员会也支持这一建议。

到了 20 世纪 80 年代，国会对制药行业的关注日渐增加。参议员肯尼迪召开了一系列的听证会，他认为药品质量的差异并不足以支持仿制药和品牌药之间的价格差异。

美国卫生部（医疗与公共服务部）开始寻找节省支出的方法，而处方药的报销体制是改革方向之一因此最大报销限额项目（Maximum Allowable Cost，MAC）应运而生。这一项目的基本要素就是限制药物报销总额，鼓励使用低价的仿制药替换高价的品牌药。

1977 年，MAC 面世之后，制药行业最大的变化是仿制药的爆炸性增长。继而，1984 年颁布了《药品价格竞争和专利期恢复法》（Drug Price Competition and Patent Term Restoration Act），即《Hatch-Waxman 法案》（Hatch- Waxman Act）。这一法案影响深远，将在之后的章节详细讨论。

《Hatch-Waxman 法案》包含两个主要部分，是自 1962 年对《联邦食品、药品和化妆品法案》进行修改后，管理制药行业最重要的法令。

《Hatch-Waxman 法案》第一章规定，国会负责建立一套对特殊药品专利延期的流程，为某些新药 17 年的专利期再次进行延期，以补偿研发企业在药品上市申请阶段损失的专利期。

该法案的第二部分是关于 MediCare 对门诊药物的覆盖范围。在第二章，国会首次授权 FDA 审批 1962 年后上市药品的仿制药。

这一法案迅速引发了药品市场的多源化扩张，引发了制药行业的一场地震。如果没有《Hatch-Waxman 法案》促成药品市场提供多个厂家生产的大量廉价仿制药，医保将无法负担《大病医保法案》（Medicare Catastrophic Coverage Act）中规定的报销范围。

20 世纪 90 年代，许多议员逐渐意识到，他们并没有充分理解实施该法案后给社会、行业带来的错综复杂的影响。

这是一个政治对制药行业产生影响的经典范例，充分反映了政治“讨价还价”的妥协属性。由此，仿制药能够更容易地进入市场，原研药能够延长专利期，政府降低了药品开支。

法律/监管环境

18世纪，德国著名的医生、卫生专家约翰·彼得·弗兰克（Johann Peter Frank）曾在《医药警戒》一文中指出，国家应对民众的健康负责。这一概念在今天被广泛接受，从提供医疗服务到避免民众受到伤害。各国也都制定了许多行业管理的政策法规。

任何行业都不能漠视政府的监管和相关法规。企业的成本和利润，随时都有可能因政策改变而受到影响，可能由于政府管理决策的改变，也可能由于相关利益群体的改变。政府应对医药行业的以下方面予以高度关注和影响：

- 开拓哪类业务。
- 生产什么产品。
- 投资哪些项目。
- 什么条件下才能进行生产。
- 产品的生产环境如何。
- 如何进行市场推广。
- 怎样定价。
- 利润水平如何。

制药业每个部门的决策都会受到一个或多个政府部门的监管或影响。行业同人一直认为医药行业的监管最为严格，从生产厂家到执业药师都会受到无数的法令约束。

以下商业模型解释了针对制药行业进行法律监管的过程：

个体需求和关注
↓
个体聚合在一起，通过选举，集体表达需求和关注
↓
政客们发现社会需求
↓
制定法律，满足需求，解决关注
↓
将实际执行交给非选举产生的政府部门和监管机构

整个进程中陷阱重重，对前者的意愿和需求的感知，以及找到正确方向后的实施，都有可能出现偏差。尽管如此，这个系统目前就是如此运作的。换言之，每一步骤都

存在机会。

这一部分会简要论述政府的法律、监管和司法诉讼。下一部分也会继续讨论这些问题。

联邦法律

相关的联邦法律主要有两类：一类是对商业产生普遍影响的普通法，一类是针对制药行业的专项法律。

制药行业的主要通法如下：

➢《保护贸易和商业不受非法限制与垄断之害法》(Sherman Antitrust Act，1890 年)。

➢《联邦贸易委员会法》(Federal Trade Commission Act，1914 年)。

➢《克莱顿反托拉斯法》(Clayton Antitrust Act，1914 年)。

➢《鲁宾逊-帕特曼法》(Robinson-Patman Act，1936 年)。

➢《惠勒-利法案》(Wheeler-Lea Act，1938 年)。

➢《拉纳商标法》(Lanham Trademark Act，1946 年)。

➢《公平包装与标识法》(Fair Packaging and Labeling Act，1966 年)。

➢《消费产品安全法案》(Consumer Product Safety Act，1972 年)。

仔细阅读这些法律条文既不现实也不必要。但是必须注意，这些法律都对制药企业都有着特殊的作用。它们在基本层面影响着营销组合的 4 个部分：定价、推广、分销和产品开发（这 4 点也是本书的重点内容）。

制药行业的专门法律如下：

➢《食品与药品法》(Food and Drugs Act，1906 年初版)。

➢《哈里森麻醉药品法》(Harrison Narcotic Act，1914 年)。

➢《食品、药品、化妆品法案》(Food, Drug, and Cosmetic Act，1938 年)。

➢《达拉姆-汉弗莱修正案》(Durham-Humphrey Amendment，1951 年)。

➢《克福弗-哈里斯药品修正案》(Kefauver-Harris Drug Amendments，1962 年)。

➢《药品滥用控制修正案》(Drug Abuse Control Amendments，1965 年)。

➢《滥用药品综合预防与控制法案》(Comprehensive Drug Abuse Prevention and Control Act，1970 年)。

➢《药品价格竞争和专利期恢复法》(Drug Price Competition and Patent Term Restoration Act，1984 年)。

还有很多针对制药行业的法律并没有列在上面。我们在此并不可能讨论每个法条的细节，但是其中两项法令及相关沿革对制药业影响深远，而且这两个法案很好地展示了通法和专法之间的相互影响。

众所周知，1937 年发生了磺胺剂事件，这是一个制药行业的里程碑事件，政府和制药界从此开始重视药物的不良反应。依照《食品和药品法》，当时药品进入市场无须提供相关有效性和安全性的证明资料。位于美国田纳西州的马森吉尔药厂，以二甘醇为溶剂调整药品的口味，结果导致一百多人死于磺胺酏剂所引起的肾衰竭。法庭下令扣押这些药品，但值得注意的是，法院指控药厂的罪名并不是药物掺假或不安全，而是这一产品用了“Elixir”一词，暗示其中使用酒精做溶剂，而实际其中不含酒精，所以这属于商标不正当使用。如果正确标注溶剂，而不是使用“Elixir”一词，这就不属于违规。①

这起不良反应事件的悲剧之后，涌现出许多反映当时食品、药品和化妆品行业现状的著作，如约翰·格兰特的《两亿只豚鼠》(*200 000 000 Guinea Pigs*)，以及鲁斯·兰博的《美国的恐怖屋》(*American Chamber of Horrors*)，以唤起民众对政府施压，进而改变现状。于是在 1938 年，《联邦食品、药品和化妆品法案》被通过。一些行为被明令禁止，如禁止贩卖掺假或不正当标示的食品、药品或化妆品。

药品广告的相关规定对制药业至关重要。一个争议焦点是虚假广告的相关立法应由谁负责，应该是联邦贸易委员会(Federal Trade Commission，FTC)还是药监局(FDA)负责司法程序。FTC 积极游说，希望能从药监局那里夺回相关司法管辖权。非处方药制造商协会、美国药物制造商协会(the United Medicine Manufacturers of America)、制药商协会(Institute of the Medicine Manufacturers)也都支持由 FTC 负责相关立法。

阻碍 FTC 负责药物广告相关立法的一大障碍，是美国最高法院对 FTC 诉 Raladam 公司的判例。由于这一判决，FTC 对于虚假广告的监管仅限于危害竞争的情况。药师

---

① 这一部分改遍自 Mickey Smith (Ed.) 的医药营销原理(第 3 版) [*Principles of Pharmaceutical Marketing*, Third Edition (Binghamton, NY: The Haworth Press. 1988), pp. 485-513.] 原文由加里·威尔克森(Gary C. Wilkerson)和迈克尔皮特伦谢鲁撰写(Michael Pietrangelo)。

立法者惠勒·利，希望国会通过的法令授予 FTC 相关的司法权，推翻 Raladam 公司一案的判决。于是，他们对《联邦贸易委员会法案》提出《惠勒·利修正案》。

《惠勒·利修正案》禁止散播虚假广告，用于直接或间接诱导购买食品、药品或化妆品。这类行为在《联邦贸易委员会法案》的规定中包括不正当行为和欺诈行为。广告如果在重要方面误导受众就属于虚假广告，而省略重大信息会造成误导性广告。《惠勒·利修正案》废止了“货物出门，概不退换”的条款（Caveat Emptor）。消费者有权信赖广告信息，一旦广告能够用于或倾向于欺诈，其相关阐述就是违法的。

《惠勒·利修正案》解决了药物广告的相关监管问题。药监局保留了管理药物标示和药物适用范围的司法管辖权。

《食品、药品和化妆品法案》要求药物包装上标注足够的警示信息和使用指南。无标示的药物属于不正当标示。如果相关药物信息并不是保护公众健康的必要信息，那么可以作为例外，不用标示。20 世纪 50 年代以后，许多曾经通过专业渠道推广的药厂，开始对所有处方药进行标示。这引发了一个问题，因为法令要求标示信息充分，除非符合例外的相关要求。

1948 年，最高法院宣布了联邦政府诉沙利文（Sullivan）公司一案的标志性判决。该案中，一名药师从批发商处采购了一批有正确标示的磺胺噻唑（Sulfathiazole），并从 1 000 片的大包装中取出 12 片，放入一个药盒，标注上“磺胺噻唑”，卖给了一名患者。法院判定药师违反了不正当标示的相关规定，因为他并没有提供给消费者足够的使用指南和警示信息。

此次判决后，美国国会通过了《米勒修正案》（Miller Amendment），并将此法案的使用范围拓展至批发商和零售商。尽管《食品、药品和化妆品法案》并没有相关规定，药师还是开始担心由于销售处方药所面对的可能指控。显然，处方药需要一个法律上的定义。两名议员，同时也是药师，卡尔·达拉姆（北卡罗来纳州）和休伯特·汉弗莱（明尼苏达州）发起了这项立法议案。在国家零售药师协会（National Association of Retail Druggists）和 FDA 的支持下，1951 年通过了《达拉姆–汉弗莱修正案》。该修正案将药品分为两类：处方药和非处方药。

该修正案将处方药分成了 3 个大类：

1. 法律中特别指出的催眠类或成瘾类的药物及衍生物，除非符合例外规定。

2．药品本身具有毒性，用法或联合用药有潜在危害，并不能安全自用。

3．没有充分证据证明可以安全自用的“新药”。

除了以上内容，该修正案还修订了“限制处方药的使用必须有口头或书面处方（某些特殊情况除外）”“未经处方，不得自行再次购买处方药”。

该修正案还规定，处方药必须印有以下标示：“提示：联邦法律禁止在无处方情况下调配此药。”这一条文直接影响了处方药的市场推广。制药企业知道需要通过医药代表、医学刊物及直邮来影响医师的重要性。但是，制药企业倾向于只描述药物的治疗收益，而忽视不良反应和处方限制。随着新药层出不穷，制药企业某种程度上成为了用药信息的主要来源。

FDA认为医师需要了解所处方药品的所有必需信息，因此颁布了“全披露规则”，要求药物说明书必须遵循统一格式，必须确切披露有关信息，包括药品的类别、活性成分的含量和用法、不良反应及特殊人群等。

颁布于1938年的《食品、药品和化妆品法案》，1962年进行了重大的修正，通过了《克福弗-哈里斯药品修正案》。田纳西州的参议员埃斯蒂斯·克福弗在20世纪50～60年代举行了一系列听证会，质询制药业的营销和定价方法。在此之前，1961年发生了震惊世界的沙利度胺不良反应事件。

沙利度胺由原西德的格兰泰（Chemie Grunenthal）制药公司生产，当时属于OTC类的镇静药。该药上市3年后，汉堡大学的儿科医生冷教授向该公司报告，此药可能引发海豹肢综合征。当时，已有数千名婴儿受到此不良反应的严重影响。

欧盟的情况于1962年公之于众，当时美国还没有批准该药在美国上市，然后就终止了美国所有沙利度胺的临床试验。所有的新适应症申请均被驳回或暂缓。这个惨剧给了国会强大的刺激动力，使《克福弗-哈里斯药品修正案》在国会全票通过。

这些修正案对美国制药业产生了重大影响，要求自1938—1962年获批的药物，必须为药效提供实质的临床证据。1962年之后的新药，注册时需要遵守此要求。因此，所有新药上市，必须经过历时数年的广泛的临床试验。药品的专利有效期还是17年，但因上市延迟，实质上缩短了药品的专利保护期。

联邦规章

立法者不可能通过立法来涵盖每个细则。这些细则需要通过政府部门的规章来实现。1962 年修正案的目的是保证药品的安全性和药效。国会通过立法，授权 FDA 发布药品管理规章。这些规章有法律支持，同时具有法律效力。在联邦层面，FDA 规章就是制药业从事研发和营销所必须遵守的“法典”。

药监局规章的细则会在本书的适当章节中有所论述，在此还是有必要提到一些要点。尽管药监局的监管者是领工资的，并非选举产生的公务员，但是药监局局长由总统任命。因此，政治对 FDA 的运作具有潜在影响。这一点经常成为反对势力攻击的目标。《华尔街日报》曾撰文指出，倍美力（Premarin，结合雌激素片）的生产商，惠氏制药公司，通过影响药监局阻挠审批其仿制药的上市。

药监局的监管当局经常受到社会压力的影响。比如，曾经举行 OTC 口服避孕药的听证会，就会由于公众示威而被迫推迟。又如，某些新药的申请注册（尤其是艾滋病药物、癌症药物），因为公众的要求，多采用了“快速通道”的方式审批。除此之外，诞生了另一条重要的规则——如果仿制药能比现有治疗药物提供更大的收益（如剂型改进），则其审批流程会快于那些单纯仿制的药品。

如果一个行业很大程度上依赖于创新，那么监管创新的政府机构就非常有权势。药监局就是如此。

州政府法律

美国有 50 个州，本书不再详述所有的细节。但是，各州政府有权力，也确实有时会通过法律来影响州内的药品和制药业。（很长一段时间，一些州政府禁止药师用仿制药替换医生处方上的品牌药品，而有的州法令则允许。）

大体上讲，在州法律中，对于药业最重要的法律是药师法。这些法律通常授权一个州委员会来监管药品，以保护公众健康。

州层面的规章

州药业监管委员会对制药业具有实质上的权力，这一委员会实际上促成了零售（包括医院）层面的垄断。这主要是由于执业药师需要得到监管委员会的许可，而这些许可有着人数和条件的限制，所以会催生一些独特的市场现象。

所有州的监管委员会都要求药师执业人员每年提交一定时间的在职继续教育证明，这样才会发给更新的执照。对于时间的要求，州政府间各不相同。于是，许多药厂和批发商直接给药师提供这种证明，或赞助他们参加这种继续教育项目，用这些项目作为推广工具。

医疗条件

显而易见，制药业很大程度上受到人口健康和疾病的影响，这两种因素的影响远大于其他环境因素。因为归根结底，每个人都会死。人所罹患的疾病多种多样，因此制药业永远是朝阳行业。

本书主要讨论在发达国家的医药市场，绝大部分与市场环境相关的内容，在新兴市场（如金砖五国市场）呈现出相同的市场特征。有关 21 世纪制药业的主要趋势和发展中的社会伦理包括：

- 由于绝大多数人不会在幼年死于常见的传染病（白喉、天花等），人类的平均寿命得以延长。人们的寿命大大提高，婴儿死亡率降低是最显著的原因。（简单地说，挽救一名 1 岁的婴儿，让他能够善终，相当于 60 多位 70 岁的老人寿命增加一年。）
- 发达国家及新兴发展中国家呈现老龄化社会，老龄人占到 1/6 或 1/15 的人群，意味着有大量的老年患者。
- 寿命的延长，使人们有“更多的时间”去患病。大部分疾病需要药物进行治疗，一小部分能够被治愈。

除了人口状况明显改变之外，20 世纪还有很多新问题。最显著的问题就是艾滋病。艾滋病的流行使得人们发现，大自然总有办法可以控制人类。随着进化生物学、进化医学的发展和观念的转换，人类认识到不可能战胜微生物，只能与之和谐相处，而艾滋病仅仅只是一个开始。

劳丽·加勒特（Laurie Garrett）在《下一个瘟疫》一书中描绘了“细菌的复仇”，

细菌、病毒在与科学家的斗争中不断产生抗药性、不断进化。科学发展和自然选择，是一个交替上升的过程。制药业在针对艾滋病、癌症和重大流行病的战争中有胜有负，这一行业需要持续研发投入，才能战胜疾病，创造利润。新的多重抗药细菌，打破了人类征服自然的神话，也给制药业带来了契机。

法国著名的微生物学家杜博斯提醒人们，这场战斗并不陌生："疾病史告诉我们，所有人和动物的器官与微生物是一个共生体，相互依存，相互斗争。"疾病谱的流行、发生和结局，也会随着时间的推移而不断改变。

科技环境

外部环境因素中的最后一个因素，也是最重要的是因素，就是科技进步。这里所指的科技并不仅仅限于制药业的科技发展，还包括那些睿智而富有想象力的人们从其他领域引入医药行业的科技。以下是两个典型案例：

- 微缩胶囊技术，最初由国家现金出纳机公司发明，用于制造复写纸，最终被转用于制造长效缓释药物。
- 利用量子物理学的X射线晶体衍射技术，华生和克里克发现了DNA双螺旋结构，进而引发了分子生物学革命。

20世纪流行的疾病的"细菌理论"，给医学模式带来了巨大而深远的影响。该理论认为，每个疾病都有一个确切的病因，治疗应当针对病因或患病部位。然而，这个理论存在诸多问题。寻找导致冠心病、糖尿病和肿瘤的细菌，注定不会成功；而细菌在溃疡病进展中并没有遵循传统的感染—炎症理论，而是作用于人体的分子信号传递环节。医学发展和基础研究深刻地影响着制药业，而制药业反过来促进了医学的进步。

早在科赫发现疾病的细菌病因时起，人们就一直期待着发明"魔法子弹"药物，与细菌作战。继之，人们陆续发现了很多抗生素"魔法子弹"，而且它们还在不断涌现。但人们也更新了与细菌斗争的观念：除了对抗，还有共生。自然选择、生物进化法则告诉人们，病菌不可能被消灭（截至目前，唯一的例外可能是天花病毒，第二个也许是脊髓灰质炎病毒。如果有一天，天花病毒再次出现，那将会是全世界所有人的噩梦）。

制药业以创新药品为核心价值。同时，其他行业的科技革新正在对制药业营销产生着重大影响。特别是现今的互联网时代，制药行业更是被纳入到 IT 信息产业的行列。其影响仍在不断深化，从新药研发，到对消费者的教育，以及增加患者使用药物的顺应性等环节，互联网颠覆了许多被奉为圭臬的营销经典。

中间环节

4 个“P”

本范畴所包含的环节是传统营销理论中的 4 个“P”，即产品（Product）、价格（Price）、地点（Place）和推广（Promotion）。后面的章节将逐一对每个环节进行详细阐述，在此不予赘述。

竞争环境

要想超越竞争对手，企业必须了解竞争对手为什么会获胜，如同战场上的攻防战，企业必须了解敌情。通过对行业和竞争力的分析，企业可以深入了解竞争对手。行业分析是根据一个市场的结构来评估其吸引力。在行业结构的大背景下，竞争力分析反映特定市场中各企业的表现和能力。

各个行业均有其独特之处。这些特点会随时间发生变化，称为行业动态。如果不能适应行业动态发展，无论当前企业多么强大，多么努力，都注定难逃失败的命运。

制定市场策略时，制药企业应判断制药行业中各个竞争因素的重要性，以及自己和竞争对手的相对位置，努力在行业环境中保持公司动态。

企业可以有多种方法进行行业分析。迈克尔·波特的“五力”模型是经典的分析方法，尽管该模型未必完全适用于制药行业，但其基本框架便于制药行业结合自身特点进行自身的分析和判断。

如该模型所示（见图 2.7），不同公司间的竞争程度，是竞争对手数目、行业成长、产品差异化与现有行业壁垒的函数。这些变量中，竞争对手数目和行业成长性影响最大。此外，具有较高固定成本的行业往往竞争更激烈，因为各个竞争公司被迫降价以便满负荷运转，以摊销固定成本。竞争产品之间的差异化，无论现实的还是心理的，降低了竞争的强度。最后，如果公司退出行业所面临巨大的挑战，将加剧竞争的激烈程度。

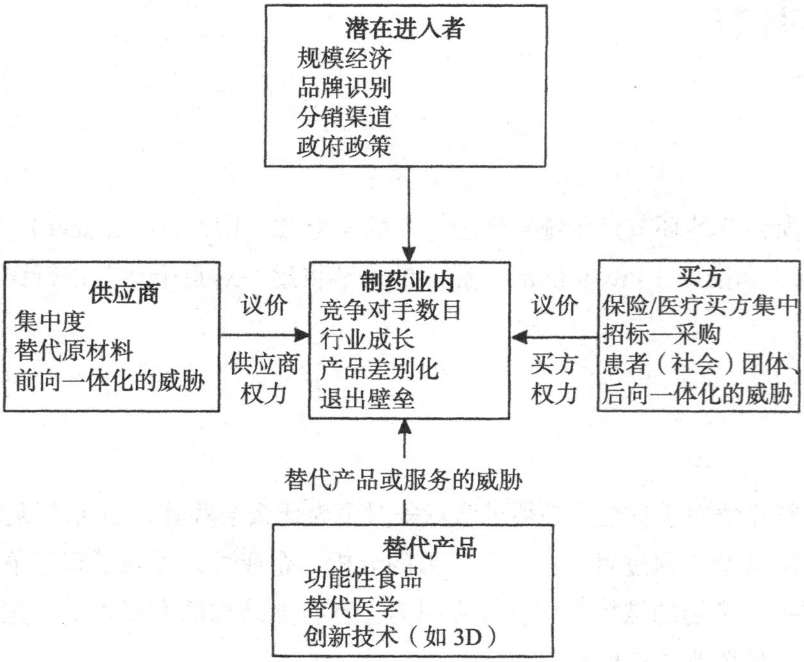

图 2.7　波特的五力模型在制药行业的应用

新公司进入行业将加剧竞争。但是，3 种成本壁垒使新公司难以进入制药行业，包括规模经济、绝对成本优势和研发成本。规模经济要求新进入者或者设定高水平的产出，或者接受一种成本劣势。绝对成本优势仅为一些特殊的公司拥有，这些公司或者有先进的技术，或者有更好的原材料获取渠道，或者有生产经验。此外，高昂的资金要求、有限的分销渠道及政府决策都会成为进入一种行业的壁垒。

与行业产品基本具有同等功能的替代产品，是产生竞争的另一个原因。因为替代产品设定了公司可以获得的产品价格上限，所以其对行业潜力具有抑制作用。替代产品产生的威胁，也取决于其长期价格和性能趋势。

买方议价权力，指行业客户促使行业降低价格或提升性能，从而限制公司利润的能力。买方在有选择权时获得议价权力，如替代产品可以满足其需要，或者仿制药可以提供相同产品。此外，买方高度集中、后向一体化的威胁和较低的转化成本加强了自身手中的谈判筹码。

供应商议价权力，指行业的原料供应商促使行业接受高价格或缩减服务，从而影响公司利润的能力。影响供应商权力的因素与影响买方权力的因素相同；但在此情况下，企业变成了买方。在此方面，行业成员变成了买方。

5种竞争力量相互作用，决定了行业的特点和吸引力。最强的力量，在决定公司利润过程中占据主导地位，并成为策略制定的重点。

公司应首先判断，制药行业中影响竞争的主要力量及其原因。然后，相对于整个行业来说，分析、确定自身所具备的优势和劣势。最后，公司制定其策略，或采取进攻或采取防守措施，以占据市场有利位置，以对抗5种竞争力量。在波特看来，其中涉及：

- 给公司定位，以便能够凭借自身能力，最有效地对抗当前的竞争力量。
- 随着策略的推进，对力量的平衡施以影响，由此提升公司未来的地位。
- 预测各种影响力即将发生的变化，并对此变化予以实时回应。在竞争对手尚未有所认识之前，选择新的竞争平衡的策略来利用新的变化。

内部环境

从某种程度上讲，内部环境是所有环境因素中最难处理的因素。即便营销人员非常聪明，可以发现并利用前面所提及的所有外部环境因素，然后精心编制计划、策略和战略，但是公司内部的环境因素会使这一切付诸东流。行业杂志（如《制药高管》、《制药前沿》等）已经讲述了许多关于制药公司和CEO的故事，描述了一系列有趣的公司案例。许多中层管理人员的行业故事更具启发性。

20世纪伟大的营销理论家奥尔德逊教授认为，行业是由“其生产的产品被市场视为相同产品的全部公司，或个别生产者力求与其他公司有所区别的全部公司”构成。

如何实现产品差异？为什么要实现产品差异？很久之前，美国前商务部长约翰·康纳曾这样描述制药业的营销责任：

> ……革新性行业（如制药行业或计算机行业），其首要目标是理念得到广泛认可，并尽可能地熟练使用新产品。这就意味着，医学专业人士和公众能够并且愿意接受创新的速度——同步于研发推出新产品的速度。创造发明而闲置不用不是当代社会追求的目标。

来看一个制药史上的经典案例：

……20 世纪，双氯噻嗪在肾脏病的实验室研究用了 12 年时间，又用了 1 年时间进行动物实验，再进行了 14 个月如临床研究，得以批准上市。上市后仅仅 3 个月，内科医生就给国内超过 50%需要进行利尿治疗的患者开具了该药物。

为了在市场占据一席之地，为了提升竞争力，每家公司都必须“个性化”地利用其资源，以期获得最佳的经济效果，并使竞争对手难以复制其方式。

制药业管理者实现前述目标的能力，有赖于其规划和实施能力。上文所述“个性化”包括设计技术、生产效率、研发能力和营销组织的有效性。

对实现竞争优势所必须采取的活动，取决于公司的目标。尽管在大多数情况下，实现利润最大化是公司的最终目标，但还存在其他目标。如果制药公司将利润作为公司的唯一目标，那么它会经常遭到社会的非议和质疑。

现实世界中，制药公司的目标通常用美妙的词汇描述，不那么赤裸裸地谈及追求利润。大多数情况下，公司除了追求最大利润，同样追求销售额最大化、节约生产成本最大化等目标。

公司会设定不同类型的目标。其一就是营销或销售目标。首先是公司能够维持其现有地位；接着，公司会提升自己的预期市场地位。尽管在实施过程中利润不容忽视，但还是应该最先追求销售额。

如何树立公司形象，这给公司高管、公共关系管理人员和营销管理人员带来诸多挑战。尽管树立形象一般很难短期内有助于提升公司的销售目标，但其对利润的远期影响不容小视。树立公司形象需要资金投入，这就削弱了当期利润。

市场影响力对利润目标具有相当大的影响力。公司规模庞大，是公司各种资源中最为有效的。正因为如此，联邦商务委员会进行反垄断监管时，尤其关注这一点。市场影响力可以促成提高利润，而利润构成了权力的来源。

最终内部目标，即财务目标，会对公司未来可能发生的所有情形进行财务预测。当公司可能出现流动资金短缺时，尤为如此。

打造企业自身的“个性化”竞争力，最难的是树立公司形象和管理公司形象。

制药行业的公共关系经理普遍认为，在树立良好公司形象之初，需要考虑以下 6 个问题：

- 公司高层是否对希望树立的公司形象达成共识？
- 除了公司总体长期目标之外，通过公关项目能实现哪些具体的短期目标？
- 为了发现不同，是否需要充分地和不同群体沟通，并听取他们的意见？
- 是否需要留心其他行业的公司发展历程，从而进行借鉴并提高自身？
- 是否制定了对公共关系项目进行定期评估的机制，以评价成功与失败？
- 公司形象、（及宣传的）价值观与目标客户的取向是否一致？

营销环境既给制药行业造成威胁，同时也给其带来希望。然而，主要障碍在于如何恰当地利用那些能提供有吸引力的市场机会。有些营销专家认为，营销就是评估商业环境中的积极和消极因素，并不断尝试、创新。

任何公司，都会花费大量的时间和精力进行规划、实施，尤其是控制。如果没有充分的控制体系，规划和实施活动都将徒劳无功。业务控制，就其目的和复杂性而言，与驾驶喷气式飞机没有什么不同。飞行过程中，喷气客机直到降落至跑道，飞行员、导航员及其空管主管都会仔细绘制飞机将飞抵的预定目的地所经过的空域路径（这相当于规划）。在规划过程中，航班、燃油供应、载客量、乘务人员需求及航空票价，均全部确定。规划之后，航空公司的资源被调动起来，各司其职（实施），全部都经过了精心规划和实施。控制的作用是使计划保持在“预定航段”运行；同时，对可能的非预期或不可预见事件，提前制订预案或行动指导原则。

计划和控制是管理的两个方面：外部环境未发生变化的情况下，能够按照预期运行；外部环境发生变化的情况下，能够适应该变化。还是以飞机作为例子。正常营销条件下，公司的营销控制通常包括某种复杂的“自动驾驶”，以及一系列感应装置——营销雷达、高度计、航速指示器等；同时，使飞行员（管理层）有能力临时应对突发事件。

营销职能的控制，远比控制飞机更为复杂。控制体系处在一个动态的市场环境，因此需要不断调整体系。公司需要针对总体系中的各个分体系设定多个目标，而分体系的目标之间往往存在着相互冲突（如生产部门希望提供统一的产品规格，而销售部门希望向市场提供药品的多种规格）。控制飞机的体系运行，应对的变量是确定的（如温度、压力、风速等）。营销环境的变化则是多样化的，公司内部的监控系统不可能有效地预测各种变化。

营销控制是重要而艰难的任务。“控制”是“约束、管理和管制”。“控制”的另一个含义是“通过比较进行核实”。这也是控制过程的核心部分。无论内部控制，还是外部控制，都是监督和适度管制的组合。

某些时候，制药公司的内部环境塑造了自己的未来。营销学大师李维特曾经指出，相比于目标正确而执行糟糕的情况，目标错误而执行出色更具破坏性。

小 结

本章阐述了一部分影响制药行业营销决策和营销实践的环境因素。下一章将介绍制药行业识别和应对环境挑战时通常采用的措施。

第 3 章

营销实践

米基 · 史密斯

简介

前一章讨论了影响医药市场活动的众多环境因素。本章将分析医药销售人员在预测、处理现有或潜在市场环境因素时所采取的措施。

上一章介绍了一部分市场环境问题，但并不全面。市场环境在随时变化，而且这种变化往往没有征兆。不过，所谓“没有征兆”，通常针对那些没有准备的人。对环境改变有所预判，以及正确评判现行市场环境，是营销经理面临的两大挑战。

Jain 认为，环境方法论是营销学的几个基准原则之一。运用该方法，可以分析市场并制订营销计划。他认为，在公司运作的诸多环境因素中，以及决定公司项目运作成败的各种因素中，营销决策者起着最重要的作用。其他方法，这里就不提了。既然我们选择了这一理论，就一起来看看。

亨利 · 基辛格曾对日本经济持续繁荣做出这样的评价：“对于发展经济而言，还有什么比贪婪地吸收整合信息、坚强地抗击压力、果断地执行任务更加有效？”诚然，20 世纪 80 年代，专家们预言了日本企业将会通过汽车和电子行业的成功取代美国公司的市场地位。甚至有些人认为，日本无可比拟的成功也将出现在制药行业。这一天并未到来。到目前为止，尽管日本制药业在美国已具有很大影响力，但还没有超越罗氏、辉瑞、默沙东、诺华、葛兰素史克这些顶级制药公司（虽然本书出版时，顶级制药公司的名单可能已经发生变化）。

评估市场环境是必需的，但这还不够。制药企业的所有推广活动，都希望能够获得长久成功。我们并不是说日本企业缺少评估市场环境的意愿，它们缺少的是分析、评估数据的能力。反观美国（及其他非日本的国家）公司，开拓日本市场时，它们掌握了一个重要的环境因素——如果你想在日本做生意，你就得先找一个日本人做合作伙伴。

评估市场环境分为两个部分：一是对总体环境进行宽泛的评估；二是具有针对性的评估，也就是公司进行的市场调研。

进行宽泛的环境评估，包括如下步骤：

- 寻找市场环境中的重大趋势，如自我保健、疾病预防、个人电脑的普及。
- 评估各个趋势之间的关联。从个人电脑到互联网之间就存在着明显的关联。事实上，在制药行业要找到完全不相关的地方很困难，也几乎不可能。
- 预测趋势对于市场甚至单个产品的影响。举个最著名的例子“秃顶发型的流行”，虽然这种发型流行时间短，却对理发行业产生了个别甚至整体上的影响。
- 预测某趋势未来的发展方向，以及可能持续的时间。从秃顶到留头发显然会对人的形象产生影响。那么，产生影响的概率有多大/影响会持续多长时间？（这在寒冷地区会产生更大的影响）
- 什么样才算是变化显著？缓慢变化是否会造成巨大的影响？改变虽然迅速，但会不会很快销声匿迹？
- 趋势带来哪些机会和威胁？如果真的会带来机会，那么会不会发生系统性地、脱胎换骨式的变化？
- 公司总体战略如何，是“对抗趋势”还是“顺应趋势”？任何一种选择都会导致另一个重大决策的产生。

市场调研是制药企业监测市场环境的核心工具，稍后会用大量篇幅来讨论它。首先，看看其他监测工具。

- 外推法：用过去的趋势来预测未来，不过经常会出现偏差。如果所参考的发展趋势是稳定的，那么回归分析的方法非常有用。

- 历史类推法：出现某种特殊现象时，回头看看过去的发展趋势是怎样的。比如，受外界因素影响裁员，之后又会大量招收员工。
- 依靠直觉：直觉往往不受过去的经历或个人偏见的影响。这就是为什么商业活动需要顾问。
- 情景构建：也叫场景分析法，“如果……那么……”考虑问题的多重可能性。
- 交互影响模型：要求情报人员分析两个同时进行的相互冲突的未来趋势。
- 形态学分析：这里，所有能达到目标的方法都将被使用，目的在于发展一个理想的方法
- 互联网：这里我们将提到“突发性”和“关联性”。“突发性”采用逻辑来生动地表现环境趋势所带来的不同结果。“关联性”展现不同等级的重要性划分。
- 建模型：该技术被广泛地应用，策略咨询公司更偏爱这种方法。这个技术用预设的程序，目的是找出市场对某个策略决定可能产生的各种反应。
- 德尔菲（Delphi）分析：德尔菲方法不单用于制药行业，可广泛用于预测未来趋势。通常，先选择一群“专家”来评估发生某些事件的可能性。有时，专家会说出他们对于自己预测能力的确信程度。在进行德尔菲分析时，需要重复、反馈，并进行多次循环，以调整预测结果。
- 语境分析：对媒介进行系统分析来探测趋势，如对印刷资料进行系统分析。印刷资料（如报纸）将会反应或影响未来局势的发展。畅销书《大趋势》就是基于这一理论创作而成的。

监测市场环境的手段：市场调查和市场调研

制药行业进行环境监测，需要宏观水平（自我保健、政策发展）和微观水平（某一确定市场中的具体活动和发展趋势）都予以关注。微观市场内的信息、数据非常丰富。没有哪个制造业领域像制药行业这样，被这么多的信息淹没。

无论什么定义下的“市场”，其大小和发展模式都是开展业务的基础。想要进入某一市场，就必须认识、认知所在的市场。公司开展业务之前，往往对所处市场及其发

展有很多的未知和困惑，于是“市场调查”通常先于更广泛的“市场调研”。一旦了解了调研市场的情况，销售调研所需的内容很快就能确定下来。这两个词经常混用，但是区别市场调查（从定性和定量的两个维度定义和评估市场）和市场调研（分析自身和竞争对手各种市场活动的影响）很有必要。

市场调查和市场调研的另一个区别是市场数据来源，包括主要数据来源和次要数据来源，如图 3.1 所示。

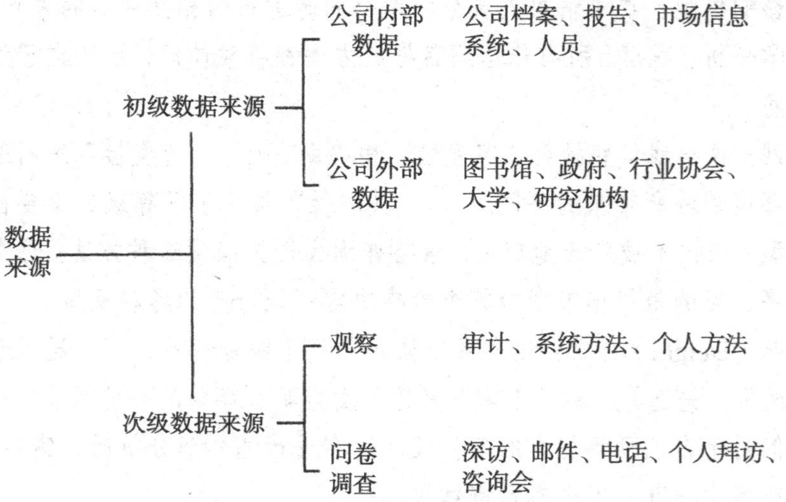

图 3.1　市场数据来源

制药行业拥有极其丰富的数据和信息，是最擅长运用市场调查、调研信息的行业之一。这些丰富的数据是由制药市场发展过程的特性所决定的，这已在第 1 章介绍过了。

制药公司生产和营销两种药品。一种是处方药，即消费者只能通过持有处方购买的药品；另一种是非处方药，即消费者不需要通过处方就可以购得的药品。处方药所有营销行为的首要目标客户，是有行医资格的处方医生，而不是药品的直接消费者。处方药的另一部分目标客户，是有资格认证的药剂师，这个群体非常重要，因为他们在调剂给患者什么药品品牌的过程中起着越来越多的作用。药品营销如今的着重点在于药品中间销售人而非药品消费者，不过这种局面正在发生改变，后文会详细提到。

处方药品销售的特点在于，需要具有专业执照才可以供应或者销售处方药品。而且，销售人员必须经过资格认证。处方药被限制在相对较少的药剂师手里和药房里，而不是大量的日用消费品的零售商和经销商手里。而通常情况下，他们才是消费品的主要供应商。

正因为处方药销售时，消费者要向药剂师出示医生开具的处方单，所以每一笔销售或者配送处方药都要记录并且保存，记录上都要写清楚患者、医生、配方和药品。因为绝大部分人都有社会医疗保险或者私人的商业医疗保险，这些数据也记录在医疗保险的数据库。实际上，处方分析及对这些信息进行挖掘，已经成为一个产业。

在数百亿美元的处方药市场，药物的选购和运输决定权在少数人手里。美国有行医资格的处方医生大概是 50 万人，注册药剂师大概是 15 万人，大约有 55 000 个药品零售商和 7 000 多家医院。而消费品市场有上亿名购买者和几十万个零售商，销售记录却很少。（消费者在结账时，扫描条形码这个行为本身就记录了消费者信息。虽然存在信息保密的问题，但是技术上是可以实现的。）

在收集处方药市场数据时，要考虑到上述特点及其他方面的一些特点，这是非常重要的。想找到医生、药剂师、药房和医院的数据并不难，由于需要专业的资格认证，所以这些人或机构的信息都以各种形式记录在案，这些记录也都会被长期保存。而且，这些团体成员的数量都会在国家的有关机构进行存档，且数据误差不大。比如，想知道医生的数量，并不需要特别进行一个市场研究来获得这些信息。相比较而言，如果想要知道全国有多少人喝咖啡，并且在这类人群中开展调查，遇到的问题会更多，因为根本就没有明确的喝咖啡的名单。

如果需要甄别潜在的调研对象，处方药的调研人员不需要做太多的工作。很多信息都唾手可得，如医生的专业、医学院校毕业的时间、曾就读于哪所医学院校、实习的地方等细节信息。零售药店的信息也很容易得到，如药店的类型、规模和地点。医院信息更是公开信息，如医院的类型、床位数、是否是教学医院、是否有某种医疗设备。调研之前，通过基本信息就能识别调研对象，这在快速消费品市场通常很难做到。

另外一个特点是，医药市场中的各类人群具有同质性，这将加速市场调研的开展。不同的医生和药剂师都曾接受过相同的医学教育。从社会经济学的角度考虑，和消费品市场的消费者相比，医生和药剂师之间没有太大的差别。健康医疗领域相关人士绝大部分都是专业人士，与普通消费者之间的沟通形式不同，他们更倾向于进行同行、跨行之间的交流。这个群体的思考方式和行为模式都比较相似，这也为调研大开方便之门。

处方药市场调研之所以比快速消费品市场更容易，还有一个重要的原因，就是药品市场的很多决定都是被调研对象基于理性思考而做出的，不像消费品市场存在更多的感性因素在影响购买行为。

最后，在药品市场调研的很多环节中，每次处方行为都严格要求记录在案，调研员无须花很多精力去记录处方行为和结果。

总而言之，这些处方药市场的特点，使市场调研的某些环节得到简化，甚至省略；处方药市场营销也获得了非常多的相关市场数据。

当然，药品市场的调研并非不费吹灰之力就能完成。和其他领域相比，药品市场虽存在天然优势，但调研员仍然会遇到很多棘手问题。以药房为例，在考察零售药房的结构时，必须考虑到因其销售结构不同，不同药房之间的差别很大。有些专科药房只有几个处方品种，却销量惊人（如肿瘤、眼科等）；有些药房尽管有好几百个医生开出的处方，生意金额却不大。在药店进行随机取样，并不能代表整个国家零售业的情况。

市场调研的困难恰恰创造了机会。有公司专攻市场调研；很多公司投入大量人力、物力、财力进行市场调查或市场调研。在制药领域收集数据，多由这样的公司来完成。之后，解读、分析市场数据，花费了制药公司内部调研人员大量的时间，也充分考验着他们的创造力。制药公司自己时常也进行收集基础数据的项目；最具挑战性的工作在于，市场的策略制定者整合公司内的数据、现有数据和针对消费者的研究，以及各类数据的整合。

商业调研公司提供的数据

独立的调研公司为制药企业提供了大量的市场调查和市场调研服务，这些公司构成制药行业的供应商之一。从20世纪50年代开始，一些调研服务就持续开展起来了。随着市场的变化和对信息需求的变化，越来越多的数据信息服务陆续开展。在当今的药品市场，零售药房市场中，调研仿制品销售频率和特征已成常规。不过，这些调研与废除反仿制药相关的立法并没有直接联系。先进的 IT 为专业从事信息收集处理提供了条件，曾经很难收集、处理的信息不再是难题。药品市场的专业调研服务还产生了一个副产品，即数百万条信息处方药销售信息被电脑储存，若需进行销售细节分析，这些信息很容易被获取。

调研公司提供的调研服务通常可以分为两种：一种是统一化数据，一种是专项数据。统一化数据是指所有制药公司收到一样的信息数据，这类服务通常是由很多制药公司共同资助完成的，或者由像 IMS 这样的大型调研公司定期完成。专项调研通常是由某一个客户出钱请调研公司完成有针对性的调研服务。只有客户才能得到专项调研提供的信息。调研分类还有其他方式，如项目的周期和延续性（定期、持续还是临时）。

定期的和持续的市场调查与调研

以下是几个常见的对药品市场进行持续性调查的方法：

- 零售药店采购。
- 医院采购。
- 仓库发货。
- 零售药店处方情况。
- 医生处方情况。
- 推广媒介追踪调研。
- 内部销售数据。

通常，这些调研都针对全国市场。每个调研针对某个药品市场的治疗领域（如皮肤病、心血管病）或治疗药物类别（如 OAD 或抗高血压药），在一个时间段（如每个月或者每个季度）进行调研。不过也有例外，一些调查是从全国销量、处方量、通信记录方面入手的，或从医生、医院、药剂师的数量上做出预估。收集到的数据反映了药品销售层面的信息，它将被转化为治疗及生产领域的一些信息。此外，调查还会提供市场份额及趋势方面的信息。

零售药店采购调研

该调研是了解零售药店药品购买情况、购买流程的调查，实际上是“药品流入”的调研，考察药品从工厂、经销商进入零售药店的过程。药品流出方面，考察药品从药店进入消费者手中的过程。理论上，药品流入、流出情况，可通过药店货架上的摆放情况着手调查。零售药店购买过程的调研，不局限于处方药，非处方药也在调研范围之内。

医院采购调研

从理论和形式上看，医院购买调研与零售药店购买调研类似。只是这类调研关注医院内的药品购买流程。医院药品销售增长速度远远超过了零售药房，医院药品的采购量也远大于零售药店。其原因很多，主要原因在于许多社区医院日益成为患者治疗的主要场所。医院门诊患者数量大幅度增加，所以门诊处方量大幅增长。

大宗药品经销调研

这类调研主要计算药品商业公司或者其他主要的商业供应链的发货量。该方法调研发货或者从仓库流出的量，基本上和药店、医院流入的量一致。实际上，这与上文提到的药品采购的调研方式十分类似，那么为什么还需要两种方法呢？购买流程的调研反映的是药店或者医院药品购买的总量，如果公司更关注购买过程的细节，还应进行终端市场（药店，医院）调研。

此外，虽然对大宗药品经销的调研也是基于药店和医院的，这种调研方式更关注购买某种药品的目的，以及整个药品销售的总体情况。研究供应商发货的调研，通过统计药品供应商发货的行为，获得的数据非常多。获得大量的数据后，还要进行市场细分，如对销售的区域进行细分，这对于考量区域销售潜力和销售行为非常有价值。

零售药店处方调研

这类调研关注处方药从药店到患者手中的这个“药品流出”的过程。处方调研数据非常灵敏地反映了处方药的产品市场表现。处方不仅表达医生的观念和态度，而且他们对于药物处方的观念会反映在药物的处方记录中。如果医生们集体对某种药物的看法发生改变，都将自动记录在案。处方还会反映哪些药品是人们所需要的。比如，8月抗生素需求量大，处方上也会有所体现，但这项购买记录却无法表明现在对抗生素的需求情况。

医药销售人员还认为处方药销售数据是销售与推广情况的最好指标，可以从中发现新的商机。拿抗高血压药举个例子，正在使用高血压药的患者与新市场之间并非决然对立。处方药销量的增加反映了药物市场的发展趋势。

收集处方数据有两个主要方法。一个是药店药剂师记录处方药的销售情况；一个是药店软件管理系统中记录的药品处方数据。每个方法各有优劣。药店软件系统，数据量大，容易快速处理；但这些数据只反映药店售出的药品信息。药剂师报告的信息量相对较少，并且需要花更多的时间来收集和处理；但是，信息除了包括药店售出的药品信息外，还包括开处方的情况。处方药品信息范围分为全国和地方两种。地方处方药信息更有地域特点。

医生调研

对医生进行调研的方法很多，研究美国医疗法规就是其中一种。不过，更多情况下，这种方法更关注药品的流向。该研究方法将探讨药品选购中的各种变数。

一般而言，研究样本数量不大，每名医生会提供自己在某一时段内所收治患者的具体信息，如诊断、患者特征、就诊地点、病症特点及预期疗效等。除了当前药品用量和优选药品外，经过数据分析还可以预测药物治疗的症状、医生科别、处方频率及患者类别等。

医生调研的另一种形式是，收集每名医生的每日新处方量。通过科别、年龄、行医地点和处方量等可以分析医生的处方习惯改变情况。这些数据也用于追踪新产品上市后的变化。依照使用新产品的时间、处方量、使用期限和处方习惯改变原因等指标，可对处方医生进行分类分析。

一些医生使用的药品数量少，治疗疾病的种类也较少。通过上述指标的考察，可以获得更多细节。

媒体推广追踪调研

在医药市场，时常监测 3 种主要的促销手段，分别是日常拜访（Detailing）、期刊广告、直邮。日常拜访一般在医生办公室进行；此种追踪调研也包括对药剂师的拜访。医药公司在期刊上的广告投入也在监测之列，主要是统计所有学术期刊上处方药的广告费用。媒体促销是调研竞争对手营销活动的常规方式，可以估算竞争对手的营销费用。采用这种调研方式的公司已经变少。

零售审计

零售审计曾主要用在非处方药上。其中一种方法可简单表述为“期初库存加交付购买再减去期末库存”。因为基于对时间和成本的考虑，零售审计有别于前述的“所有产品、所有类别”的全盘审计，而仅用于少数用户感兴趣的产品。

虽然每种方法都有一个主要目的，但是所收集的信息和辅助材料依然可以作为他用。例如，采购审计所收集的产品的单位量价信息，自然可以用来进行定价分析；处方审计可以提供丰富的产品用量信息，但是也可以获得每日剂量、价格和处方单位等信息，这些方面也可以进行剂量分析。因而，一项调查或研究数据的分析用途十分广泛，如处方数据既可以用来进行处方行为分析，也可以作为配药情况的评估。

近年来，科技的进步使得整合单独审计为综合数据库越发容易。综合数据库的出现为各种高级应用提供了可能性，如制作交叉表和关联分析等。

专项调研

医药营销人员可以进行许多专项市场调研。药品市场调研集团（the Pharmaceutical Marketing Research Group，PMRG）、IMS 等公司都是专业的调研公司，专门为医药公司提供各项服务。

调研公司提供的服务五花八门，表 3.1 中简要列举了一些调研项目。制药公司的市场调研部门，特别是需要外部服务的部门，有诸多选择可以参考。

表 3.1　专业调研公司提供的调研项目

序　号	调研项目	序　号	调研项目
1	广告布局测试	18	专家小组讨论
2	药品召回研究	19	市场渗透调查
3	产品态度测量	20	个人访谈
4	市场审计	21	处方审计
5	品牌形象	22	产品定位测试
6	品牌知名度	23	问卷设计
7	产品概念测试	24	广告受众研究
8	会议调查	25	销售队伍生产力（SFE）研究
9	复制测试	26	派发样品的分析
10	公司形象研究	27	邮件拦截
11	分销分析	28	市场细分
12	焦点小组访谈	29	市场份额
13	直邮调查	30	媒体研究
14	治疗史	31	保质期审查
15	多元统计分析	32	电话访谈
16	产品名称测试	33	跟踪调查
17	包装测试		

除了医药市场调研服务，专业调研公司也提供药品研究、药品销售研究、药品消费者研究等服务。这些信息为医药营销经理提供了行业背景资料和竞争情报，如 Pinksheet、Scrip 等公司所提供的行业情报。诸如默克诊疗手册（Merck Manual）、默克指数（Merck Index）、美国管理协会（American Management Association，AMA）药品评估及 PhRMA 协会等刊物也提供了大量关于疾病和药品实用信息。《美国医院协会杂志》（*The Journal of American Hospital Association*）和各种卫生年鉴提供了大量医院的人口学资料。政府机构的出版物，如人口统计年鉴、统计摘要及相关的医疗融资和疾病出版物，对医药营销人员来说都是不可多得的宝贵资料。

行业商会和专业媒体也会发布一系列有价值的报告，如 MedAd News、医药营销和媒体（Medical Marketing and Media）、医药高管（Pharmaceutical Executives）；零售相关的杂志也会定期公布一些统计资料。调研媒体也会出版一手的调研报告，如《医药营销和管理杂志》（*The Journal of Pharmaceutical Marketing and Management*）、《医药经济学研究杂志》（*The Journal of Research in Pharmaceutical Economics*）和《药物经济学》（*Pharmacoeconomics*）。

内部调研和数据分析

市场上的医药市场调研服务多种多样，人们甚至产生了这样的印象：行业信息已经满足了公司需求，公司调研部门只需要进行数据分析就可以了。一些市场调研项目的发起、执行和数据分析都是公司自己发起的，这有时是基于保密的原因，有时是因为内部员工对某一领域更加熟悉，有些情况下甚至借助其他公司的数据来做一些相关分析。内部员工的成本也更低。分析公司内部数据（如出厂价销售、促销支出、代表拜访报告）是内部调研人员的日常工作。同时，内部调研人员还担负着综合分析、评价第三方调研公司数据的任务。

应用

虽然市场调研和营销调查的数据被用来从不同角度描述市场，对营销人员的重要性也不言而喻，但它们的应用范围却不仅限于营销部门之内。

例如，公司最大的战略问题在于研发规划——哪类疾病或产品值得长期研发投资？哪些又适合短期投入？市场数据可以为新产品研发规划提供依据，如确定市场大小和潜力、判断是否已经拥有治疗方案或是治疗方案已有但还未上市，以及预测治疗方案的动向等。短期计划方面，市场数据可精确找到细分市场。举例来说，镇痛药品应用十分广泛；有些公司成功地将研发定位在某一细分领域，如偏头痛；有些公司关注于晚期癌症的镇痛药品等。市场数据还可以设计产品的最佳剂量和包装规格。

同时，这些市场数据对公司研发过程中的偶然发现也有验证作用。对于偶然发现的某一化学物，公司是否持续研究？依据已有的市场数据，可以根据特定疾病的患病率、潜在市场大小、已上市药物等信息来帮助决策。市场大小和潜力，并不是决定公司是否系统研发或投资偶发的化学物的唯一因素。许多公司都有针对极少数人群和罕见病的药品。市场潜力受许多因素影响，理论预测值和实际市场大小可能有天壤之别，如图 3.2 所示。

市场数据也可为基础研发提供参考。比如，骨性关节炎和高血压等往往出现在同一人群中，若某种关节炎药物有升高血压的副作用，自然不能用在同时罹患高血压的关节炎患者身上。通过医生组调研，可以确定这些疾病和并发症的频率，从而给出合理用药建议，减少药物的副作用。再如，研发药品的剂型方面，中耳炎患者多为小儿，如果不能制备为溶液剂，则不会被经常使用。

人口学资料
↓ 发病率/患病率
疑似患者
↓ 诊断
已诊断患者
↓ 各种限制诊断的因素
收治患者
↓ 处方 / 配药
治疗患者
↓ 患者依从性
治疗天数（药品使用量）

图 3.2　从理论到实际市场潜力的推算

市场数据对规划新药的临床试验大有帮助。若一种药物同时对多种疾病有效，那么可依据营销数据确定各适应症的重要程度，进而选定某个适应症进行后续研发。季节性、区域性和专业科室的信息对规划临床试验也很重要，综合这些信息找到足够患者，便于顺利进行各期临床试验。

对于即将上市或是已经上市的药物而言，市场调研数据还可帮助确定药品生产数量和规格。同时，公司的业务拓展经理依赖市场数据，能够分析潜在的收购对象或购买新产品的专利许可权。在涉及法律诉讼时，法务部门也会使用这些数据辅助决策。

公司的营销部门使用市场数据最多、最广泛。制订药物上市前的营销计划时，需要对各种数据进行深入分析，如哪些医院是重要的市场、哪些科室的医生对新产品举足轻重、患者的特征如何，竞争情况如何、竞争对手的促销手段是什么、是否依然有市场空间。其他分析还包括态度调查，以了解医生对市场上已有药品的优缺点，以及广告策划人员利用数据找到针对医生、患者的宣传点，以此制作产品的宣传资料。

产品上市后，营销部应实时监测产品的各种营销指标和数据。产品销量、处方量、使用最多的医生或科室、诊断方式、就医点等信息均在监测范围之内，以实时了解产品自身相对于竞争产品的动态情况，根据结果制定后续市场调研或其他应对之策。

已故的雷蒙德·戈瑟兰（Raymond Gosselin）——药品市场调研之父，曾精辟地说，市场调研的首要任务是，确保需要市场信息的营销人员能够尽可能多地获取数据。医药市场的复杂性和日益增强的数据挖掘能力，赋予了市场调研更多的任务和责任。虽然医药业从不缺乏数据，也已有较为深入的行业认识，但全面了解这个多变的市场依然有很长的路要走。

我们是谁？他们是谁？我们能为他们做些什么？

本节将结合企业内部和竞争环境，探讨行业实务（见第 2 章图 2.1）。

我们是谁？

医药企业的网站或者公司 CEO 如何回答这个问题，有着各种各样的文字描述。多年来，作为行业领袖，医药高管们数次登上 *Pharmaceutical Executive* 杂志的头版，介绍各大公司的企业理念和愿景，时而可以看见更详尽的专题文章。从这些方面和公司年报上，公众可以了解公司的文化和内部环境。

分析内部环境，可以通过关注经常在杂志上发表评论的公司高管，综合行业分析师对自己公司的评论，以及更加专业的行业研究报告（如 SWOT 分析和产品线评估等）。SWOT 是优势（Strengths）、劣势（Weaknesses）、机遇（Opportunities）和挑战（Threats）的缩写。SWOT 分析通常由公司员工进行，也可以由第三方进行的 SWOT 分析提供客观的参照。

《非处方药速览》（*O.T.C Update*）是由 Nicholas Hall 公司出版的一本刊物，定期发布各公司非处方药的 SWOT 分析报告。表 3.2 显示了 1997 年对宝洁公司的 SWOT 分析。SWOT 分析主要用于为公司战略计划提供框架，制订优先行动计划。

表 3.2　宝洁公司在 OTC 药品领域的 SWOT 分析

优　势	全球品牌 在美国、德国、英国业绩出众 参与新兴市场 消费品营销专家 医疗保健龙头企业
劣　势	缺乏处方药、非处方药机动生产线 缺乏镇痛剂或膳食补充剂 过于依赖成熟的美国和欧洲市场
机　遇	在美国收购 OTC 品牌或购买处方药专利使用权 将新兴市场作为战略发展的机遇 加快研发进程 优化现有 OTC 产品线，扶持重点品牌
挑　战	寻找处方药和非处方药合作伙伴不顺利 联合品牌失去货架空间 处方药成投资重点，缩减了 OTC 资金

产品线评估的主要方法，一般采用波士顿咨询公司（Boston Consulting Group）的产品分析矩阵，对已上市产品进行总结分析。此方法根据销售增长速度和相对市场份额将产品/业务分为四大类。

- 明星（Stars）：快速增长市场的领导者，其所带来的大量现金往往用于再投资以促进自身发展。明星产品通常利润可观。
- 金牛（Cash Cows）：因为高市场份额而带来大量现金。较低的市场增长速度无需过多的市场投入。金牛产品是其他产品的物质基础，需要受到保护。
- 问题（Question Marks）：在高速增长市场中，自己的产品占据市场份额较小。营销的关键是增加市场份额。至于如何增长以及投入多少，这些问题考验着营销经理的智慧。

➢ 瘦狗（Dogs）：市场既没增长，产品也没有多少市场份额，属于弃之可惜、食之无味的一类。如何应对、放弃还是卖给别人，这是公司高管和 BD（业务拓展）经理们需要审视的问题。

许多营销教材中，如菲利普科特勒所著《营销管理》，Jain 所著《战略密匙 Strategy Formulation》等，都详细介绍了波士顿模型及如何进行产品线评估。

他们是谁

他们是竞争对手，是敌人！他们侵蚀公司的销售和利润，公司之间的商场战斗有时是针锋相对，有时则在不经意间悄无声息地进行着。他们也清楚自己的对手是谁。

自由市场经济下，每家公司都试图超越对手，创造更多业绩。竞争对手就像敌人，同敌人作战就必须配备好“武器和弹药”，即掌控机遇、应对威胁的能力和技巧等。为了全方位了解竞争情况，公司需要优秀的情报团队和数据。

谈及竞争，一般会首先关注价格、产品质量、分销渠道和其他相关营销指标。然而，从战略角度出发，公司应该跳出或超越对手运用的这些营销战术。听说对手在降价，这远远不够，公司必须查明竞争对手的底线，弄清他们还能继续降价多少与降价的地区范围，可能的话最好能摸清他们的成本结构。

准确理解竞争的本质，需要区分自然竞争和战略竞争。自然竞争指在某一特定环境中，适者生存、弱者逐渐被淘汰的过程。商场也一样，两家雷同的公司永远不可能在同一市场中共存；每家公司必须找到差异化，找到胜出的方法，才能生存下去。

与之相反，战略竞争从来不依赖于偶然机遇。战略大师布鲁斯·亨德森（Bruce Henderson）认为，战略竞争是“在对行业有深刻的洞察、敏感地感知行业变化的基础上，系统地规划公司资源分配并予以优化”。战略竞争需要：

➢ 有关行业信息。

➢ 制定分析方法，理解多因素相互影响的交互系统。

➢ 暂时延缓当下消耗以筹集投资基金。

➢ 投资重大项目的决心。

➢ 即使没有足够信息，仍可精确预测投资结果的能力。

市场的竞争激烈度，取决于现有市场各个公司的动态对抗。通常，竞争始于试图改变自己的策略以获得有利地位的某个公司。对本公司有利的策略有时会对竞争对手造成伤害，因此对手也会采取相应措施保护自身利益。

竞争情报（Marketing Intelligence）是可以公开获得的。有关现有或潜在的竞争对手，没有哪位元帅会在不知晓敌人处境及意图的情况下组织行军。而且，在决定采取对抗性的竞争策略之前，公司还必须了解竞争对手的洞察力。制药行业有许多竞争信息的资源，如推广活动有推广监控情报系统、价格信息可以从市场获得等。即使上市前的新药物，通过竞争情报专项调研也不难获得其相关信息。对于一个高度市场化的行业，这真是“福兮祸所伏兮”。

经济学家 Thi Dao 专注于制药行业，他认为制药行业的竞争发展再现了市场经济的全过程，从无差异产品到现代的全面竞争格局，从产品创新到价格战不一而足。对于 21 世纪的制药行业，竞争将成为重要的经济因素之一。Dao 认为：

> 为了在未来市场中有效地进行竞争，制药公司不仅需要新药，而且需要性价比高的新药。这些新药将对公司运作及其在大众心目中的形象产生深远影响。这些性价比高度的新药还可免受政府的价格干预。
>
> 根据这一原理，价格竞争主要采取两种方式：如果一种药品性价比更高，那么买高价药的一方会受到市场制裁，具有价格优势的药品更容易获得行业领先地位，促使更多消费者购买；如果药品的安全性和有效性比价格高的产品差，药品也只能低价售出。
>
> 竞争分析应该按照既定方向前行，这与建立在产品基础上的自我分析类似。一旦完成，企业将更加清楚地知道在哪里竞争、如何竞争及用什么策略竞争，如分析竞争优势、劣势而改变市场组合。

能对其他人做些什么

《医药新闻》的年度专刊会对世界前 50 位制药公司的过去、现在及未来的活动进行评述，其中包括每家公司前一年突出的策略。这些都很值得研究。

韦思（Wayne）在《制药管理》一书中提出了几种制药公司的类型（见表3.3）。

表3.3 制药公司类型

类 型	特 点	例如
巨人型	合并 全球/快速整合 市场份额/投资组合 垂直策略/联合市场 通过资源控制 联盟	葛兰素史克 诺华
执行型	合并 高度组织化/集中化 传统的销售和市场 内部整合，如疾病管理 治疗领域管理，区域商业管理，全球化 外部整合，如调研/市场联盟	辉瑞 礼来
竞争型	业务聚焦 抵制合并 研发独家药品、加快研发速度 联合营销（Co-marketing）/ 联合推广（Co-promotion） 治疗领域的聚焦 外包	华纳兰伯特 希尔
挑战型	合作伙伴 /立足优势市场 深度调研 广泛外包，如直营公司 低利润或者无利润 转让专利或者网络化	安进（Amgen） 健赞（Genzyme）

“它们”是谁

你就有可能成为他们！来看看阿斯利康公司——一家源于瑞典，现为英国制药公司的例子。阿斯特拉公司和默克在一段时间的合资（各占 50%的股份）经营之后，在 1998 年进行了重组，组成了一个新的阿斯特拉公司。此后，默克生产线利润和收入有所下降。1998 年下半年，阿斯特拉公司和捷赐瑞公司（Zeneca）平等合并组建了阿斯利康公司，与辉瑞、葛兰素史克、默克-先灵葆雅等超级制药公司并驾齐驱。

普华永道预测，到 2010 年，通过企业并购，制药行业将产生 13 家行业巨人。由此，行业竞争格局必然大为改观，这应当引起营销经理们的高度关注。公司不仅需要了解竞争对手的竞争力，还需要了解合作伙伴的竞争力。整合各项计划，销售新合作伙伴的产品，将会是又一大挑战。

企业愿景

企业使命是一个宽泛的术语，指的是企业目标的展望。企业与企业展望之间的关系就好比鸡和鸡蛋之间的关系。一方面，企业展望至少需要部分表现目标市场范围；另一方面，企业展望应该源自市场目标范围。以往，一家公司的使命围绕着它的产品线，用“我们是纺织企业”“我们生产照相机”之类的箴言来表达。随着管理理论的发展，企业使命被企业愿景所取代。

一家企业的愿景既不是描述当前企业的状况，也不是随意延展当前的投资。它意味着企业经营的范围和种类，不仅仅只是眼前，也包括未来。通过研发或者并购产生企业产品的多样化，企业愿景在选择市场机会方面扮演了重要的角色。企业愿景应该建立在对企业的技术能力和客户价值广泛分析的基础之上。以技术能力为基础的公司，如计算机公司和飞机制造公司。客户价值，指满足客户的特殊需求，如营养、健康或者娱乐的需求。

界定企业的疆界需要对 3 个方面进行思考：① 客户（购买行为）；② 竞争对手；③ 公司自身资源，如研发、生产（包括大规模生产的经济成本）、管理资源/技能（包括财务、管理体系/人才等），以及源自优势细分市场（Franchise）的营销能力。

企业愿景需要解决以下问题：我们在未来一段时间想成为什么类型的企业？我们想成为什么？在任何一个时间点，企业的大部分资源用于当前的经营活动，新产品研发虽然着眼于未来的业务发展，但也属于当前的经营活动。几年、十几年之后，环境必然发生改变，企业则需要拥有新资源、新能力。管理层有责任对可以运作和获取新资源的环境进行审慎评估，做出选择。我们来看看礼来公司的公司愿景。

- 礼来公司是一家研发导向的公司，研发、生产及销售用于人类的药品、医疗设备、诊断产品、农业产品，以及化妆品。
- 公司遵循几个基本原则以拓展业务。我们相信这些原则代表了所有股东的最佳的长期利益：
  - 公司致力于研发及销售高质量的创新产品，为市场上的所有客户提供益处。
  - 公司致力于建立高水平的道德规范，在研发、制造、销售及运作的所有环节做到诚信和卓越。
  - 公司对员工负责，因为员工在达成公司目标过程中至关重要。公司的目标是吸引和培训各个层次的优秀人才。公平地对待所有员工，并且为员工提供良好的职业发展机会。
  - 无论公司在哪个国家进行商业活动，它都有义务做一个合格的法人公民。

营销目标

营销目标遵从公司的愿景。长期目标（Goals）通常为5～15年，并且与愿景保持一致。短期目标（Objectives）通常是3年之内，是可衡量的。在实际操作过程中，二者相辅相成。企业员工应该了解两大目标的精髓。

短期目标是对一个具体目的的描述，因而可以帮助排除对公司政策或者奋斗目标的不明确因素。正确地规划短期目标，需要对过程进行衡量。如果无法衡量过程，就不可能了解是否使用了足够的资源，或者是否有效地管理了这些资源。短期目标涉及各个部门之间的关系，特别是在多元化公司里，这些不同部门各自设立的目标必须与公司层级的目标相一致。

制定短期目标并不容易。制定长期目标更是一个耗费极大精力的持续过程。许多企业既没有共同的长、短期目标，也没有相互制约的目标，就这么凑合着运营。这些企业并没有意识到目标的重要性。

设定长、短期目标

按照以往的理论，设定长、短期目标的第一步是设立目标群。比如，高层管理者描述公司长期目标是什么，以及他们希望公司未来发展成什么类型。不同的管理者将从不同角度理解当前的长期目标。当然，他们对未来有不同的抱负。为了设立最终的目标，企业需要多次高层会议的努力，以及公司 CEO 的决策。

每位管理者会要求做一个关于未来长、短期目标的演讲。他们应该阐释绩效评估和完成增长每个目标的意义。

公司管理者可以有不同的长期目标，或者对同一目标使用不同的表达方式。在分析、讨论中，应该基于相同的需求进行整合。有时，不协调的长期目标源于对公司资源潜力和策略多样化的不同判断。这样，公司高管层的多方沟通、协调甚至妥协，才能为公司制定正确的、可执行的共同目标。

确定目标，管理层必须达成一致。也就是说，团队中的每个人都应该坚信目标是正确的，并且愿意朝着目标努力工作。企业必须找到方法说服意见不同的人员。比如，一位有进取心的高管和一群安于稳定的人一起工作，如果无法创造很好的机遇，积极进取的高管可能无法胜任普通的工作，这位高管反而成了一个对组织不利的因素。

长期目标清晰了，应该据此设定具体的短期目标。这同样是一个具有挑战的任务。目标是不是应该设立得非常高，只有杰出的精英才能达到，还是应该设定得适度，以便普通的管理者也能达到？在什么程度上避免挫败感，以促使管理者继续付出最大的努力？一个易于达成的目标是不是会导致自我满足？公司应从 3 个层次考虑制定短期目标：容易实现的、公司需要的、理想状态下的。然后，公司可以在公司需要的、积极进取的目标之间进行决策。这往往取决于公司的资源，尤其是公司决策者的价值取向。但无论如何，短期目标都应该不低于容易实现的目标。

战略发展规划

公司的战略是为了实现公司的长、短期目标，包括产品与客户、与竞争对手的关系，匹配资源，以及公司整体与市场环境等主要的运营政策。

每个职能部门（如市场部）都要从不同的层面为制定策略提供独特的贡献。在许多公司，市场部与外界环境接触最多（也是企业最不可控的部分），这样市场部在策略制定中将扮演着重要的角色。正如Searle公司广告上面写的："销售是公司前进的动力。"

市场部在公司决策方面的重要作用在于寻找公司与外部环境的契合点，寻找激烈的竞争条件下为获取目标市场所需的产品、价格、推广和销售情况。对于选定的产品，如何制定价格、推广及分销等营销组合，不一而足。尤其是市场部决定了未来公司与市场环境之间的关系。企业重点在于制定短期目标及其实现方式，以及制订达成目标的计划。公司战略为发展指明方向，将会影响竞争者的行为及市场的发展方向。公司战略会影响竞争格局，因此进行战略部署时应该介绍未来形成的新竞争格局及其产生的量效关系，以及整个行为背后的逻辑。

营销计划需要清楚地阐明执行公司发展战略的具体方式。战略计划将细化竞争格局发生改变的时间及后果。

制定营销策略，必须有创造性，以便公司有效地将自己与竞争对手区分开来，充分利用自己明显的优势传递给客户更好的价值。一个好的市场策略应该具有以下特点：

- 清晰的市场定义。
- 将公司优势与市场需求很好地结合起来。
- 与竞争对手相比，在企业关键成功领域有更加优异的表现。

采用有效的市场工具4P原则（将在本书的第5章详述），将公司的优势与市场的需求结合起来，对两者进行深入的了解。我们已经知道市场调研是如何帮助制订企业计划的了，企业计划反过来也会促进市场调研的进行。

内部回顾——从另一方面分析公司核心竞争力

制药企业往往在多个治疗领域都有产品线。企业都希望研发出重磅炸弹，但这往往可遇不可求。企业以研发为主导，似乎忽略了市场调研的重要性。

一家公司可能以在心血管领域研发而知名，也可能具有在抗生素领域的优势。企业需要对自己在独特的治疗领域的优势、劣势进行动态审视。这主要包括：

客户服务/渠道。

- 公司形象。
- 资金流动性。
- 销售推广能力。
- 推广媒体的推广有效性。
- 定价能力和技巧。
- 产品分销渠道。
- 优势市场。
- 市场占有率的相对地位（领导者、追随者）。
- 销售团队的素质和士气。
- 市场调研专业程度。

同时，审视是否有下列这些潜在的弱点：

- 执行策略的人员缺乏对公司市场策略的不理解。
- 销售部和市场部之间缺乏协调。
- 营销职责含混不清。
- 工作的不确定性，尤其在公司合并、重组时期。

内部环境审视，客观、动态地做到以上方面很不容易，主要原因如下：

- 研究自身工作情况时容易出现目标不明确。
- 从员工那里获取信息时容易使其产生恐慌。

这些困难不能成为借口。表 3.4 系统列出了可行的步骤，表 3.5 列出了挑战和机会。接受挑战和发掘机会的能力，是一个成功营销人的标志。

表 3.4 评估优势和劣势的步骤

什么样的特性是可以考核的	管理者可以采取什么样的评估方法	在判断优势/劣势时应该采用什么标准	管理者怎样得到评估所需要的信息
组织架构 主要的政策 高层管理者的技能 信息系统 计划系统 员工态度 技术能力 研发能力 新产品线 工作人员的人口统计学特点 渠道关系 销售队伍技能 产品线的广度 股票市场的表现 客户需求的了解 市场占有率	评估特性的存在 评估特性的有效性 评估特性的高效性	公司的历史经验 内部公司的竞争 直接竞争对手 外部顾问的意见 公司管理层的共识 个人意见 具体目标的完成情况，如销售指标 员工的离职率	个人观察 拜访客户 行业经验 外部访谈 控制系统提供的信息 会议 计划文件 员工 下级管理者 上级管理者 同事 出版物 竞争消息 咨询公司 专业会议

资料来源：Adapted and expanded from Howard H. Stevenson, Defining Corporate Strengths, and Weaknesses, *Sloan Management Review*, 1976, 17（spring）:54.

表 3.5 市场组合方面的挑战和机会

产　品	价　格	推　广	分销渠道
缺乏差异性	无法灵活定价	市场中充满“营销噪声”	更多客户
研发的高风险	专利产品定价	经济领域的一些信息等	人口的地理变迁

续表

产　品	价　格	推　广	分销渠道
专利生命周期短 仿制品众多 过多追求效益 大型制药企业参与仿制药生产 需要花大力气证明产品价值	全球价格差异 利润降低 各方管制 医生对药品价格的认识程度不高	对更高效媒体的需求 消费者价值观点影响 更严格的监管机制 借助患者扩大市场 患者的重要性变高	医疗购买和治疗决策更加集中化 个体化用药 更多费用管理 医疗改革 改善政府干预

第 2 部分

产　品

第 4 章

新产品研发原则

格雷格·珀金斯

产品的定义：“消费者按照正确方式使用产品，所带来的利益或者正面结果。”

人们买的不是电钻，而是那个“洞”。同样，患者不需要“那粒白色的药片”，而是减轻痛楚、延长寿命或者改善能力。医生在开处方药物时，既满足了患者需要，也满足了自己职业发展的需求。

产品策略最终决定了公司的整体市场营销策略。本章将从以下几个方面讨论产品策略，尤其是最引人注目的新产品策略，这对于制药行业有举足轻重的价值。

- 产品组合策略。
- 新产品策略。
- 产品定位策略。
- 产品重新定位策略。
- 产品退出策略。
- 多样化策略。

产品组合策略

产品组合策略管理公司的产品构成和组合（如公司可能提供产品线的数量及其各产品线包含的产品）。制定产品组合策略与企业使命密切相关。企业使命决定了企业自身要成为什么样的公司，帮助企业选择构成产品组合的产品和服务。

产品组合策略，必须仔细考核企业的各个方面之后才能确定，因为它涉及公司的长期发展。此外，该策略必须定期检视，并根据环境的改变做出相应调整。产品组合策略也关系到市场营销组合策略。下面简要讨论几个策略：

- 单一市场。
- 单一产品。
- 多元化市场。
- 多元化产品。
- 整体市场。
- 产品系统。

单一市场

很多原因导致公司尽可能地将其业务范围限制在一部分市场内。例如，一家小公司为了避开和大公司的竞争，可能会寻求一个很独特的小众领域（Niche Market），在这个市场集中公司的资源。单一市场或小众市场策略，通常由于资源匮乏，不得不躲避和强大竞争对手的直面竞争，找到那些制药巨鳄不在意却能满足客户的小众领域并加以开发。

随着制药行业的新产品研发日益困难，高昂的费用难以承担。即使以前完全忽略的罕见病治疗领域，各大制药公司也纷纷涉足，或将孤儿药公司纳入旗下。比如，赛诺菲公司收购了健赞公司，诺华公司设立了专门的罕见病部门。另外，随着基因技术的突飞猛进，对疾病的诊断日益依靠各种疾病的生物标志物检测，从而将某一种疾病划分成多种亚型。肿瘤就是个典型的例子。现代医学认为，肿瘤是两千多种慢性病的集合。

单一产品

企业有时在某产品线中仅有单一的产品，试图依靠该产品的成功来维持生存。这种策略有其优势。第一，着力于单一产品会带来专业性，这有助于规模化和提高效率；第二，运营管理的效率会大大提高；第三，单一产品的公司可能会在领域内依靠高度专业化来抵挡竞争。快速灌肠剂就是个很好的例子。

创新性模仿（Me-Better）不仅使公司在一个有利可图的市场中立足，而且长远来说对预防业绩下滑大有帮助。例如，Ortho-McNeil 制药公司（强生公司的子公司）曾经满足于避孕药和节育医疗器械市场的生意，后来却把自己的市场重新定义于生殖节育领域，从而在这个市场启动的初期研制开发出自己的口服避孕药物，从那时起开始多样化发展起来。

单一产品公司存在着一个致命弱点：如果环境变化导致产品被淘汰，单一产品公司会面临严重的问题。

单一产品战略的另一个缺点是，它不利于抢夺或增加市场份额。其主要优势在于盈利能力。着重于单一产品的公司如果不能获得高利润，就必须寻找新的模式。致力于成长、占领市场的公司都不会满足于单一产品，因为单一产品战略带来的价值虽然是实实在在的，但很局限。

多元化市场

为了避免将公司业务孤注一掷地局限在同一领域，公司会选择进入多个不同治疗领域。为了能够落实多元化市场战略，公司必须选择适合自己的领域，避免直接面对那些已经覆盖整个市场的竞争对手。选择该战略的前提是这些市场可以被区分开（如处方药和 OTC、医院与药店、商品名和通用名等），然后制定相应的策略。

多元化产品

多元化产品战略，包含两种及以上产品。一系列的原因导致公司采用这种战略。如果产品出现问题，单一产品公司将无路可走；而如果有多个产品，某个产品的市场表现不佳可以由别的产品来补偿。另外，对于追求增长的公司来说，它也必须要有多个产品。

尽管并不是每个产品都会使得公司业务的快速增长，但它们之间的互补性使地它们构成一个多元化产品组合。多元化产品战略，重点在于销量增长、市场份额增加，然后才是盈利。多元化产品战略，不能保证使所有公司都欣欣向荣。这是因为销量增长、市场份额增加与盈利受诸多变数影响，而拥有多个产品仅仅是前提条件之一。大多数的医药巨头拥有不止一个多元化产品。

整体市场

采用整体市场策略的公司，试图进入整个市场的各个治疗领域，提供不同的产品。这种战略发展需要长期的积淀，并持之以恒。不同领域的出现，使得那些处于主导地位的公司开始尝试在不同领域竞争。这需要结合不同的产品、价格、推广和分销策略。这些占主导地位的公司也会去尝试涉及它们自己发现的新领域。

整体市场战略具有很大风险。因此，一个行业往往只有少数公司采用此战略。它需要卓越的管理策略来掌控整个市场，也需要充足的资源来执行其战略，还需要雄厚的财力。在医药行业，许多的世界级制药公司似乎不考虑采用这个策略，尤其近些年制药行业常常通过兼并与收购来实现发展。

产品系统

“系统”一词用于描述产品特性，因为公司销售的不是产品而是客户满意度，同时因为产品本身的复杂性，以及随后的衍生产品及售后服务。

提供产品系统而不是单一产品的策略，需要通过各种途径来实现。例如，让消费者对公司产生依赖，从而使公司在市场上取得主导地位。另外，产品系统战略也可以震慑竞争产品。由于有这些优点，这个战略更有利于追求增长、市场份额和利润。

这一战略的成功依赖于充分理解客户需求，以及消费者如何使用产品，包括其过程和产品功能给客户带来的价值。这种战略的有效实施拓宽了公司自己的产品概念和相应的市场机遇，两者可以轮流帮助实现追求增长、市场份额和利润的市场目标。

产品系统战略在医疗领域并不常见除非有更多的并购，大医药巨头企图使用这个策略。

新产品策略

新产品是制药行业的灵魂。新药品可以是全新的化合物或生物制品，也可以是公司产品线的新成员或者一个现有产品的些许改进（如非处方药增加一个新品牌）。新产品对于持续增长和盈利发挥着至关重要的作用。

公司高管层直接管理制定新产品战略。首先，针对公司关注的产品制定政策和总体的战略方向。其次，确保公司内推动创新的环境。最后，定期进行回顾和监控进程，公司高管必须参与各个决策环节，了解目前的工作进度是否与总体策略方向一致。

新产品策略可以推出现有产品的仿制品，以及对现有产品的改进，也可以是真正意义上的全新产品。后者会更加引人注目，但所有这些在医药产业里都比较常见。

产品仿制

仿制药行业的核心是快速生产与原研药完全相同的仿制药。FDA 要求仿制药至少在生物等效性方面应该与原研药相同。有些所谓的专利药，应该算是半仿制药，它们和同类的既有产品具有相似的分子结构，相比之下很少有治疗优势。审评每个新药时，FDA 都要评审申请药物是否有“治疗优势”。

仿制药策略尤其适合资源有限的公司。事实上，很多公司都有能开发出仿制药的才能，不管这个仿制药多么复杂。因为研究开发过程中有限的投入使得仿制药的成本更低，这使得它比原药在市场具有更强的价格优势。

原研药在制定防御策略中也会采用仿制药策略，尤其是当前创新药物研发困难之际。在仿制药领域，以色列的梯瓦公司（Teva）和印度制药公司，与美国、欧洲的仿制药公司引领潮流。正因为仿制药在全世界的盛行，诸多号称原研药的国际巨头也纷纷建立第二品牌战略和品牌仿制药战略，力争在该市场分一杯羹。

这里还需要提及仿制药的模式。在给药途径、配方、生产工艺、剂型等方面，仿制药企业试图改进原研产品，并尽力做出更好的药物，进而与原研药形成专利的交叉许可，从而可以将仿制药卖给原研药厂，或者争取提前上市。从这个意义上说，创新对制药行业的重要性被再次印证。

任何领域的市场领导者，不仅要在各种营销活动中审慎评估研发、营销的投入与产出的合理比例，而且必须不断抢占营销的制高点。当然，这一点也会顺带帮助竞争对手，但是市场领导者才是最大的获益方。市场跟随者（有时是仿制药）往往可以利用这种市场格局进行差异化发展。

产品改进

公司的已有产品总会发展到一个瓶颈阶段。这一阶段，专利进入悬崖期，创新产品难以为继，必须（不得不）对老产品做些改进以保持其活力。例如，阿斯利康公司对奥美拉唑（洛赛克）和耐心（左旋奥美拉唑）的产品生命周期管理就是对老产品的改进。随着专利到期，产品达到生命周期中的成熟阶段和衰退期，或者竞争对手在其新产品、价格、渠道和推广策略方面超越了本公司产品。公司管理层此时有两个选择：放弃，或者通过改进来恢复产品的活力。产品改进可以通过重新设计、改进成分、重建营销模式来实现。此既然谓“生命周期管理”。制药公司大多设有业务拓展总监（Business Development Director, BD Director）这个职位，负责对老产品的重获新生及对未上市新产品、老产品进行管理。

制药公司的产品线内有许多老产品，需要诸多的 BD 管理技巧，如“化合物处置”。有时专利到期前，制药公司必须提前规划产品的生命周期，尤其要对重磅炸弹级的产品进行精细管理，其中最重要的是申请专利的节奏和再专利化。有时，小小的技术改进会对自己的专利化合物带来全新的应用和全新的生命。在非甾体抗炎药领域，诺华的双氯芬酸是非常经典的产品改进案例。在普通片剂的基础上（扶他林），诺华还推出了快速镇痛药（凯芙兰）、扶他林乳胶剂，以及各种剂型改进和新增适应症。事实证明，当公司已经有一款非常成功的老产品时，再推出一个新的产品会对销售产生递增效应，所以与其被别人抢走老产品的市场，不如自己的产品抢占自有产品的市场份额。

产品改进，不涉及化合物分子，主要聚焦于剂型、剂量、复合剂型、剂量，以及产品的新适应症。

美国制药行业理事会（National Pharmaceutical Council）提供了行业观点。

药物研发与创新

过去 50 年，制药行业贡献了诸多对临床非常重要的创新药品。这些新药都是艰苦努力的结果。制药行业也为临床提供了更多的细微改进产品，包括在同一药物治疗类别内持续推出的新产品。在很多行业，这种重复递增式的改进过程是产品创新和产品改进的主要机制。

小的胜利和渐进式改进：技术创新的基本机制

大多数的技术进步都源于渐进；突破性进展的新发现或新科技较为少见，但一旦出现将诞生“颠覆性创新”。

小的进步推动着研发导向行业的产品改革。一系列持续的“渐进进步”，引发了技术飞跃。真正的创新药必然源于对基础研究的高度关注，持之以恒的研发体系，以及公司高管的敏锐洞察力，加上一点儿运气。

渐进性创新在计算机、汽车和航空业都扮演了重要的角色。

“过去 30 年，计算机行业一直遵从墨菲定律，逐步的改善给我们提供了更高分辨率的屏幕和更安静、更高质量的电脑……直到出现苹果公司这个搅局者。在航空业，喷射发动机的推力效率比 20 年前翻了一番。相比 10 年前，塑料的适用温度范围扩展了两倍。白炽灯泡的使用寿命，自爱迪生发明的灯泡以来，延长了 15 倍……直至 LED 灯的出现，宣告白炽灯泡退出历史舞台。一般而言，整个现代工业的进程中，新产品的发明基于原有产品，并比那些老产品质量更好、成本更低。

大多数的竞争是类似产品的差异化竞争，如汽车和汽车之间的竞争，而不是汽车和直升机之间的竞争。“直到有一天……

制药业的革新，以技术的不断进步为基础，期待着不时出现的“颠覆”

制药业的进步源于对药物化学活性分子的不断发明和改变。制药业的技术革新是在特定的药物类别内，对药物的疗效、安全性、选择性、实用性等进行逐步改进，出现一些全新的药物类别。结果，各个药物种类里包含了越来越多的药物种类。尽管这些药物在分子结构上多少有些相似，治疗特性却大相径庭。这给公众带来巨大的利益，因为不同的药物可以满足不同患者对药物的个性化需求。

渐进改良引发技术飞跃的历史故事

药物分子的些许改变，引起生物活性的巨大不同，这在制药业发展史上屡见不鲜：

- 1989 年，FDA 批准了礼来公司的新药氯氮平——一种新的三环类药物。由于这种新的药物，原先使用老药不能得到控制的数百万患者由此得到了新生。而随后的奥氮平，为精神病患者提供了更优的临床疗效。
- 对磺胺类抗生素的改进研究，意外地带来了新的强效利尿剂、新的抗菌素及第一代磺脲类口服降糖药。
- 吗啡增加两个碳原子变成烯丙吗啡，从而用于吗啡的拮抗剂。对烯丙吗啡的进一步改变得到了纳洛酮（环丙甲羟二羟吗啡酮），长效麻醉拮抗剂也用于毒品成瘾的口服制剂。
- 原来脱氢皮质酮的活性不好，稍稍改进其化学结构后得到了可的松，具有极其广泛的生物效应。对类固醇药物分子结构的进一步改变，诞生了糖皮质抗炎激素和盐皮质激素。
- 第一代的头孢类抗菌素只能注射，对分子结构的改变，诞生了口服的头孢氨苄。而在头孢菌素的中间体 GCLE 和 7ACA 的基础上，衍生出许许多多种新型头孢类抗生素。
- 长春新碱和长春花碱具有几乎相同的结构，用于治疗癌症。长春新碱对急性白血病有效，而长春花碱无效。对长春花碱进行进一步的结构改良发明了伊立替康。

这些例子都表明，药物的历史发展进程因为一个个小的改变，诞生了诸多药物。

近来一些“生物药物”（如转基因蛋白、单克隆抗体）的出现，正在影响这种现状。这已经向制药行业证明，新一个颠覆性创新的时代已经到来。

创新药物，成就一个新的药物类别

一些突破性的药物（如 β 受体阻滞剂心得安，治疗溃疡药物西咪替丁）在上市之初就吸引了行业和公众眼球。对大多数患者来说，后续出现的同类 Me-Better 药物能更好地改善疾病治疗。突破性药物，称为 First-in-Class，归为第一代药物。当这些药物被广泛使用之后，临床会暴露出这些药物的缺点。其他制药公司会把这些缺点视为市场机会，进一步开发更有效、更有针对性、更少副作用的相关药物成分。所以，在同类的后续药物中，Best-in-Class 药物往往不是 First-in-Class 药物，如法莫替丁在 H_2 受体抑制剂类药物、立普妥之于他汀类药物、络活喜在钙离子拮抗剂类药物等。

突破性药物，代表的是全新的治疗模式，是每类新药的重大突破。随后，其他具有相似特性的药物相继上市，这些药物连同 First-in-Class 药物形成一个新的药物类别。分子生物学的飞速发展，颠覆着传统的分类规则，需要依据患者基因型/病毒基因型重新定义药物类别，如肿瘤靶向治疗药物、新的生物药等。

各个药物类别的特征包括：

- 在 ADME（吸收、分布、代谢、排泄）的不同药代动力学的指标不同，将满足患者的个体化需求。
- 在更好的功效、更高的选择性和更少的毒性方面，药物在不断累积进步。
- 药物上市，将是药物再研发的开始。即从临床实践对多种相关药物的研究和临床经验中，对药物进行全面的了解。
- 基于疾病的机制研究，制药企业不再仅仅重视临床表型，而且深入到基因型层面。

1. Weick KE. Small wins. Redefining the scale of social problems. Am Psychol. 1984; 39:40-49.

2. Gomory RE, Schmitt RW. Science and product. Science. 1988; 240:1131-1132/1203-1204.

3. Drucker PF. The 10 rules of effective research. Wall Street Journal. May 30, 1989.

4. Maxwell RA. The state of the art of the science of drug discovery-an opinion. Drug Dev Res. 1984; 4:375-389.

5. Snell ES. Postmarketing development of medicines. Pharm Int. 1989; 7(2):33-37.

6. Drews. Drug discovery: Ahistorical perspective. Science.2000; 1960-1964.

新产品研发

与其他行业相比，制药行业的新产品开发和市场营销需要更加紧密的和有效的协作：开发新的化学成分的基础研究和市场营销更早地相互衔接，对未来的市场推广、定价、渠道等方面进行规划。成功的药物开发，才能使一个化学分子变成真正的药品。

一家制药公司不仅需要在药物基础研究方面很优秀，更重要的是在药物开发阶段其新产品能显示出优越于目前治疗药物的特性，而且能够低制造成本，以及具备在药品营销方面的能力。制药公司想要成功，必须将这三个方面有机结合，并使其产生未来效益。

政府对制药行业的政策和价格管制，同样在研发阶段必须予以关注，因为它间接地影响了药物研究的进程。

新产品研发应当分为研究和开发两个阶段。新产品开发，以及已上市产品的再研发、增加适应症、改进用法用量、生产工艺改进等方面，都属于产品的开发领域，由此可以看出市场营销部门的职责和重要性。除了新产品和新工艺方面，公司内的跨部门合作还包括新的分销途径、新的财务手段、新的市场策略以寻求增长点和提高效能。制药行业已经进入研发的瓶颈阶段，更加需要营销人员介入产品开发领域。

制药行业在药物研发上的长期投资，已经是行业共识，高管层对此要有清醒的认识和信念。尤其面临多个研发方向、多个新药研发项目时，即使有翔实的营销模式和市场分析，如何考虑优先次序、预测投资回报也都需要高管层的睿智和洞见。幸运的话，一个重磅炸弹式的新产品一旦研发成功，会对该公司的销售和形象产生深远的影响，并且很有可能鼓励更多其他公司尾随而来，进而投资研发新药。“伟哥”的成功，就引来了礼来公司的希爱力和拜耳公司的艾可达。

一般而言，“研发规划”着重于资源的分配，包括项目选择和监管。这包含分配研发经费预算、预估产出、风险控制、战略合作、外包研发、人员管理和组织发展等。

有效的研发计划，应当包括研发活动和各种预期结果的配比分析、近期和远期效益分析，从而让高管层能合理决策，以有效使用研发资源。研发规划同样应当在短期结果（1~5年）和远期回报（5~10年）之间寻求平衡。研发导向的世界级制药公司，有能力倾向于投资新型探索性项目或基础项目，而这些项目在至少15~20年的时间内都不会有回报。有效的研发规划应当包括以下部分：

➢ 介绍：表明该研发规划的方向，它与以前规划、目前其他相关计划的关系，以及该研究领域的主要信息。

➢ 目标：表明该研发规划的预期目标，尤其是公司的销售、财务目标。

➢ 研究环境：对该研发的综述，包括它将面临其他公司的研发竞争、政策和法规的约束、主要的科技因素影响、社会经济因素的驱动，以及对环境因素变化的应对策略。

➢ 研发资源分析：包括研发人员构成、费用、设备的分析，以及未来的开发模式、资源分配和需求。

➢ 药物研发项目分析：

— 药物研发项目（1~5年）。

— 药物研发项目（5~10年）。简要分析公司的新化合物资源，以及项目目的、治疗领域、患者人群、开发时间表和竞争产品。

➢ 研发活动：

— 研发成果的概述：着眼于这种成果的重要性、将来的趋势和改变的模式。针对不同的细分市场，需要对该研发逐一分析。比如，肿瘤新药的研发，尤其是靶向治疗药物，都应当考虑生物标志物的研发，进而开发药物伴随的诊断试剂。

— 重要的研究领域和活动：对目前已有的、即将达成的研究成果进行综述，以及如何在这些项目之间形成整合。

➢ 对已上市产品的支持项目：对已经上市的产品研发进行总结。其目的是开发新的剂型、新的适应症、新的用药人群，支持现有产品的特殊的临床试验或者其他的研究。

➢ 可执行的策略和目标改进：提供详尽的研发方案、计划，重点是具体操作中如何随着时间进程不断更新、改进。动态评估该计划成功的可能性、外部趋势，尤其是该研究的产出评估和对整个公司的贡献。
➢ 研究需求和资源：未来 5 年研究所需的人员、资金和设备的概述；尤其在这部分需要着重分析是运用外包研发模式还是自主研发模式。
➢ 规划的重点及总结：该规划的关键信息，包括目标、策略、活动、近期目标、中远期目标和资源。

新产品的商务发展计划，应当包括以下内容：

➢ 商务发展计划的目的：阐明该新产品的增长策略，一般时间跨度为 5～10 年，描绘出所覆盖的各个市场未来销售的整体蓝图。
➢ 环境分析：提供影响该新产品的环境因素分析。比如，其他竞争药品的增长，政府控制卫生保健支出，价格管控，专利到期，孤儿药的地位，以及政策调控的多元化。
➢ 关键问题：指出对整个项目的成败起决定因素的关键点。在不同制药公司间，这些问题各不相同。共性的关键点：
— 注册法规。
— 产品的专利状态。
— 在研新产品与已上市产品的产品组合，以及再分配公司资源的投资回报。
➢ 新产品策略和实施：确定新产品上市的区域（国家）后，制订各自不同的新产品上市计划以迎接挑战，实现销售增长。在新产品从研发到上市的过程中，商务发展经理需要权衡不同的策略以提高研发效率，同时增强研发和市场部门的交流。
➢ 配置资源：详细分析这个新产品的投入产出，包括已有的产品和新产品或剂型的销售预测分析，以及该新产品上市前、上市后需要的资源（如资金和人员）。销售预测是最难的部分，有许多预测的方法。同时，应当进行“情景分析”，给出“乐观”“悲观”“最有可能发生”的预测结构。

市场营销在研发进程中一定要参与其中，共同决定诸多研发阶段的决策（见表 4.1）。在向政府药品监管部门递交新产品注册前，公司内必须准备好新产品的商务发展计划。

表 4.1 新产品开发的并行进程：消除研发和营销之间的隔阂

阶段	基础科学	市场研究
概念的产生	药物组分/合成 新剂型/药物释放系统 新适应症/新适应人群（性别，年龄，基因型）	新产品/服务的概念
化合物筛选	药理、药效和毒理试验；动物试验研究	评估产品的潜力和公司的优势 市场概况（疾病的发病率、人口/流行病学趋势、竞争情况） 竞争战略 产品的生命周期
商业和医学分析	I/II/III 期人体临床试验	临床专家对产品概念的反馈意见和对新产品开发的建议 针对该产品概念和市场战略，量化分析市场潜力，进行销售预测 市场细分、产品的定位研究、推广主题 招募/培训销售队伍；外部战略合作伙伴 洞悉患者的主观评价和偏好
产品开发	完成临床研究 剂型、释放系统研究	确定新产品的商品名 确定产品外包装和规格 确定市场策略：广告文案、定价
市场测试		评估产品表现和市场策略
新产品上市	四期临床研究 不良反应监测 新适应症	评估市场策略的执行情况和销售目标的进展 管理产品生命周期 提早规划产品生命周期后期的开发；制定市场竞争战略

资料来源：Robert N. Zeinio and Juliet G. Zimmerman, "Parallel Courses in New Product Development," Pharmaceutical Executive, July, 1984, 4（7）: 25-27. Reprinted with permission from Pharmaceutical Executive, July 1984, pp.25-27; Copyright 2001 Advanstar Communications Inc. Advanstar Communications Inc. retains all rights to this material.

递交了新产品注册临床试验的所有文件并准备开始临床试验时，公司应当确定新产品的目标。从此阶段开始，营销职能变得更加重要。在进行临床试验的同时，上市前营销（Pre-launch Marketing）已经开始。新药的临床试验应被视为药品营销的组成部分。新药临床试验开始后，业务发展部/市场部需要参与、监测项目进展，并提供营销方面的重要意见：

➢ 临床试验选择的专家和医院，以及预期的新产品疗效和不良反应（与竞争产品的比较优势）。
➢ 拟开发的剂型、剂量、包装规格及其为临床带来的方便性。
➢ 新药提交注册后的并行时间安排。

对于支持、扩大现有产品的研发（包括扩大适应症、不良反应监测、儿科药适应症、OTC 转换、新剂型等），商务发展和营销部门应该发挥主导地位。世界级制药公司，通常有 20% ~ 25%的研发预算用于新产品上市后的再开发。

在某些制药公司，营销专家会定期对各个治疗领域的市场兴趣点和机会发表正式报告，与研发科学家定期开会，以便在选择研发项目和计划时予以指导。市场综述报告通常包括市场定义和潜力、患者数、病人流分析、目前的销售数据和预测、目前的主导产品、处方模式和竞争趋势等。

在进行新产品研发决策时，除了考虑研发预算，还要考虑很多重要因素的影响。比如，抗生素是一家制药公司的一个新领域，公司在研发领域拥有一些令人兴奋的研发先导药物，借此希望在抗生素领域建立市场地位。决策时，公司需要考虑：

➢ 在抗生素领域的市场地位，是否设定目标时间，量化目标是什么。为了达到这些目标，是否能够获得所需的资源（如人员、资金、设施等）？公司的重点在短期（2 ~ 3 年）还是长期（5 ~ 10 年）？
➢ 有什么风险和不确定性？对财政负担方面有什么影响？
➢ 已上市抗生素产品的竞争状态如何？目前在进行什么新的开发工作？它们的优势、劣势和公司能力是什么？
➢ 其他在研的抗生素的进展情况如何？它们潜在的市场优势和劣势是什么？
➢ 公司自身新开发的产品有哪些竞争优势？预期的市场生命周期是什么？是否有后续产品？
➢ 新产品在现有抗生素治疗体系中的地位，是一线、二线还是三线产品？

- 抗生素的价格体系和收益趋势如何？
- 是否需要进行细菌敏感性检测等特别工作？如果是抗病毒的药物，是否需要进行病毒亚型检测？是否需要分析耐药病毒的基因？
- 细分客户群（医生、第三方付费者、政府），他们各自在寻求什么价值？
- 是否需要建立专有的销售队伍来推广抗生素，还是利用现有的销售队伍？
- 产品如何生产？如果公司自己生产，在哪里生产、需要多少投资、是否有足够的内部技术专长来生产、有什么新的物料需求、是否需要特别的设施？如果采取委托加工的模式，如何选择战略合作伙伴？
- 每个主要市场中，新产品的专利状况如何？是否有相关的申诉或诉讼？
- 研发成本如何？公司目前内部的技术和科学专长是否能支持所需的研发工作？开展抗生素的研发，如何影响其他的研发计划和项目？
- 如果完成了上市目标，竞争对手可能的反应是什么、公司将如何回应、对我们的市场份额和效益有什么样的影响？

通常，商务发展总监负责新产品上市前的工作，在新产品上市前 3~6 个月由市场部接手。这里同样需要一个沟通、衔接的问题。对老产品的产品生命周期管理，更是商务发展总监的职责，应对其提出规划。市场营销部应根据市场发展机会和现有的需求去策划和管理一系列针对新、老产品的推广运作。

新产品上市团队的组织架构，新产品总监要带领营销团队负责产品的相关活动和项目，其营销团队由以下人员职能构成：

- 营销策略/宣传经理。
- 产品销售经理。
- 市场调研人员。
- 专业咨询（服务）医生。
- 患者管理人员。
- 专业咨询（服务）法律事务人员。
- 医学注册事务经理。
- 培训经理。
- 其他领域的人员。

作为新产品总监，其工作职能包括：

- 制定新产品年度及中长期市场销售策略。
- 管理策划主要市场的发展战略，参与制定相关产品的定价、渠道配送、注册、贸易及包装等事宜。
- 建立和达成量化的产品/项目/个人指标。
- 制订销售量/销售额的计划，确保达成预期的市场份额及利润指标。
- 参与和制订合适的产品新剂型战略计划，挖掘市场潜力。
- 组织产品团队会议，促进成员间的交流和沟通；提出问题和定期汇总。
- 参与销售经理的工作/协访，帮助达成全国及区域的销售目标。
- 挑选适当的推广项目来促进整个产品线的发展，以稳固远期销售增长。
- 通过正确的领导力和决策，确保营销方案的规划、实施和监测。
- 主导沟通和维护新产品项目团队及其他功能部门间的联系配合（如注册事务、财务、法律、物流、产品开发、生产、设施的规划、研发、公共关系、公共政策、商务发展和战略规划）。
- 积极参与研发及项目管理，确保新产品的再研发计划的实施。
- 调整及协调相关产品的营销策略或计划，以配合和解决现有的当地政府法律和法规之间的冲突。
- 密切关注药品市场的社会、政治、经济、监管和法律的发展趋势。
- 咨询和聘请外部支持、顾问和学术机构，以确保对产品和项目目标不断地有新的、创新性的想法。
- 设定产品项目的预算或预算细分，并通过外部客户及受众的反馈进行监测。
- 预测和管理相关市场趋势变化，并根据不断变化的市场情况和动态更新市场营销计划。
- 审批新产品的宣传文案和医药代表拜访的产品资料。
- 承担团队负责人的领导力，在工作中对团队进行正式/非正式培训。
- 参加相关政府（如药监局的 GMP 委员会、定价委员会、医保与产品审查委员会）事务会议，并与之保持沟通。
- 与政府药品管理部门协调上市产品的药政事务，监测上市后的不良反应。

➢ 推出新产品。

产品定位

“定位”，指一个品牌在某个选定的细分市场，与其他同类产品相比如何有更好的客户接受度。市场是多元复杂的，一个品牌不能对整个市场产生影响。因此，作为产品战略策划，必须先选择该产品最适合的细分市场。

定位有助于将自身药品从众多竞争药品中区分出来。通过运用营销组合的多种工具，尤其是通过宣传和推广可以实现产品定位。在 OTC 药品领域，产品定位格外重要，在处方药领域同样重要。有些产品通过有形差异（如产品功能）来定位，有些产品则通过无形差异来定位。

如何进行产品定位?

➢ 分析对消费者来说哪些产品属性是重要的。

➢ 不同的细分市场中，这些产品属性对于消费者来说有哪些区别。

➢ 分析在目标医生、目标患者中，现有产品的定位，绘出产品在目标人群心目中的定位图（通常采用雷达图的形式，以及其他描述形式）。

➢ 选择产品定位。

定位的方法有多种，包括：

➢ 属性定位。

➢ 性价比定位。

➢ 用途定位。

➢ 适用人群定位。

➢ 产品阶梯定位。

➢ 竞争定位。

产品重新定位策略

产品可能需要重新定位，尤其在发生以下几种情况时：

➢ 一个具有竞争力药品即将上市，自身的产品定位和它很相近，且会影响自己的市场份额。

➢ 目标人群对于产品属性的偏好正在发生改变。

➢ 发现了一群新的目标人群，而且市场潜力很大。

➢ 产品在当初定位时犯了错误。

重新定位的代价和风险很高。借助“认知图”这个方法，可以减少风险。认知图可以帮助检验一个产品相对其竞争产品的定位效力。它能帮助我们：

➢ 在产品特征优势和产品优势方面判断目标人群如何感知竞争产品/服务。

➢ 分析竞争产品/服务之间的相同点和不同点。

➢ 在新的目标细分市场中对老产品进行重新定位。

➢ 在一个成熟市场对新产品/服务进行定位。

➢ 在目标人群中动态追踪市场推广活动的进程和效果。

产品退出策略

过去很长一段时间里，营销经理们认为表现不好的产品应该被市场慢慢淘汰，直到近些年来产品退出变成一种主动选择的策略。公司内部各个业务单位都有着不同的产品组合，其中每个产品都有着不同的价值和地位。借助波士顿矩阵等方法，可以帮助我们进行产品组合分析。

产品是否需要退出市场，主要在于产品表现是否低于预期，或者不能将新产品推向市场。产品表现差主要有以下几个特征：

➢ 不盈利。

➢ 为提高销售额和市场份额，需要付出昂贵的代价，影响公司资源分配。

➢ 产品存在风险（不良反应、生产导致环境污染等）。

➢ 在该治疗领域，公司没有后续药品。

➢ 产品不再符合公司的发展方向或战略。

如果产品不能前行就必须退出。运营这些产品，同样要消耗公司的财务和管理资源，这些资源本可以用于更盈利的地方。这里有 3 个可供选择的产品主动退出策略：收获策略、简化策略和撤资策略。

收获策略

收获策略指从现有产品身上获取最大的价值和利润，即从中获得最大的现金流的策略。通常，收获策略应用于那些销售额和市场份额缓慢下降的产品。此时，公司可削减成本，以帮助改善现金流。收货策略会导致销量的缓慢下降。当某产品不能提供正的现金流时，应予以出售。

出现以下情况时，应考虑收获策略：

➢ 产品处于稳定或萎缩的市场。

➢ 产品仅占有一小部分市场份额，如果扩大市场份额则代价很高；或者产品占有很大的市场份额，但要维持市场份额代价同样很高。

➢ 产品不能创造可观的利润，或处于亏损状态。

➢ 产品销量不会因为投入的减少而急剧下降。

➢ 对于可利用的资源，公司有更好的其他用途。

➢ 产品不是公司业务组合的重要组成部分。

➢ 产品不能为公司创造其他贡献，如协同增长、声誉等。

简化策略

简化策略，指通过削减提供的产品或服务的数量和种类，以控制产品线的规模（如减少药品的剂量/包装规格，减少药品的剂型等）的策略。这是一种防御性策略，用来稳定下降的趋势。简化策略将会有助于改善产品组合。当成本上升、公司资源短缺时，这个策略变得尤为重要。

实行简化策略会产生的益处包括节约成本、减少库存、强化市场营销和研发。当对产品组合做出合适改变后，营业额和利润反而可能上升。

撤资策略

即使产品不盈利，产品退出市场也往往会遇到公司内部的重重阻力，而这些阻力大部分来自经济上和心理上：

➢ 退出意味着销售和资产的负增长，这与企业扩张的愿景背道而驰。

➢ 退出意味着失败。

➢ 退出后需要做出职位调整、裁员。这将会很痛苦，会对公司产生负面的影响。

➢ 退出将影响采购规模，甚至影响公司其他部门的收益。

依据公司战略规划，退出同样是一种时常需要考虑的选择。随着公司愿景、公司资源、外部市场环境发生变化，制药企业之间不断地进行并购，越来越多的公司倾向于剥离一部分业务领域（辉瑞剥离其 OTC 业务；三大制药公司剥离其农业部门，组建新的先正达公司）。有时，公司甚至将一些正在增长且盈利的业务予以剥离、退出。

下列情况下，公司需要考虑剥离不符合战略的业务：

➢ 主要业务和被剥离业务之间没有战略关系。

比如，默克公司早在 1998 年就将其农作物业务部门剥离出去。

➢ 业务呈现出永久性衰退迹象，产能过剩无法转向其他方面。

比如，1997 年第三季度，3M 公司剥离了其广告事业部。

➢ 资金不足，需要调配资源来支撑业务发展和自然增长。

美国孟山都公司 1997 年分拆其化学业务，保留生命科学业务，同时组建了新公司来接管化学部门，后来在纽约证券交易所挂牌上市。

➢ 是否将业务保留，取决于股东的增资计划或其他金融因素。

1997 年，诺华公司销售额为 82 亿瑞士法郎。当地货币增值 8%的强大推动力，促使了以瑞士法郎计算的销售额增长了 22%。得益于其制药业务在美国市场的显著增长，诺华决定对汽巴精化予以分拆，剥离了非核心业务。

➢ 将部分业务出售，释放部分资产用以投放在一些有增长机会的业务中。

➢ 摆脱那些增速缓慢的业务，为快速增长且高回报的部门/产品提供现金，拆分可以提高投资回报及提高增长率。

礼来公司 20 世纪 90 年代将医疗器械与诊断事业部予以拆分，为公司增加了 9.1 亿美元的净利润。不过时过境迁，21 世纪出现新的药物研发模式，许多药物都需要检测生物标志物，形成药物+药物伴随诊断（Companion Diagnostics）的新模式。这又是当初始料不及的。

多样化战略

多样化战略是指通过寻找新产品、新市场来实现业务增长的一种战略。每家公司都有自己擅长的领域和产品，多样化战略要求全新的知识、思考方式、技能及人员。因此，多样化是高风险的战略，公司只有在目前的产品与市场缺乏增长机会时才会考虑。

多样化与整合、兼并是有很大区别的。整合是指通过对原料到市场的各个阶段的全面参与来积累各项业务。兼并则是公司的合并，不一定会出现整合。多样化是指从不同的产品和市场来获得利润与盈利的战略。

多样化战略包含开发新产品和开拓新市场（包括老产品开拓新市场），也包含收购相关企业、与其他公司合资组建公司、获得新产品技术的专利许可、分销另一家公司的产品等方式。大多数情况下，多样化战略是上述多个方式的组合。依据公司的发展目标和外部的市场机会，游戏的玩法多种多样。

基于公司现有产品线，逐步扩大业务领域的发展模式比较多见，在此将详细分析；稍后再分析从处方药拓展到 OTC 领域的发展战略。

基于公司具有优势的治疗领域和产品线，拓展至多个治疗领域的处方药产品线，这取决于新产品研发（自己研发、技术合作、买进产品等）和公司的营销能力，两者不可偏废（有了新产品，也不意味着一定由自己公司销售）。

当公司准备进行多样化发展的战略，尤其是进入多个不同的市场（不同的治疗领域，不同的国家等）时，必须审视自身的营销资源。营销经理往往过于自信，按照既往的成功经验进入新市场是相当危险的。不过在进入新市场时，入乡随俗不一定成功。

在不盲目乐观的同时，大胆创新同样重要。

在推出新的 OTC 产品时，如何制订市场推广计划，如图 4.1 所示。

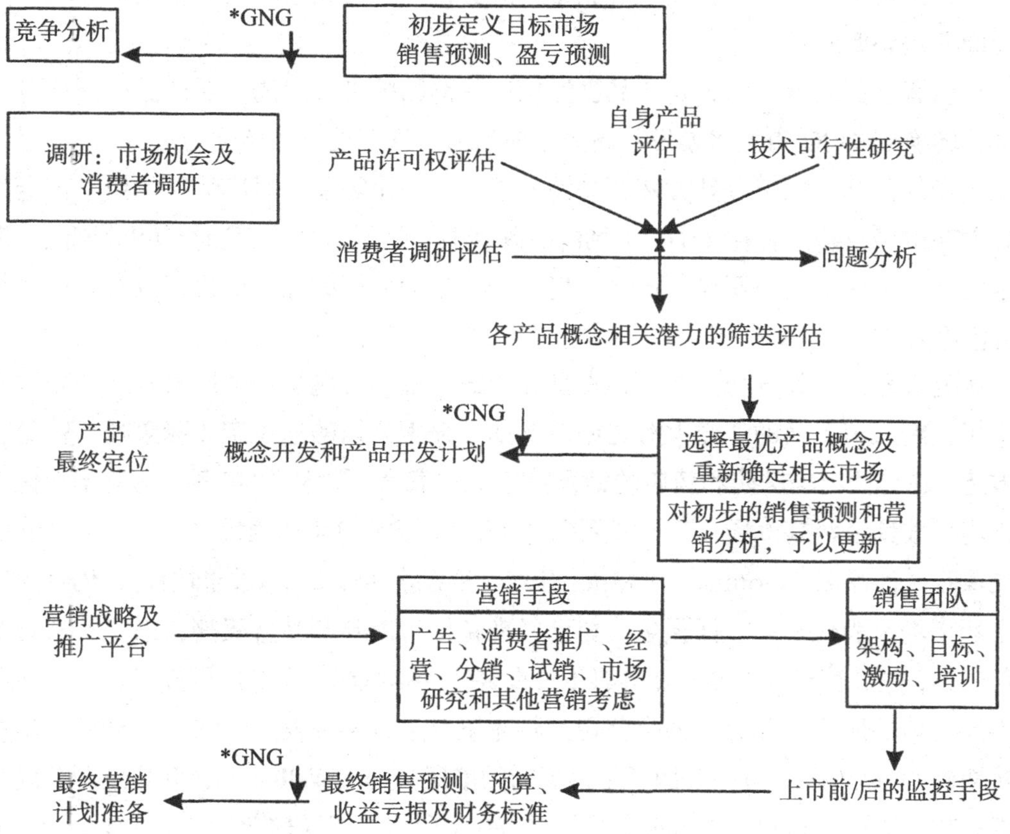

图 4.1 制定非处方药产品转换的营销战略

资料来源：Promotional brochure, IMS America, System. GNG = Go/No-Go decision; P&L = Profit and Loss.

过去的数十年间，几番河东，几番河西。诸多企业进入非处方药市场，又将 OTC 事业部剥离出去。产品营销的大框架内，存在将自身的处方药产品转化为非处方药的机会。在此，将从公司战略的角度对此进行讨论。[①]

从医生处方的角度来看，公司的原产品转化成 OTC 产品，会给医生带来负面的情

① 本章节主要借鉴了 Dr. William Rosenberg 的成果。

绪。医生往往会有失落感并表示不满。

从积极层面来看，一个成功的处方药产品终将老去，进而被一个新研发的药品替代，无论是被公司自身产品还是被竞争产品替代。从公司战略而言，主动管理产品的生命周期是必要的。

从患者层面来看，因为老产品已经拥有一群品牌忠实度高、对产品广泛认可的患者群，转换到 OTC 市场将焕发其新的生命活力。许多处方药转化为 OTC 产品时，都将推出新的品牌，以区分处方药原品牌。因此，公司需要审时度势。如何平衡老产品在处方药市场及新品牌在 OTC 市场的品牌转换、销量流失、新旧交替?应该说，没有一定之规，更多的是公司对行业、市场、产品生命周期的综合评价，以及公司文化巨大的潜在影响。

从处方药向非处方药的转换，真是惊险的一跳！首先从一个严格管理的处方药细分市场，跳入消费品的汪洋大海之中。比如，强生公司的达克宁（咪康唑）曾是一种处方药，在美国市场医院和药店的销售曾达 1.23 亿美元。从 1984 年，达克宁转化为非处方药投放到消费品市场，其销售额飙升 172%，达到 3.4 亿美元。当时，克霉唑由原先灵葆雅（商品名 Lotrimin）和 Miles 公司（商品名 Mycelex）共同销售，仍然固守在处方药市场，表现平平。而强生公司已经准备好上市新产品益康唑，以充实抗真菌处方药市场，先灵葆雅和 Miles 公司都还没有替代克霉唑的产品，这也许就是导致两种截然不同决策的原因。此后，强生公司又将益康唑进行再开发，推出了派瑞松，同样将之转换到 OTC 市场。另一个例子是，当初的威康公司（Wellcome，后几经合并成为葛兰素史克）推出 Acifed（含伪麻黄碱），在 80 年代将之成功转化为非处方药，之后第 3 年销售额翻了五番（由 1 140 万美元增长到 6 250 万美元）。

制药公司将一个处方药转化到 OTC 产品，不只对医生产生了重大影响。变化了药品类别，原来由医生处方的药品转成药剂师管理，这对于药剂师同样是一个挑战。

这些 OTC 转化的案例都清晰地表明，OTC 药品的成败，营销策略是最重要的因素。当新药迟迟难以上市之际，以前那些 OTC 市场的弄潮儿又成了并购所觊觎的对象。

不仅仅是对产品的忠诚度，对制药公司的认可度也是一个重要因素。在 OTC 市场，消费者会信任某个制药公司，并对该公司的产品感到放心。当公司收购其他制药公司时，产品线里添加了诸多被收购公司的产品。这时，保持原有产品名，进而保持原公司的品牌是可行的。

在 OTC 市场，制药公司在推广其企业品牌及某一产品品牌时发现，某些优势产品产生了“光环效应”，使品牌好感延伸到了其他产品品牌。例如，一个公司生产维生素补充剂、镇痛药的产品品牌，当其推出皮肤干燥的产品时，消费者有时会“爱屋及乌”。

早在 20 世纪 40 年代，美国颁布了《食品、药品及化妆品法案》，明确地把处方药和 OTC 划分开来。在此之前，各种药品广告借助报纸和新生的广播媒体大行其道。比如，施贵宝曾于 20 世纪 30 年代在诸多报纸上刊登广告，消费者在购买阿斯匹林、皮肤护理用品时也顺便购买了其他家庭药品组合。其广告诉求是，“施贵宝的三根柱子”代表的产品组合。进入 20 世纪 90 年代以来，越来越多的制药公司开始重新求诸于品牌簇的情感资产。

目前的药品营销趋势在于，处方药的 DTC 营销和非处方药广告之间，进行创新性的整合。尤其在新兴的媒体渠道，从单向的信息推送转为信息的双向交流。这一切的基础仍源于公司拥有多少消费者情感资产。

处方药转为 OTC 药品，兴起于 20 世纪 80 年代早期。之后，这个转化过程变得越来越难。在此期间，非处方药行业协会也经历了诸多变革，80 年代末称为非处方药生产商协会，而今已经改为消费者健康护理产品协会。

20 世纪，H·I·司维曼曾在 OTC 协会发表演说，对处方药行业做出许多发展的预测。下面是司伟曼曾经做出的预测及事实情况：

- 产品持续转换：1980—2000 年，从每年一个到每年六七个药物转化为 OTC 产品。事实：1998 年之后的多年间，没有新的处方药品转换为 OTC。
- 产品线扩张：产品线内引进新产品——泻立停 AD（1988 年）和复方泻立停（1997 年）；落健生发水（1996 年）和强力落健生发水（1997 年）；布洛芬（1984 年）和小儿布洛芬（1996 年）；力克雷（1996 年）和力克雷贴片（1998 年）。
- 出现需要处方的特别 OTC 药品（无 OTC 标示，但可以向消费者推广）：许多现在的 OTC 药品是双跨产品，如泰胃美、善胃得。
- 新给药系统：乳剂、贴剂、每周一次的控释片、渗透泵——所有这些新剂型都为 OTC 产品所利用。

- 新包装：包括一周用药量的药盒、易开封头和定量药袋。
- 新剂量和复方产品：这些将引起市场扩容，如 1997 年的复方泻立停（洛派丁胺/二甲基硅油）。
- 家庭护理：家庭检测将成为趋势，如妊娠、监控血糖、和排卵检测。随着新技术的不断涌现和创新，出现了大量的 POCT（Point of Care Test）检测产品，如居家检测凝血功能、血尿酸、肾功能、红细胞/白细胞计数等。居家自我检测，将大力拓展 OTC 药品市场。

案例：布洛芬——从产品到商品的营销故事

在药品营销经典案例中，布洛芬的故事值得细细回顾。布洛芬从新药转化为家庭常用药经历了一个复杂、繁复的历程，融合了各种营销手段，包括生产许可、专利争夺、OTC 药转换、定价、消费者推广和产品定位等。

本案例将对布洛芬的营销故事做简要介绍。该部分内容的基本原理源于第 2 章所论及的波特“五力模型”（见图 4.2）。

布洛芬：作为处方药

布洛芬的原研厂家是英国 Boots 公司，20 世纪 70 年代获得 FDA 批准上市。欣喜之余，Boots 公司的高管们却面临在美国市场缺乏市场推广经验的窘境（见图 4.3）。于是，在 1974 年，Boots 公司把美国市场生产和销售布洛芬的市场权利卖给了普强制药公司，这个协议是非排他性的。普强制药开始推广布洛芬，将商品名改为“Motrin”并迅速将之推上美国排名第五的处方药。以 Motrin 为代表的非甾体抗炎药销售额从 1984 年开始快速增长，1985 年销售额达 54.33 亿美元，占普强公司总销售额的 7.6%。1986 年，Motrin 的销售仍在继续扩大。

看到布洛芬的巨大成功，Boots 公司于 1981 年通过收购 Rucker Pharmaceuticals 公司创建美国销售团队，并上市了自己的布洛芬，商品名为“Rufen”。同室操戈，营销战打响了，普强公司的 Motrin 和 Boots 公司的 Rufen 之间开始了激烈的竞争。两家公司都试图通过销售各自生产的布洛芬 400 mg/片，获取更大的市场份额。针对领导者普强公司，Boots 公司采取了对撞式的营销策略：价格战——给患者提供价格更低的布洛芬，在广告中针锋相对地宣称“Rufen 更便宜”。1983 年，Rufen 销售额冲到 3.5 亿美元。Boots 公司通过打价格战取得如此成绩，初战告捷。

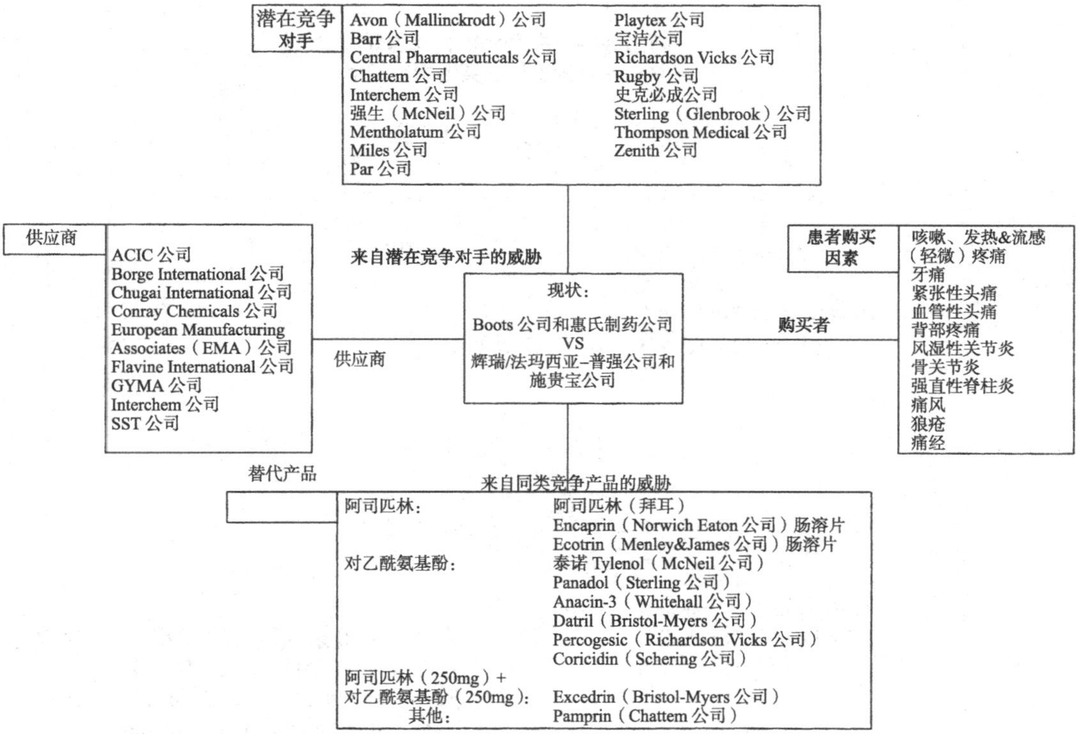

图 4.2　布洛芬的竞争环境分析（波特的五力模式）

普强公司开始进行市场推广，首先针对医生市场强势推广，使 Motrin 成为美国市场最知名的止痛药。在反击的第一年，普强公司在各种医学期刊上广泛刊登 Motrin 的广告，目标集中定位在竞争对手强大的止痛药市场。接着，普强公司采取序贯的市场组合策略：首先，聚焦骨关节炎和风湿性关节炎两个细分市场（Motrin 已获批为骨关节炎和风湿性关节炎一线用药）。继之，实施产品的差异化，突出 Motrin 与同类产品相比的不同和优势，进行产品差异化。在专业广告中，产品推广点聚焦于以下方面：

- ➢Motrin 作为独特的化学药，不同于吲哚美辛、苯基丁氮酮、皮质类固醇或水杨酸盐。
- ➢与阿司匹林相比，Motrin 的胃肠道反应更小。
- ➢Motrin 长期服用更安全。
- ➢Motrin 的胃肠道耐受性远优于阿司匹林。

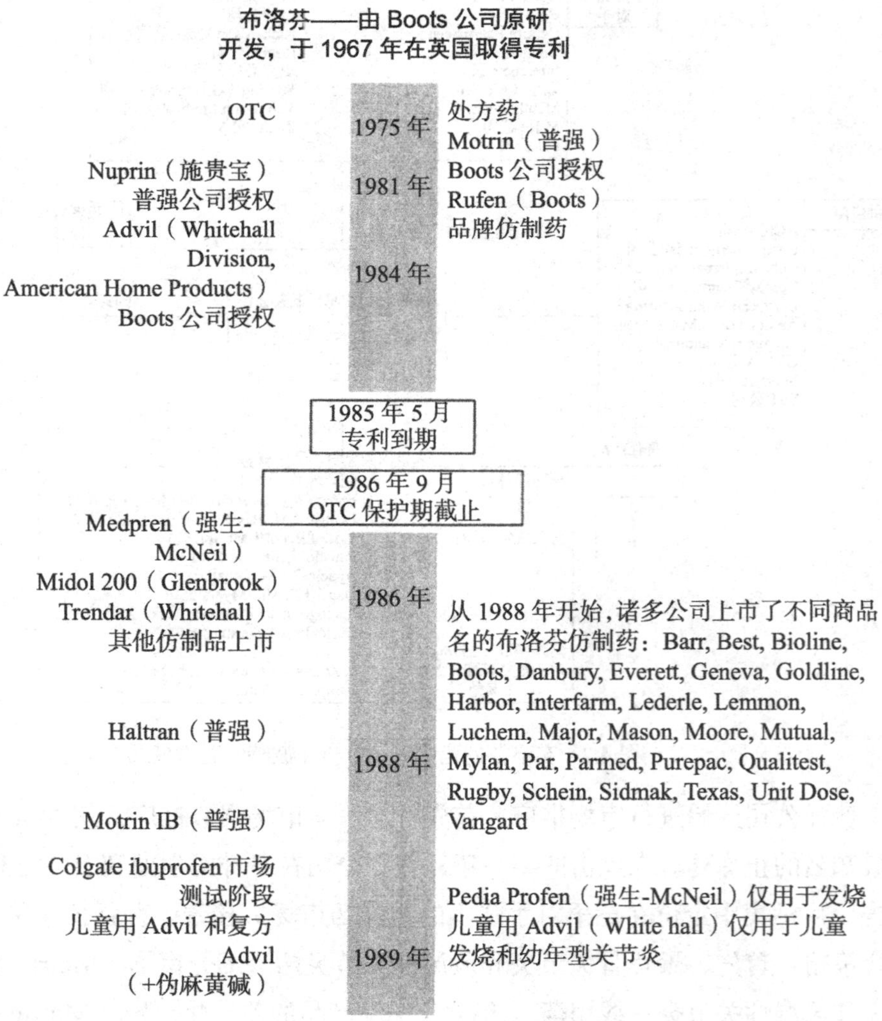

图 4.3　布洛芬——从产品到商品

普强公司于 1980 年（Motrin 问世后 6 年）宣称，上市后的 IV 临床研究结果证明，Motrin 对治疗轻、中度疼痛有效。另外，普强公司为了使 Motrin 进一步区别于竞争产品，还提供了新的产品特性：Motrin 不是麻醉剂，不会上瘾，不会形成药物依赖。

到 1983 年，Boots 公司在其针对消费者的广告中一再强调 Rufen 在价格上远远低于 Motrin。Boots 史无先例地在其电视广告中声称 Rufen 完全可以替代 Motrin，两个药品在使用方法、副作用上完全相同，但重要的是 Boots 公司的布洛芬价格便宜很多。

普强公司随即也开始了反击，为其客户提供新的服务。它为医生制作宣传手册，并由医生发给其患者，强调医生传递给患者的疾病信息及用药信息最为可靠，从而加强了医生与患者之间的沟通，并改善了患者的依从性。

紧接着，普强又推出了 300 mg 及 600 mg 剂型的药片。随即，除了 400 mg，Boots 也推出了 600 mg 剂量。不过，在互相对打之余，两家公司更大的忧虑还在于，一旦产品专利过期，市场将引来众多的仿制药。是时候该考虑进军 OTC 市场了，200 mg/片剂作为疼痛缓解剂如何？

进军 OTC 市场

普强公司与 Boots 公司都决定进军 OTC 市场，方式也颇为相同，分别与有针对消费者销售经验的厂家结盟。普强选择了施贵宝，而 Boots 挑选了美国家用物品公司（American Home Products）旗下的 Whitehall 公司。两家公司之后的战略、战术也一直颇为类似。

FDA 的关节炎专家咨询委员会于 1983 年 8 月召开例会。在此之前，普强公司及 AHP 公司都发布了各自进行的上市后的临床试验结果，各自证实药品的安全性及有效性，以及普通消费者能安全地自我选择药物。Whitehall 公布了世界范围内 200 mg 剂型的有效性与安全性的临床数据。但是，普强公司用在美国的临床研究数据作为申请材料，并向 FDA 提出书面申诉，控诉 Boots 和 AHP 公司提交的申请还应当向 FDA 提交一份完整的新药品申请（NDA）报告，反对 Boots 的申请。正当普强公司及 Whitehall 公司争相获取 FDA 的青睐以批准销售布洛芬 OTC 产品之际，另几家公司也在试图打破 Boots 的专利、市场独占权。这些制药公司既感到布洛芬闯进 OTC 市场将给现有市场格局带来巨大压力，同时感到这是个极大的机遇。在众多觊觎市场机会的厂商中，Chattem 及强生公司旗下的 McNeil 公司冲在最前面。

Chattem 公司试图阻止 FDA 批准将处方镇痛药布洛芬转化为 OTC 产品。Chattem 公司的申诉理由是，OTC 市场是财力高度集中的行业，由少数几家公司掌控巨大的市场影响力，FDA 把新的非处方药的推广授予最有财力的公司将会加剧行业垄断。

因此，作为一家置身 OTC 止痛药市场的小公司，Chatterm 公司将会不可避免地受到垄断行为的伤害。但 Chattem 公司因无力进行耗资不菲的新临床试验，无法递交 NDA 所需的资料，从而不能参与销售布洛芬。

Chattem 公司请求 FDA 免除 NDA 申请，直接将布洛芬加入非处方镇痛药行列。也就是说，此药品“被公认为安全、有效”。Chatterm 公司认为任何一家 OTC 生产厂家均有权销售布洛芬 OTC 产品。

另外，Chatterm 指出，一旦普强公司和 AHP 公司得到 FDA 的独家许可，较后进入市场的厂家而言，它们有巨大的优势，而他们之前一直是市场的垄断者，加之它们有足够的财力，肯定形成新的行业垄断。如此一来，Chatterm 及其他小型制药公司将永远没有可能与这些制药大鳄在布洛芬 OTC 市场进行真正的竞争。

普强公司反击称，Chatterm 公司这一申诉的背后动机是别有用心，即为了保护自己的 Pamprinx 产品，该产品一直独占痛经市场。因为布洛芬在治疗痛经上的疗效是得到公众认可的，所以 Chatterm 公司想在布洛芬进军 OTC 市场时也来分一杯羹。另外，普强公司还声称，即使布洛芬的安全性及有效性得到认可，并将作为非处方药使用，但此药的新剂量是 200 mg，并没有临床数据证实这个剂量的镇痛有效性，仍然需要各个制药公司在申报布洛芬 OTC 产品时提交各自的临床试验结果，而不是类而统之。

AHP 也反击说：“Chatterm 申诉的实质，是阻止 AHP 及普强公司在专利过期前推广布洛芬非处方产品。”

强生的 McNeil 公司则另辟蹊径。它要求在布洛芬 200 mg 的说明书上添加安全警告标签，以减少布洛芬 OTC 产品对其他非处方镇痛药的影响。McNeil 公司于 1984 年 3 月递交给 FDA 的一份申诉书要求添加一系列针对布洛芬非处方产品的禁忌症，包括不能用于对阿司匹林过敏的人群。McNeil 公司还指出，许多对阿司匹林过敏的患者会误认为布洛芬是“非阿司匹林”镇痛药，从而选择布洛芬作为替代药品，这可能产生严重的甚至致命的不良反应，因为布洛芬及阿司匹林会产生相互作用和叠加效应。

这些阻挠申诉成功了吗？没有！

1984 年 5 月，FDA 分别批准施贵宝和 Whitehall 公司上市布洛芬 200 mg 的非处方产品。施贵宝为其非处方药布洛芬命名为 Nuprin，Whitehall 为其产品命名为 Advil。此后，布洛芬作为处方药迎来了其产品生命的关键时刻，因为专利于 1985 年 5 月 28 日过期，之后将给其他更多产品进入市场的机会。不过，遵照 1984 年颁布的《药品价格竞争及专利限制法案》，非处方药的专利还可以延长一段时间。

Advil 及 Nuprin 的目标市场是作为普通止痛药，治疗头痛、牙痛、肌肉酸痛及痛经。与 Motrin 及 Rufen 不同，这两个产品都没有被批准获得治疗关节炎的适应症。因为如果增加此适应症，将会导致普强公司、AHP 公司与竞争产品及阿司匹林、扑热息痛生产厂家的直接竞争。

阿司匹林仍然是市场上最便宜的零售止痛药（其仿制药或厂家贴牌药的价格，远低于拜耳的品牌药）。30 片拜阿司匹林售价是 1.25 美元，100 片拜阿司匹林是 1.99 美元，而 100 片阿司匹林仿制药是 0.79 美元。扑热息痛的价格是阿司匹林的两倍，50 片泰诺是 3.99 美元，60 片 Datril 是 2.79 美元，但 100 片扑热息痛仿制药为 1.99 美元。作为 OTC 市场的新军，布洛芬是最贵的。50 片 Advil 是 4.19 美元，50 片 Nuprin 是 3.79 美元。

AHP 和施贵宝各自的销售队伍向消费者发放了大量的优惠券，季度广告费也都飙升到 3 500 万美元。有趣的是，这两家公司的宣传口号也一致："曾经的处方药布洛芬，现在的非处方剂量。"这一口号，某种程度上使一些消费者认为，布洛芬对疼痛及酸痛的治疗效果优于其类似产品，如阿司匹林或泰诺。

为了应对布洛芬的 OTC 强大宣传攻势，强生的泰诺宣布将进行投资巨大的宣传战役，追加广告投资，使泰诺的广告投入追加了 5 000 万美元。另外，强生也在暗地准备着，在布洛芬专利过期后，马上上市自己的布洛芬——一天一次的新剂型。

战至 1986 年年底，Advil 及 Nuprin 这两个产品拥有大约 15%的市场份额，其镇痛药市场的王者依然是阿司匹林，占有 45%的市场份额，扑热息痛为 40%。

APH 不断敦促施贵宝公司，从 1984 年开始市场营销推广，并在广告上加大投入。1985 年，施贵宝公司在 Advil 广告上的投入达到 3.5 亿美元。1986 年，Advil 的销售量几乎是 Nuprin 的 4 倍。布洛芬 OTC 专属权过期（1986 年 9 月）之前的两个月，普强公司决定推出自己的布洛芬 OTC 副品牌——Haltran。普强公司对于 Haltran 的市场定位是，痛经市场唯一治疗 Dysmenorrhea 的药物。因此，Haltran 赢得了比随后的非处方布洛芬产品优先进行市场推广两个月的时间。

之后，随着非处方布洛芬独家营销时期截止日期的临近，一些制药公司已经准备好跟随潮流。它们推出仿制药并给 Advil 和 Nuprin 带来巨大威胁。不过，它们避免采取直接的硬碰硬战术，而是将这些仿制药定位于痛经的镇痛药物。那时，痛经药物的市场容量为 6.5 亿美元。

此后就是一场混战：强生的 McNeil 公司推出梅迪普莱恩；Par and Barr 公司推出布洛芬的仿制药；Chattem 公司、Glenbrook 实验室、Danbury 公司、Chehea 公司及其他一些制药公司也纷纷加入战局。

当市场上大多数的后来者都将它们的非处方布洛芬产品定位在痛经市场时，最初的非处方布洛芬产品却坚持自己的定位是全效止痛药，并对痛经有效。另外，布洛芬同系列的 400 毫克及 600 毫克剂量的处方药，在药店也推广其治疗关节炎的功效。由此，布洛芬被逐渐推广到不同的细分市场。

布洛芬的 OTC 产品定位大战中，各个厂家都在殚精竭虑地思考，但在一片喧嚣的叫嚷声中，消费者如何能听见并接受自己的产品品牌？某制药公司为了将自己的布洛芬 OTC 药建成一种新的品牌，大做电视广告，并宣传自己的定位为“最初我们有阿司匹林，然后出现了泰诺，今天我们升级到布洛芬”。另一家制药公司则使用这样的广告语：“20 世纪 50 年代，痛经药物选择 Midol；70 年代，痛经药物是 Pamprin；而今天，Trendar 是痛经的最佳镇痛选择。”

Motrin 和 Rufen 在巩固关节炎镇痛作为它们的核心目标市场，也希望侵入痛经市场掠夺一席之地。Advil 和 Nuprin 的适应症为头痛、发烧、疼痛；然而其他布洛芬的 OTC 仿制药（如 Haltran、Midol-200 和 Trendar 等）适应症聚焦于痛经市场。梅迪普莱恩宣称自己是比阿司匹林更好的止痛药。

对于布洛芬的 OTC 市场，新产品的出现为潜在消费者提供了全新的选择和产品特性：抗炎，有效镇痛，胃刺激更轻微，无依赖性，无镇静作用，更少副作用和药物相互作用，以及良好的安全性。布洛芬的很多产品特性都是市场现有产品（如保泰松、大剂量阿司匹林、皮质类固醇、镇静及非镇静类镇痛药和扑热息痛等药物）所不具备的。因此，在布洛芬的产品定位大战中，这些特性都得到了充分利用及发挥。

在市场推广过程中，营销战略对各个布洛芬品牌都至关重要。巨额广告、大量的优惠券手段已经司空见惯。各个公司对产品本身的设计也煞费苦心。独特的药片外观设计成为 Advil 的巨大卖点，仅推广这个产品特点，公司就花费了 1 亿美元。AHP 公司相信消费者将深红色外衣的药片与 Advil 品牌画上了等号,因此它也成为 Advil 品牌的一部分。到 1986 年 1 月，Advil 成为美国销量第二的镇痛药，AHP 公司便开始调整战略，将分销提上了重要的议程。它为 Advil 配备了专门的销售队伍，通过同时扩大覆盖面和推广力度来增加医生、消费者对自己品牌的认知。

尽管布洛芬的两个先行品牌在站稳脚跟后还试图挤进痛经市场，但之前的布洛芬 OTC 仿制药在痛经市场很失败，城门失火殃及池鱼，所以痛经市场仍然被加强型泰诺占据着。

普强公司不甘失败，继续花费了 2 500 万美元在各种杂志及电视上大做广告，强调"女性的隐痛"概念，并试图将自己的布洛芬副品牌 Haltran 打造为一种新药，聚焦于"女性痛经的新一代克星"。这一宣传语密集出现在女性杂志及女性观众多的电视节目时段。普强公司称自己的 Nuprin 并不是 Haltran 的竞争对手，因为 Haltran 是专门的痛经镇痛药，而 Nuprin 是通用的镇痛药。

几种布洛芬非处方品牌在药盒外包装上也都不甘示弱。Haltran——痛经止痛药，走女性路线，采用女性化的柔粉色，以及显示高科技的红色和蓝色字体。这个包装试图让消费者感觉到，这是一种针对女性用户的新一代痛经镇痛药。Advil 的外包装，则使用蓝色和黄色网格，塑造了一种高科技的新型产品形象。梅迪普莱恩的药盒外包装展示了不同的人体姿态，传递出了这是一种止痛药的概念，并且针对那些不愿意忍受疼痛之苦的消费者："让我们与梅迪普莱恩一起动起来！"

OTC 转换过程：惊险的一跳

从处方药到非处方药的转换，远非想象中那么顺利。首先，当处方药转换成 OTC 药时，如果该药仅仅能从药房买到，则往往沿用原来的商品名，但要兼顾其他卖场和销售渠道。其次，在从处方药变为非处方药之后，药品的剂量规格发生了变化；再次，药品价格在上市的第一年内往往因促销而频繁波动，使得消费者产生疑惑。所以，多个方面提醒公司小心为上，更不用说在 OTC 药品重新注册过程中的硝烟不断。

在 Boots/AHP 联盟和普强/施贵宝联盟的较量中，围绕商品名的纷扰不止。当初，Boots 和普强公司都使用 Rufen 和 Motrin 进行处方药的市场推广，使得无论 AHP 还是施贵宝公司都不能使用这两个商品名。在从处方药向非处方药转化的过程中，市场策略人员经常会通过强调产品的处方药历史来取得消费者的信任。这种策略会在布洛芬刚刚进入 OTC 市场的时候受到挫折。两家结盟公司的市场经理不得不给产品重新起了名字，而消费者却不会很快地接受新品牌。

不仅如此，因为普强公司状告 AHP 公司在广告中曾使用 Motrin 这个商品名及 Motrin 的橙色，定位信息的转变也导致消费者陷于混乱。

就算一切顺利，市场上还有一股巨大的暗流。就在布洛芬进军 OTC 市场之际，一些药店协会向公众指出布洛芬具有潜在的危险。这个负面宣传可以说是别有用心，使很多药剂师预感到自己的生意受到威胁，2.5 亿美元的处方药销售将瞬间蒸发，他们非常愤慨。这个产品作为处方药没几年转变为 OTC 药之后，消费者将无须通过药剂师就能自行购买药物了。可见，在 OTC 转换过程中，两个或多个群体之间会出现各种各样的矛盾和冲突。

普强公司的战略决定

布洛芬的 OTC 转换，确实影响了其处方药兄弟品牌 Motrin。在布洛芬进军 OTC 市场的头一年，Motrin 的销售额直降 20%。

而且普强公司与施贵宝公司结盟，仅仅获得 OTC 品牌 Nuprin 销售额区区 5%的份额，根本无法补偿普强公司的 Motrin 销量下降的损失。由于与 Rufen 的价格大战，榨干了各自公司的利润，普强公司的股价从当初 OTC 开战时每股 61 美元跌到一年后每股 45 美元。

普强公司自己推出的副品牌 Haltran 的 OTC 之路也不成功（1988 年骤跌至 200 万美元），直到处方药品牌 Motrin 的战车开进 OTC 战场（稍稍改名为 Motrin IB）。开始投放广告之际，公司同时开展大量的消费者推广。作为处方药，Motrin 的品牌知晓率极高，达到 85%。这一品牌知晓强势，为 Motrin IB 的电视广告所借用，广告中重复了 4 次 Motrin IB 的名字：

“您将目睹百年止痛史上，添加浓墨重彩一笔的 Motrin IB。不再需要处方。现在，广受医生推荐的止痛药 Motrin 成为非处方药……新一代的止痛药……”

这有用吗？为什么普强公司等了这么久才开动 Motrin 品牌战车？

普强公司之所以如此，部分原因是处方药 Motrin 的销售下滑明显，而且布洛芬的竞争品牌在 OTC 市场上呼风唤雨。Theodore Cooper 时任普强公司的董事长，他说：“我们认为市场已经准备好接受一个新的止痛药，因此我们会将 Motrin 转变为非处方药销售。”

受到仿制药的侵袭，Motrin 处方药销售节节下滑。而布洛芬的最畅销 OTC 品牌 Advil 和 Nuprin，进军价值 20 亿美元的 OTC 止痛药市场获得巨大成功。作为最畅销的两个产品之一，由 AHP 销售的 Advil 占有市场的 13%，施贵宝公司销售的 Nuprin 占有市场的 4.5%。强生公司销售布洛芬品牌 Medipren，远远落在后面。

1989 年 8 月，《Medical Advertise News》曾发表一篇文章称，市场策略专家 Hemant Shah 将普强公司对于 Nuprin 的专利转让决定归咎于缺乏对 OTC 市场的认知，并称之为“20 世纪制药行业最愚蠢的错误之一”。

行业观察家认为，早在 1984 年，普强公司应推出一个布洛芬 OTC 品牌，并且和 Motrin 建立协同品牌关系。但是，普强公司推出非处方药产品 Nuprin，让施贵宝公司来营销。普强公司的市场策略高官们认为，自己不具备向消费者推广产品的经验，放弃了整个非处方药市场。等自己推出布洛芬的副品牌 Haltran 时，为时已晚。

很少有人在回顾这场布洛芬大战中将普强公司的氟比洛芬（商品名 Ansaid）纳入战斗序列。氟比洛芬与布洛芬结构相似，同属非甾体抗炎药。

FDA 仅收到一个仿制品厂家申报氟比洛芬的申请，这与布洛芬诸多的仿制品形成鲜明对比。在欧洲，这个产品已经上市多年，表现出色。也许，如果……当然历史没有假设，营销也是如此。

第 5 章

制药业对其外部环境的反应

格雷格·珀金斯

正如第 2 章所述，制药行业无时无刻不处在社会环境的影响和监视之下，行业和公司最重要的事情莫过于根据环境变化来决定长期发展的方向。因此，各公司都在持续不断地对其业务流程进行反复评估，包括其与 FDA 的恩怨情仇，同时制定适应环境近期、远期变化的战略。

在这方面，医药行业与其他行业没有区别。然而，由于药品的特殊性、重要性及其对社会的重大影响，公众不仅对药品价格的诟病持续发酵，对药品的研发和其他方面也是指责不断。从 1993 年克林顿当政之初，公众对制药业的指责骤起波澜，并一直延续至今。

医疗成本日益不堪重负，如何降低医疗成本和药品成本成为制药业共同的目标。降低医药成本的各种议案、提案被持续地在国会讨论，各种提案既包含药品的真实成本核实，也包括医药行业的社会责任和对社会广泛的贡献。图 5.1 是美国药品研究与制造协会（PhRMA）提供的数据，表明药品的花费在日常开销中其实占据很小比例。人们在药品上的花费几乎少于所有列出的条目，仅高于烟草的花费（甚至低于酒类的花费）。处方药品的花费还不及任何一种生活必需品花费（如食品、房屋等）的 10%。另一方面，社会权益者认为，药品的花费是医疗健康成本中增长最快的，每年增长 15%。

图 5.2 和图 5.3 显示了制药行业的价值，尤其是在创新领域。美国通过创新和在全球销售药品为国家创造价值，美国是因制药业而直接获利的国家。图 5.2 显示了新药率

先在美国上市的百分比。在第一个时间段（1987—1989 年），新药在美国率先上市的百分比大约是 20%。在 1990—1992 年和 1993—1995 年，百分比稳定在 30%左右。这一比例在 1996—1998 年攀升到 50%，这大概是第一个时间段的两倍之多。

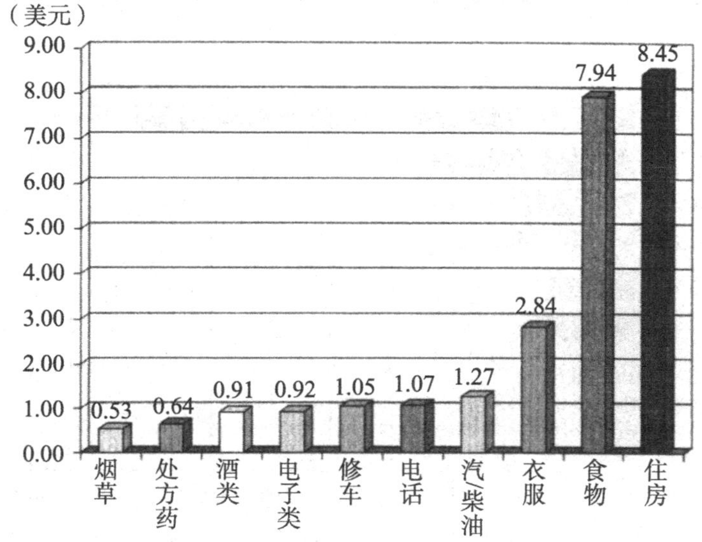

图 5.1 人均每天消费支出

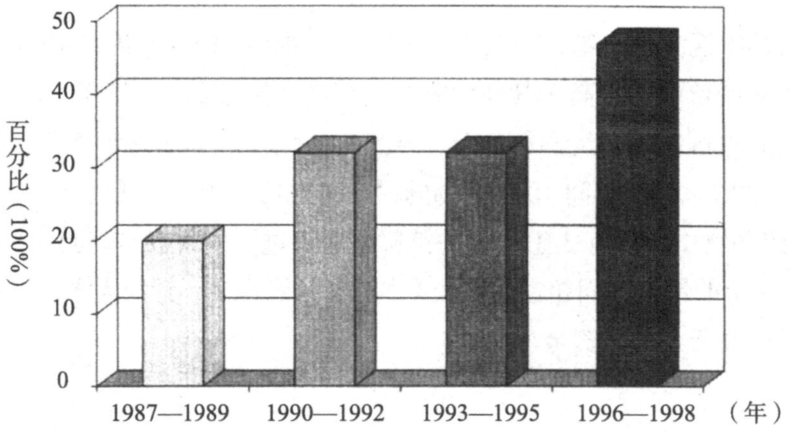

图 5.2 新药率先在美国上市的百分比

图 5.3 显示了新药在不同国家上市的百分比。一般认为，在美国、日本、法国、德

国、英国、瑞士和意大利等多国上市的新药品称为全球性药物。显然，率先在美国上市新药的百分比远远超过其他国家。这个数字超过英国的 3 倍（45%对 14%）；其他国家，从法国的 3%到瑞士的 9%不等。其主要原因在于世界前 10 位的制药巨头中，英国拥有葛兰素和阿斯利康公司，瑞士拥有诺华公司和罗氏公司，德国和日本分别拥有几个世界级制药公司。

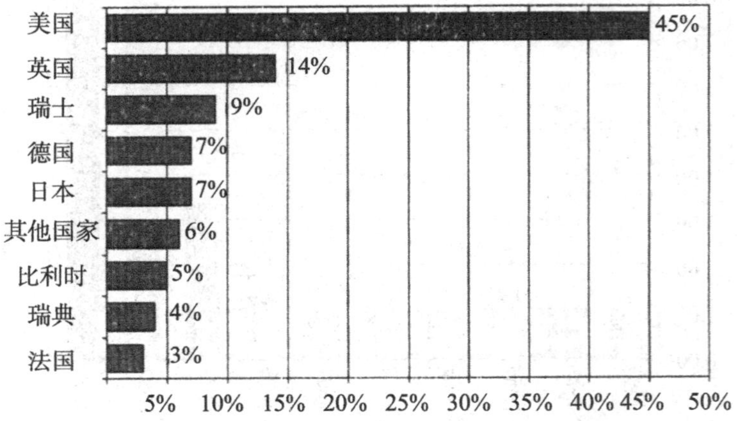

图 5.3　152 种全球药品率先上市的国家（1975—1994 年）

资料来源：Adapted from Paul E. Barratt, *20 Years of Pharmaceutical Research Results Throughout the World* [Rhone-Poulonc Rover Foundation, 2000].

制药业极其重视美国市场，能在美国率先上市将给其他国家提供示范效应。而且，新药在美国市场的价格通常高于其他国家，新药在美国市场也能取得超额利润，这一利润常常超过其他国家之和。即便如此，开发出的大多数药物并不能弥补研发成本。图 5.4 显示了 1980—1994 年间 10 组药物的税后总现值为 199 亿美元。

在这 10 组药物中，只有 3 组药物的销售现值超过了研发成本。其中，一组超过 2 亿美元，另外两组的销售利润超过研发成本的 2.5 倍和 1 倍，其他大多数药品未能筹集到产品上市再研发所必需的资金。

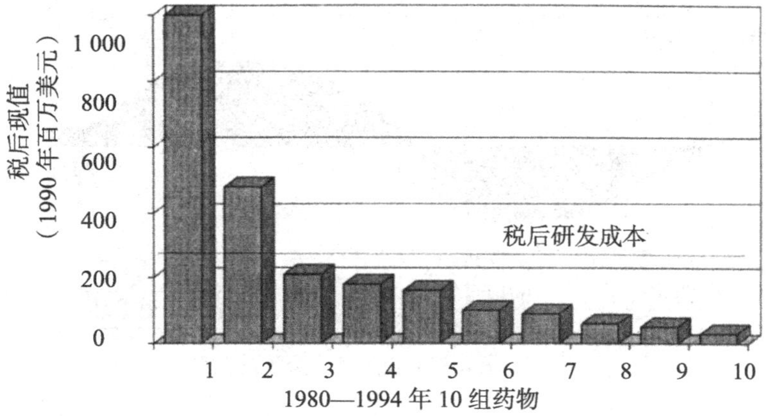

图 5.4　1980—1994 年 10 组药物的盈利能力与研发成本比较

FDA 的监管不仅体现在注册环节，而且扩大到了药物的整个生命周期，即从上市前到上市后。A.T. Kearney 建造的一个模型（见图 5.5），以时间和核心产能为坐标，展示了“药品生命周期的现金流”。现金流可能为正也可能为负，这取决于上市时间及上市后的市场营销，以及药品销售所产生的营业收入。

图 5.5 简要展示了药品净现金流模型。最重要的是上市时间，其次才是药品专利和营销管理。显然，药物上市前，现金流为负。因此，公司会尽一切可能，缩短上市时间，以减少研发成本。上市后，现金流转为正；于是，此后首要的工作是尽可能地延长专利保护时间，增加销售收入。

筛选高价值的新药物分子是药物研发中的重要因素，制药公司的命脉系于新药研发的成败。新的药物分子（NCEs）能够进入研发阶段，必须通过筛选大量可能的候选化合物以选择最有希望的那些化合物。5 000 种化合物中，只有 5 个可能通过筛选和临床前研发，进入临床试验阶段。

临床试验及药品上市项目管理同样是药物开发的重要组成部分，其决定了批准上市的时间。从盈利的角度看，任何缩短上市时间的努力都是值得的。虽然临床试验在这个过程中是最关键的因素，但其他方面（如药物开发、临床前试验及注册法规等）也很重要。

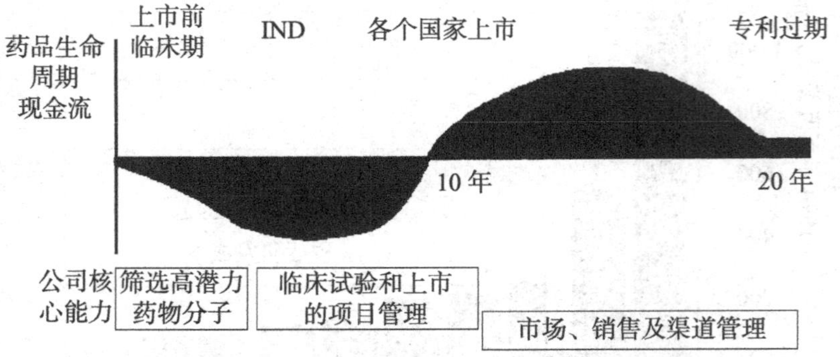

图 5.5　公司核心能力和现金流的关系

药品市场营销、销售和渠道管理是实现公司现金流的手段，药品上市并不意味着研发的终结。在药品上市后，通过再研发和 IV 期临床试验，开发新剂量、剂型，以及获得新适应症，可以延长专利时间。所以，研发贯穿了药品生命周期的始终。

如何锻造公司内部的研发能力、营销能力、再研发能力，以及制药行业中公司与外部行业及公司的新玩法（并购、专利许可、转让、联盟等），将在后面的章节详细讨论。

高通量药物分子筛选和药物基因组学

股市给了制药公司很高的期许，逼迫制药公司必须保持两位数的增长速度。为此，制药公司需要将其研发生产力提高 5 倍。完成这个目标，唯一的途径是极大地扩充可能成为药品的新化合物分子的数量，加速新化合物分子临床前研究，从而尽可能多地获得临床试验的机会。这需要处理海量的信息和数据，以快速地摒弃那些没希望的化合物。

研究重点首先在发现阶段，扩充、优化有潜力的新化合物分子的数量，这是跨入研究阶段的大门，只有极少数（1.2%~2.5%）的候选化合物能通过这一关。除了组合化学和高通量筛选，现代制药业更为关注以基因组学为导向的研发手段。

图 5.6 阐明了在发现药物分子阶段的一些研究方法。高通量筛选（High Throughput Screening，HTS）通过快捷的试验，能够测试大量的化合物。这种方法使用 1 536 孔板，

每天能进行 10 万次筛选试验，使效率提高了数千倍。依靠组合化学和基因组学，可以发现潜在的新分子实体。前者以往为制药行业贡献了许许多多候选药物分子，而基因组学在当前及未来扮演着更为重要的角色。分子生物学技术的大发展已经使基因组学在制药业的巨大作用成为现实。

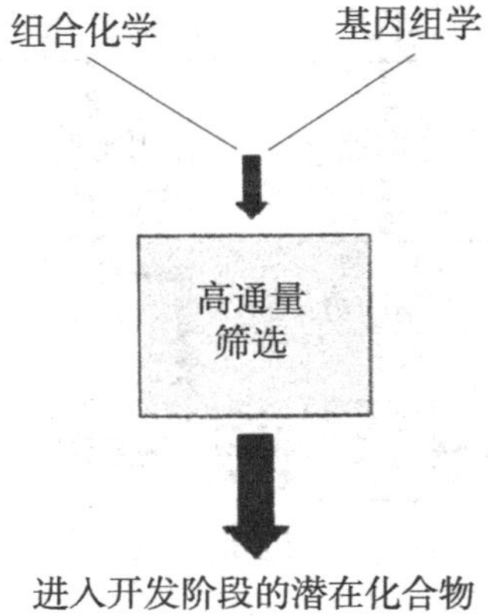

图 5.6　药物开发中各种研究手段的关系

组合化学要求研究实验室处理的化合物分析相关信息数量是海量的。仅仅测试化合物的各种化学性质，并不能有效地鉴定化合物在人体内的作用靶点，化合物的体外实验要和靶点及与特定疾病密切联系。众多专门的实验室已经被建立起来，专注于化合物某一方面的研究，这些实验室被统称为“药物开发工厂”。这些实验室，高效地在各个方面筛选、评估其他制药公司委托或自主研发的每个化合物。

基因组学是全新的领域，从 21 世纪初完成人类基因图谱绘制开始，率先在制药行业进入快速应用阶段，而且日益突飞猛进地发展。基因组学对疾病进程的深入研究，使这一领域具有不可限量的前景。图 5.7 显示了基因组学的研究手段及相关应用领域。

将单基因和基因组信息转化并对应到相应的治疗靶点上，将从两个方面获得突破：一是疾病机理的基础研究；二是快速发现药物治疗的关键靶点。宏观的基础研究——对人类基因组近 30 亿核苷酸碱基对进行测序，2000 年 7 月完成了 97%～99%，2003 年全面完成。

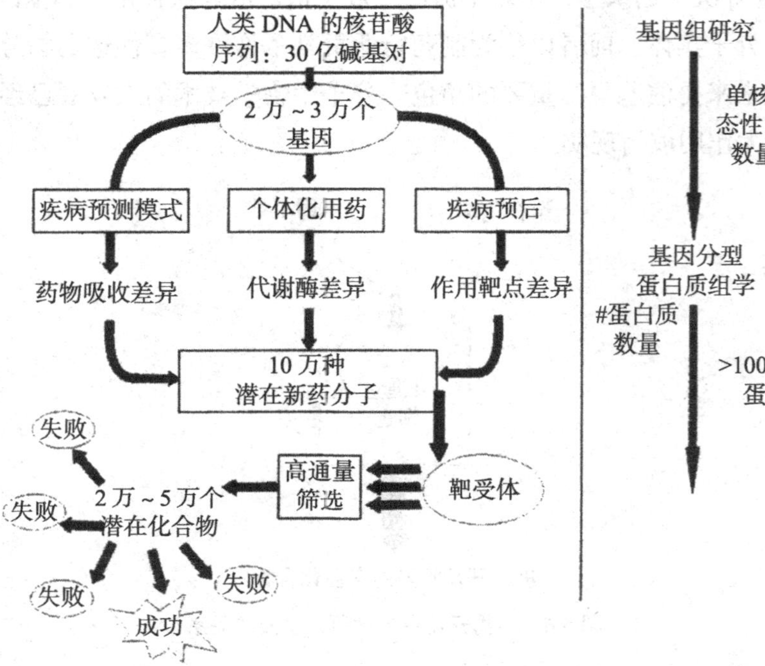

图 5.7　药物基因组学的研究方法及相关领域

资料来源：Adapted Steve Gardner and Rich Hamer, "Informatics Magic—how to Turn Data into Knowledge," *Pharmaceutical Executive*, 2000, 20（12）:64.

研究疾病机理，首先是了解疾病与单基因的关系，即对各种基因多态性（单核苷酸多态性，SNP）建立联系。在 2 万 ~ 3 万个人类基因中，大约有 30 万种基因多态性。通过研究 SNP（单核苷酸多态性）和多核苷酸多态性（基因组多态性），可以预知某个人未来罹患某个疾病的可能性。建立在基因个体差异性上，进行单核苷酸多态性和疾病模式的研究，医学将可以预知疾病的发生与发展。这一应用在肿瘤早期发现、预防方面率先突飞发展。

蛋白质是基因转录和翻译的最终产物，体现着基因个体的差异性。据估计，人体内有超过 10 万种蛋白质。只有一小部分片段在任何细胞类型中都被表达，各种特异型的细胞分别表达特异的蛋白。正是源于个体间的基因差异，导致在蛋白水平上存在 3 个方面的差异：对药物的吸收、代谢和与作用靶点的结合。FDA 在 2005 年发布了有关药物基因组学的行业指南，规定在新药注册的资料上，各个制药公司自愿提交药物基因组学的研究资料。

建立在药物基因组学研究基础上的新药研发，为制药行业开创全新的研发模式、全新的营销模式。原来某一种疾病，依照分子生物学的分类，根据某个生物标志物的检测，被细分为多种基因类型。新研发的药物，将在细分的患者类型/患者群中，验证其有效性和安全性。这样极大地提高了研发的效率，降低了风险。当前，研发新的抗肿瘤药物，除了改进传统化疗药的剂型和给药方法，新药研发都转移到了靶向治疗领域。众多的替尼、单抗都处在各个研发阶段。而这些药物，大多同时带有一个生物标志物，从而形成全新的新药模式：药物分子 ＋ 伴随诊断。典型的例子如美罗华、易瑞沙（吉非替尼）、特罗凯（厄罗替尼）这些上市多年的药物。尤其是易瑞沙的故事，更值得深思和借鉴。

易瑞沙上市之初，阿斯利康公司对其寄予了很大的期望。但它在欧美市场反应不佳，而在亚洲市场的部分肺癌患者中疗效良好。什么原因呢？制药公司和肿瘤医生发现，亚洲、女性、非吸烟的肺癌患者对易瑞沙的疗效较好。但这些都是表现型，而不是根本原因。通过患者肿瘤组织的基因检测，发现 EGFR 基因突变的患者对易瑞沙的疗效远远高于未突变（野生型）的患者。由此，易瑞沙的适应症被改为“适用于 EGFR 突变的非小细胞肺癌”。继之，诸多的 TKI（酪氨酸激酶抑制剂）层出不穷。

最近，克卓替尼在制药行业被引为研发领域的范例。在研发治疗淋巴瘤的过程中，发现 ALK 融合基因对肿瘤发病有重大影响。针对这个靶点，辉瑞公司研发出克卓替尼，进而发现对于肺癌患者中 ALK 基因突变的患者，克卓替尼治疗效果很好。但是在非小细胞肺癌患者中，仅有 5%的病人，ALK 基因突变的检测呈阳性。也就是说，克卓替尼仅能治疗 5%的肺癌患者。辉瑞公司依然将克卓替尼推上市场。行业观察家将这个产品视为一个重磅炸弹产品。它引发了其他制药公司开始研发针对 ALK 基因突变的新药物。

故事还没有结束。基础研究发现，非小细胞肺癌患者中 Ros 基因突变的患者，可能使用克卓替尼也有效。虽然它在肺癌患者中的突变率仅为 2%～3%，但也会大大拓展克卓替尼的使用人群。仅仅因为一个生物标志物，一个基因，药物的销售收入也将被大大提升。

在新的肿瘤靶标领域，还有诸如 HDACi（组蛋白去乙酰化酶抑制剂）类药物。5

年前，已经上市了一种新药 SAHA，用于治疗皮肤性 T 细胞淋巴瘤（CTCL），这是种罕见肿瘤。人们开始探索应用该类药物治疗实体瘤，如肺癌、肝癌、结直肠癌。通过进一步研究，牛津大学的科学家发现一种生物标志物 HR23B，通过检测 HR23B 基因，可以区分出不同基因类型的患者类型。HDAC 抑制剂的新药 Belinostat 在 II 期临床试验，HR23B 基因检测阳性的肝癌患者，有效率为 56%；基因未突变的患者，有效率仅为 14%。其他同类药物中，英国 Celleron 公司的 CDX101，2009 年阿斯利康公司放弃了该药物，将之转让给 Celleron 公司，就是因为牛津大学拥有 HR23B 基因这个生物标志物的专利。

在非肿瘤领域，最近 FDA 批准上市的新药 ivacaftor（商品名 Kalydeco）用于治疗囊性纤维化，开创了非肿瘤领域针对靶点基因变异的个体化用药。导致囊性纤维化的病因很多，这个药物针对 G551D 基因突变所引起的囊性纤维化。所以，使用 icavaftor 之前，必须检测患者的 G551D 基因突变。

药物临床试验和上市项目管理

药物研发是一系列独立的任务，目的就是开发一个新的小分子化合物或者生物分子药物，将之快速上市（见图 5.8）。新药物开发包括临床前试验、临床 I 期试验、II 期试验、III 期试验、注册（新药物申请和产品注册证）报批等阶段。上市时，承诺开展众多临床 IV 期试验，对于加快药物批准审查也很重要。

图 5.9 描绘了如何加快药物开发流程所包括的基本模块，以及各个部门、职能间的协作。在公司内部，注册事务和项目管理是两个相互协作的部门，它们紧密合作以保证药物开发过程的进行。在有些制药公司，每一个新产品上市前都会组成一个上市团队，进行项目管理。项目领导者如果不是公司总经理，就是 BD 总监或者新业务/新产品拓展经理。通过团队管理，可以确保各个关键任务之间的顺利衔接，避免或者减少时间的浪费，缩短时间。通常在项目管理中，将决策权下放到各个项目小组，项目管理者统筹各个项目小组。产品上市的延迟，将会造成巨大的销售额损失。新药品上市每晚一天，就行业平均水平而言，公司损失药品金额 130 万美元。而对于一些重磅炸

弹级的药物，每天的销售金额更是惊人，如洛赛克（1 120 万美元）、舒降之（780 万美元）、开瑞坦（360 万美元）（见图 5.10）。

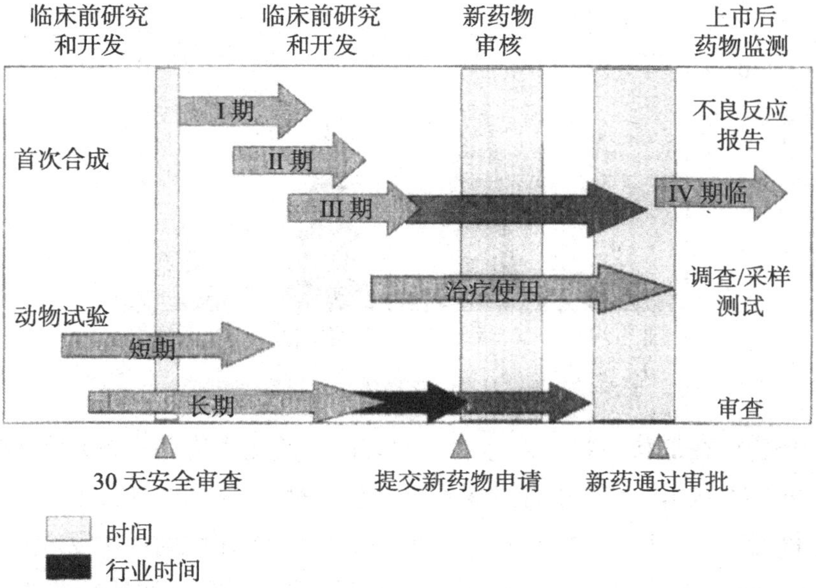

图 5.8　新药物开发所包含的阶段

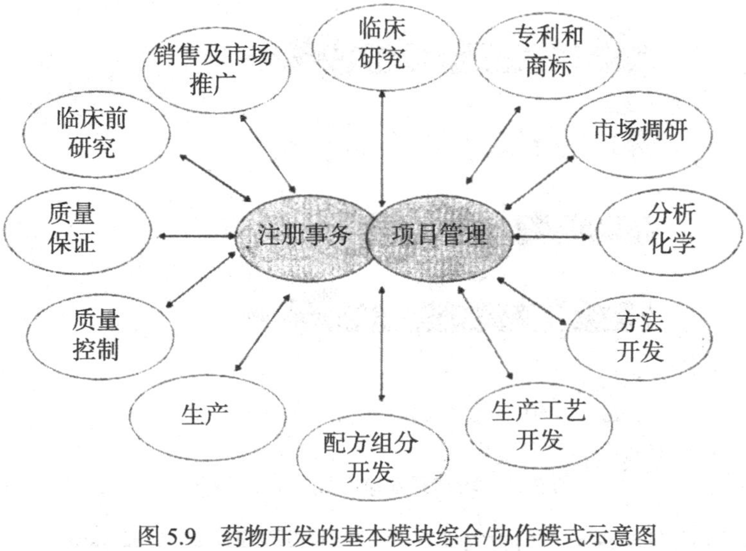

图 5.9　药物开发的基本模块综合/协作模式示意图

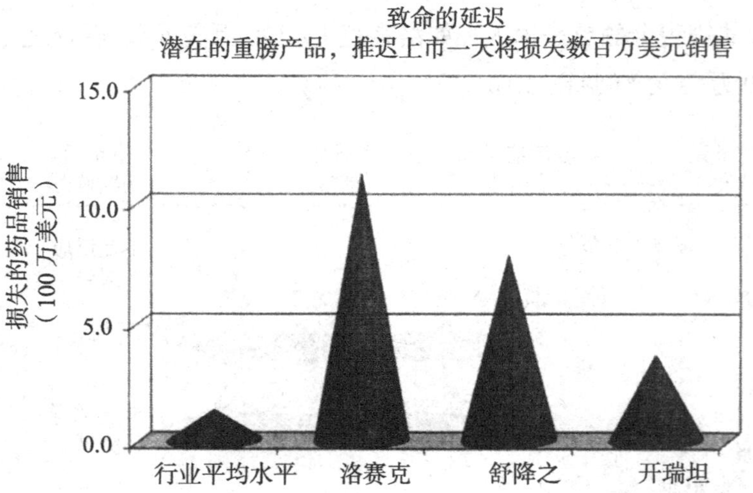

图 5.10　延迟批准上市导致每天药品销售损失

少数制药公司在加快药物开发速度方面有内在的竞争优势——从临床试验到递交新药申请。图 5.11 展示了在药物开发速度方面领先的 5 家公司。在临床试验阶段，行业平均花费时间大约为 3.7 年。相比之下，阿斯利康比行业平均时间少 2 年；葛兰素史克紧随其后，比行业平均少花费 1.6 年；默克、辉瑞、雅培比行业平均少花费 1.1 ~ 1.2 年。

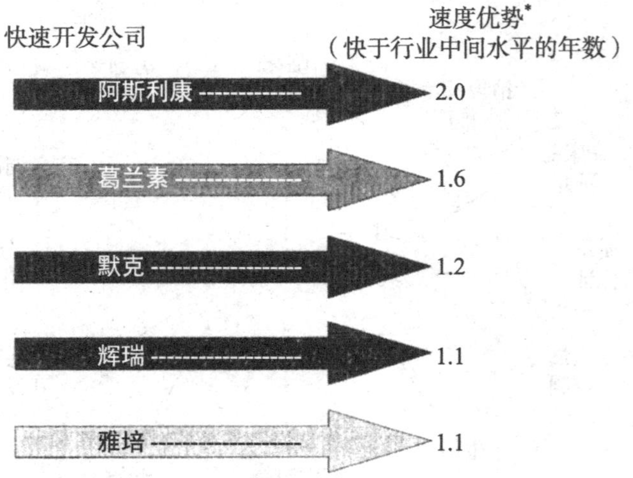

图 5.11　药物开发速度最快的 5 家公司

资料来源：CenterWatch Database of Approved NCEs 1981-1999, FDA.*Speed variability between company median development time and industry-wide development time.

在某些特定的治疗领域，这些制药业巨头表现得更为突出（见图 5.12）。如果将这 5 家公司看成一个整体，它们在内分泌和镇痛/麻醉领域分别比行业平均少花费 8.3 年和 8.4 年，在中枢神经领域的新药研发少花费 6.3 年，接下来分别是心血管领域（5.7 年）、抗肿瘤（5.0 年）和抗感染（2.5 年）。

这些成功的公司内部采取的加速上市的措施和步骤如下：

- 新药申请提交后快速获得认证：在表现最好的一些公司，FDA 审批时间平均时间是 1.5 年；而行业平均是 1.9 年。
- 全球项目管理：药物开发方案立足于全球市场。
- 现实的方案：在药品上市前广泛征求医生、药师和临床研究人员的意见。
- 积极合作：和注册机构经常沟通。
- 项目和数据管理沟通技术：应用 IT，跟踪简化药物开发流程。
- 项目团队：项目团队享有高度独立和决策权。

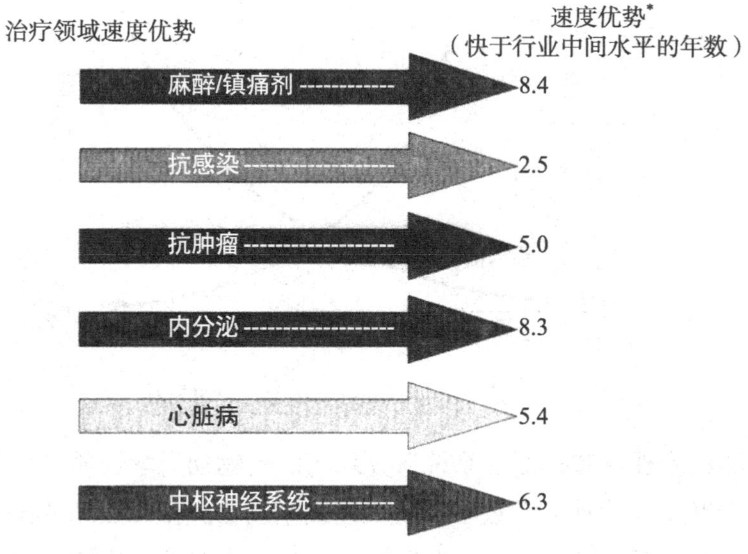

图 5.12　药物开发速度最快的 5 家公司在治疗领域的表现

资料来源：CenterWatch Database of Approved NCEs 1981-1999, FDA.*Speed variability between company median development time and industry-wide development time.

临床前筛选

据行业分析，40%的新药是由于药物动力学特性（吸收、代谢、排泄）而失败的；11%的新药失败是因为药物毒性，这部分新药失败数量不大，但是从投资方面来看却损失巨大。因此，在临床前试验，预先检测出新药的药代动力学特性及可能的不良反应对药物开发至关重要，如图 5.13 所示。

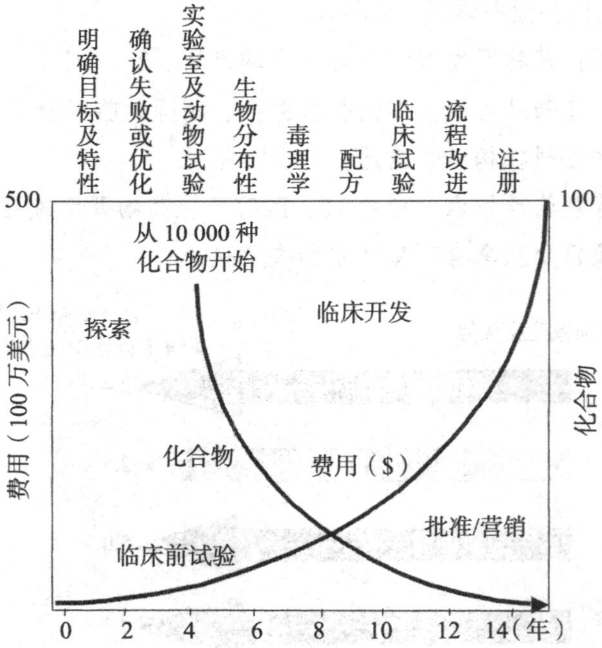

图 5.13　新药物分子与费用的关系

利用人类细胞株系和代谢酶系统研究新药的药物动力学性质，可以预测候选药物的成功性。借助于药代动力学数学模型，以及生物信息学（Bioinformatics）或者计算机模型，可以对一系列参数（如化合物的分子量、亲脂性、配体和受体氢键结合，以及毒性、进入细胞的能力等）进行分析研究。在这一方面，药物基因组学同样提供了强大的支撑。

人体对药物的代谢（无论是活化，还是灭活），都是通过体内的代谢酶进行的。人类的各种代谢酶，在个体间存在着差异——最典型的例子就是不同的人饮酒量差异很大，其原因在于个体内的乙醛脱氢酶活性差异很大——在种族间也存在差异（白种人比黄种人，携带高活性乙醛脱氢酶基因的比例要大很多）。个体间基因的差异，导致药物代谢酶的活性分为慢代谢型、中间代谢型、强代谢型（正常型）、超快代谢型。这些基因类型的患者用药剂量可以相差数倍，甚至数百倍。抗凝药物氯吡格雷是个典型的例子。对于冠心病介入治疗、脑血管介入治疗后，以及其他需要抗凝的患者，氯吡格雷是个很好的抗血小板药物，但是临床上存在"氯吡格雷抵抗"现象。2009 年，FDA 根据药物代谢酶的基因研究，对氯吡格雷添加了黑框警示，要求对高危患者检测 CYP2C19 基因，该基因编码细胞色素酶 2C19。国际药物基因组学联盟（PharmGKB）建议，对于 CYP2C19 基因野生型（正常型）患者，使用正常剂量；对于杂合子的基因型患者，加大剂量；对于突变纯合子的基因型的患者，应当改用其他抗凝药物。

另一个例子是抗风湿治疗应用的药物硫唑嘌呤。该药物用于治疗类风湿性关节炎时可能引起严重的不良反应、骨髓移植和继发性癌症。研究表明，硫唑嘌呤的不良反应与 TPMT 基因密切相关。TMPT 基因变异，使得灭活硫唑嘌呤的 TPMT 酶活性大大降低，使硫唑嘌呤的血药浓度急剧升高，从而引起药物毒性。FDA 已经要求厂家修改了药品说明书，要求在使用硫唑嘌呤之前检测 TPMT 基因。对于 TPMT 基因变异的患者，使用剂量应当降低到正常剂量的 1/3，乃至 1/10。

临床试验

使用电子数据系统大大加快了临床试验的进程（见图 5.14），可以从各个参与临床试验的医疗机构迅速汇总信息，并加以总结分析。以往的纸质报告，很快就汗牛充栋地堆积起来，需要花费大量的资源和人力来保存、录入、分析。目前，使用临床试验电子数据系统已经成为行业的常规惯例。

尽早采用整合式的或打包嵌入式（Draft Package Insert）的开发流程，对新药研发益处颇多，可以使试验设计更好地针对新药物的性质。因此，从临床 I 期试验开始，就要为 II 期、III 临床试验打下基础。

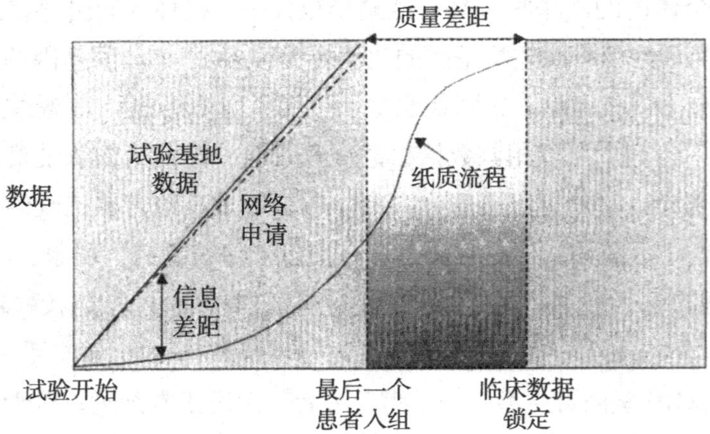

图 5.14　比较临床试验电子信息系统与纸质报告系统所需时间

互联网时代

之前提及的各种手段都能产生海量数据，于是生物信息学（Bioinformatics）登上了新药研发的舞台。世界进入互联网时代后，信息技术正在对制药业的研发产生革命性影响。表 5.1 是对制药研发人员所做调研的结果，目的是了解研发人员对互联网影响的看法。总体上，虽然一些人持有保留看法，但绝大多数人认为互联网对制药业的研发已经了产生积极的影响。

表 5.1　50 位制药研发人员对互联网影响的观点

赞　成		反　对	
74%	网络数据或网络数据服务提供商，已经日臻成熟	82%	担心对互联网相关系统的信息安全
60%	通过电子化方式获得或传递临床试验数据，保证数据的真实和完整	58%	担心患者的隐私问题
56%	快速招募临床试验患者入组	44%	担心费用和人员问题
64%	计算机辅助帮助准备新药的申报材料		

续表

赞　　成		反　　对	
80%	e-R&D 缩短新药上市时间		
69%	e-R&D 降低新药开发成本		

资料来源：Prdip Banerjee and Fraser Skittow, "R&D, Com—Research to Revenue", *Pharmaceutical Executive Supplement* December, 2000:30.

普遍的看法是，互联网正在而且必将改变制药产业，特别是在药物筛选和开发领域。凭借互联网分配资源，并在不同机构中传递分享信息，互联网正在促进着不同公司间的互动交流。传统上必须在公司内部完成的许多工作，现在可以很容易地外包给更专业的公司。

在互联网时代，不是考虑是否外包的问题，而是思考外包多少的问题。一个极端情况是，制药公司保留开发新药品的所有功能、职能；另一个极端情况是，制药公司仅仅保留少部分核心职能。目前，多数制药公司会选择保留自己擅长的领域、职能，将所有别人能做得更好的部分外包出去。

药物上市后的再研发，以及药品生命周期管理

一个新药的生命周期，研发始于初始阶段。上市后，通过与市场营销人员的共同努力，开始新的研发项目。本质而言，研发涉及产品的长远计划、制定药物新作用方向和拓展新适应症。

新剂型的药物，包含药物的有效成分（Active Pharmaceutically Ingredient，API），可以帮助药物释放。药物前体、手性结构、单异构体是新药延长药物专利保护的主要手段。表 5.2 中的数据就很好地说明了这一点。全球各治疗领域在 1998—1999 年全面增长，到 2003 年继续增长。手性药物的销量已经占到全球的近 1/3。

表 5.2　全球手性药物销售

药物类型	全球销量（百万美元）		
	1998 年	1999 年	2003 年
心血管药物	21 906	24 805	26 012
抗生素/抗真菌药物	19 756	20 907	23 265
激素/内分泌科药物	12 297	13 760	17 345
癌症药物	8 006	9 420	13 360
中枢神经系统药物	7 327	8 592	13 720
血液科药物	6 730	8 680	11 445
抗病毒药物	6 131	7 540	13 446
呼吸系统药物	4 305	5 087	8 795
肠胃药	1 718	2 998	5 355
眼科药	1 482	1 794	2 070
皮肤科药物	1 124	1 270	1 540
镇痛药	842	1 045	1 135
疫苗	568	676	1 100
其他	7 948	8 527	7 425
合计	99 839	115 101	146 013

资料来源：Adapted from Technology Catalysis International Corporation. From Anonymous, “Chiral Drugs,” *Chemical and Engineering News* October 23, 2000.

新的制剂技术可以将药物有效成分运送到作用的靶目标，或者提高药物的稳定性，或者帮助药物通过生理屏障，如细胞膜。药物被包埋在聚合物微球或脂质体中，到达体内的作用地点。新发明的一些转运载体（如精氨酸的低聚物）可以使药物快速地进入细胞。21 世纪创新的纳米技术，能更有效地把有效成分释放到作用位置。

1999 年，排名前 15 位的药物释放技术公司创造了超过 30 亿美元的销售额（见图 5.15）。就新药上市而言，FDA 批准的 77 个新药申请中有 11 个是新剂型药物。表 5.3 列出了这 11 个药物的适应症、药物释放系统及运营公司。最近 20 年，新化合物、新单抗药物的生存越来越难，制药公司重视对老产品再开发，推出新的剂型是必由之路，并纷纷推出缓释片（delayed-release tablets）、控释片（extended-release tablets）、透皮贴剂（transdermal patches）、局部用溶液剂（topical solutions）、泡沫剂（foams）、长效药剂（depots）、凝胶剂（gels）及分散片（fast-dissolve tablets）。随着 21 世纪新技术的进步，新型的纳米药物及各种 DDS （Drug Delivery System）大量涌现，药物新的剂型研发与新药物分子的研发同等重要。

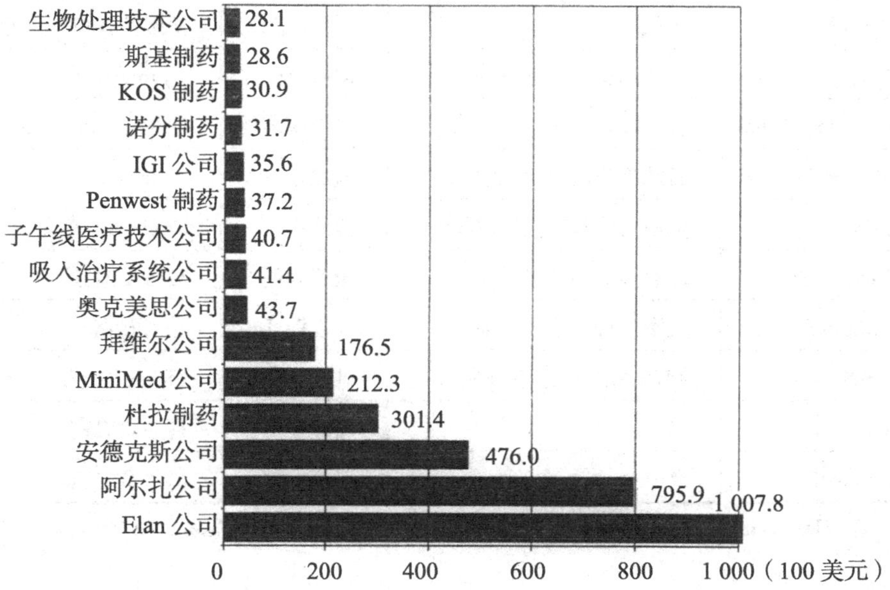

图 5.15　前 15 家药物释放技术公司收入排名

研发在产品上市后将继续拓展产品的新适应症。通过不断开展 IV 期临床试验和新适应症的临床研究，可将产品的应用范围不断扩大。快速发展的治疗领域如下：

- 非甾体抗炎药在 1998 年的销量为 38 亿美元，2008 年达到 117 亿美元。
- 降脂药在 1999 年的销量为 75 亿美元，2006 年超过 130 亿美元。
- 激素替代疗法的市场规模从 1998 年的 27 亿美元发展到 2008 年的 59 亿美元。
- 肠炎药物的销售在 2008 年达到 9.7 亿美元。
- 缺血性卒中的药物市场规模从 1998 年为 7.71 亿美元，到 2008 年合并急性期和二级预防的整体市场规模，飞升到 115 亿美元。

➢ 帕金森症的市场规模在 2008 年实现翻倍。

➢ 治疗 2 型糖尿病的药物在 1998 年达到 46 亿美元，2003 年达到 75 亿美元。

➢ 尿失禁治疗市场在 1998 年达到 2.5 亿美元，2008 年增长到 14 亿美元。

表 5.3　1999 年批准上市的新剂型产品

品　牌	适应症	药物剂型	推广厂家
Aciphex	溃疡	缓释片剂	卫材和杨森
Aggrenox	中风	缓释片剂	德国博林格英格翰制药
E2 III	更年期相关的血管舒缩症状	皮肤药贴	Cygnus
Levulan Kerastick	日光性角化病	局部用溶液	DUSA 制药及 Bener 实验室
Lidoderm	带状疱疹后遗神经痛	透皮贴剂	Endo 制药
Luxig	皮质类固醇响应性皮肤病	泡沫剂	Connetics 公司
Metadate ER	注意力缺陷型多动症	缓释片剂	Medeva 制药
Nutropin Depot	儿童生长激素缺乏症	长效针剂	基因泰克
Panretin	AIDS 相关的恶性肉瘤	乳胶	Ligand 制药
Paxil CR	抑郁	缓释片剂	葛兰素史克
Zofran ODT	恶心呕吐	速溶片剂	葛兰素史克

资料来源：Taren Grom, “Annual Report: Drug Delivery Timed for Revival,” *Med Ad News*, June, 2000, 19（6）: 1.

并购

通过并购，可以从战略层面完善产品组合，充实优势治疗领域（Franchise）的市场力，补充药物的空白期，获得新产品的完整所有权。通过获得新的技术平台，可以简化、消除自身组织和跨项目的重复工作，加快研发进程。并购整合是一种保持盈利性稳定增长的通行手段。

在所有并购因素中，增强研发部门的能力是最重要的因素。随着分子遗传学、细胞生物学和药物基因组学的发展，研发成本不断上升，促使行业整合、公司并购。表

5.4 是 11 家制药公司在 1999 年的研发经费支出。

表 5.4　全球最大 11 家制药公司的收入与研发费用（10 亿美元）

公　　司	处方药销量*	总体收入	研发（1999 年）
葛兰素史克	20.1	26.3	3.7
辉瑞	18.7	29.1	4.0
阿斯利康	12.6	18.5	2.5
默沙东	12.5	32.7	2.1
赛诺菲—安万特	12.1	17.9	2.7**
诺华	11.5	21.6	2.4
施贵宝	11.3	20.2	1.8
强生	10.3	27.5	2.6
罗氏	8.9	18.4	1.9
惠氏	8.5	13.6	1.7
法码西亚	8.3	16.4	2.8***

注：* 1995 年 9 月 30 日前连续 12 个月的销售。

** 1998 年。

*** 包括 6 亿美元用于农产品的研发。

制药行业整合并购可以降低成本，短期提高公司业务表现。但近年来，大型制药公司之间的并购整合很少，最近一次行业内的公司合并是 2009 年默沙东与先灵葆雅高达 411 亿美元的合并案，那也是 5 年前的事情了。公司并购之后，仅仅降低了成本，并没有解决新产品研发的生产力问题，这在图 5.16 中可见一斑。无一例外，合并后的公司的市场份额受到了负面影响。

相反，大型制药公司鼓励、资助小型药物研发科技企业取得了成功。这类似于风险投资的商业模式。这种模式下，待新产品进入不同阶段，大型制药公司有优先权并购这些小型药物研发公司，或者将新产品从小型公司转让给大公司。抑或某些大型制药公司将自己的新分子化合物，廉价或无偿转让给某些有技术平台、有生物标志物专利的小型药物研发企业，待新产品呈现良好的临床表现或获得新的突破性进展时，大型制药公司再出高价钱回购这些新产品。

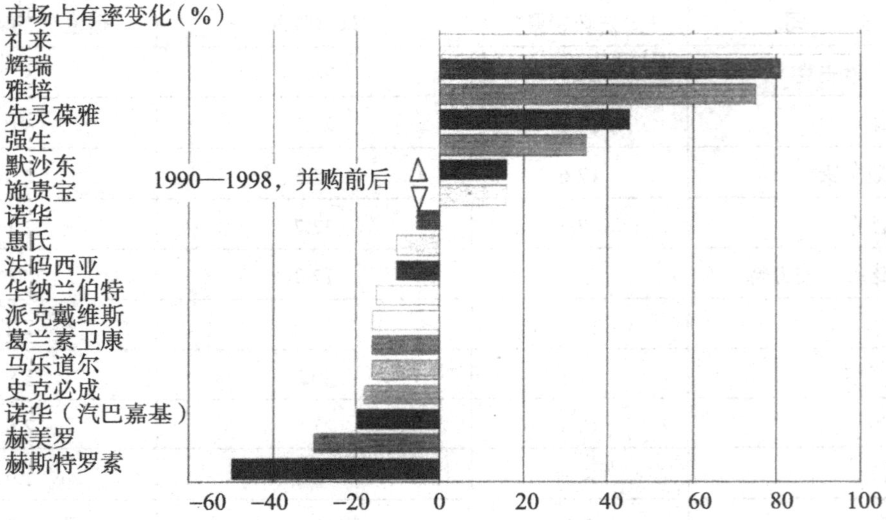

图 5.16　制药公司并购前后市场份额的变化

资料来源：Adapted from Pharma Strategy Consulting AG as reported in Wayne Koberstein, "The Mergers," *Pharmaceutical Executive*,2000, 20（3）: 50. *Reconsolidated.

图 5.16 显示，制药行业的利润和回报在很大程度上取决于销量、市场份额和规模。进一步分析后得知，决定研发生产力的关键因素是公司文化和管理，而不是公司的规模或现金流。

表 5.5 对制药行业内未进行并购、进行并购的公司的生产力做了比较。重磅炸弹级药物的平均收入在非合并公司高达 13.1 亿美元，而并购的公司只有 6.08 亿美元。

表 5.5　并购后公司和未进行并购公司的高价药物的平均收益

	并购公司	未进行并购的公司
公司数目	10	10
20 家公司的重磅炸弹级药物总数	82	66

续表

	并购公司	未进行并购的公司
重磅炸弹级药物产生的收入总额	4.99 亿美元	8.46 亿美元
重磅炸弹级药物的平均收入	6.08 亿美元	13.1 亿美元

注：重磅炸弹级药物，意味着该药物全球销额超过 5 亿美元；或预期主要市场上市 7 年内，销售额每年能达到 5 亿美元的产品（1996—2002 年）。

资料来源：Adapted from Pharma Strategy Consulting AG, as reported in B. James, "Tying the Knot," *Pharmaceutical Visions* Spring, 2000: 15.

另一个影响制药公司并购的原因在于合并后的研发部门往往因文化差异而冲突不断；而且并购后公司体量增大，新产品的销售收入门槛提高，即新产品的销售预期收入都将对公司的业绩产生影响。以葛兰素史克为例，能被称为重磅炸弹级的新产品，其收入水平应达到 8 亿美元，相当于总销售额 222 亿美元的 3.6%。

图 5.17 显示了葛兰素史克公司的重磅炸弹产品组合。为了更好地配合未来的重磅炸弹，葛兰素史克公司将自己的研发机构分为 8 个利润中心，以期提高研发效率。

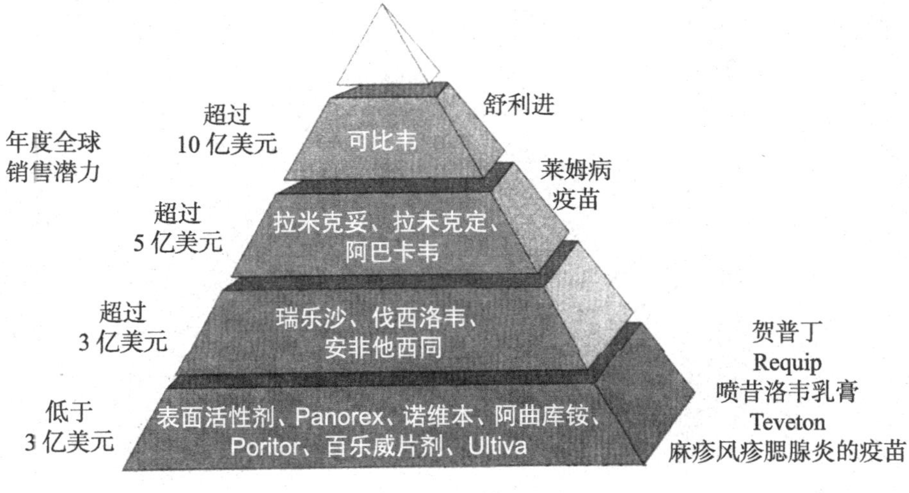

图 5.17 1995—1999 年两家制药公司上市的新产品

最后，尽管制药公司有向大型或超大型公司发展的趋势，但这样很可能遭受像恐龙一样的命运。因此，汇合各种因素的影响，大型制药公司通过纵向一体化的商业模式来维持市场主导地位，将很难实现。归根结底，制药行业是以客户需求、新产品研发为导向的，而且伴随着 21 世纪新的 4P 医学模式（预防、预测、个体化用药、参与性）的发展，制药企业需要再次转型，因为越胖的身躯越难转身。未来，它们可能不得不再次“分拆”。

小 结

制药公司在各个方面进行努力，期望能保持稳定的盈利能力。未来，不是过去的延续。制药企业不能在老路上循规蹈矩，路有千万条，未来属于创新者。

第 6 章

产品研发实务

格雷格 · 珀金斯

第 5 章讨论的所有影响因素中，对制药业最具直接影响的是 FDA。随着《食品、药品和化妆品管理条例》的不断改进与完善，FDA 也蜕变为今天这样一个高度同名的知名联邦机构。新药研发管理可能是 FDA 最重要的一个工作内容。FDA 多次进行结构调整，以响应来自国会和整个社会不断变化的对新药研发管理的需求。

图 6.1 是美国 FDA 主要负责新药评价的 5 个部门，它们构成了 FDA 药物评审中心（CDER）评审管理部门。

图 6.2 至图 6.5 概述了非加速申请药物的研发的不同阶段。药品研发过程是为了上市新化学实体而进行的一系列相关工作，具体包括基础研究、临床前研究、临床 I-III 期研究、新药申报注册，以及上市后监测和临床 IV 期研究。

基础研究（见图 6.2）是第一步，也是成功率最小的一步（仅有 1.25%~2.5%的药物能够通过基础筛查并进入临床前研究）。因此，基础研究的管理重点应放在优化候选化合物数量上。

近年来，化学合成技术显著提升了新化合物的产量，每天可产出 500 个新化合物，与 10 年前每个药物化学家每年仅可以合成 50~100 个新的化合物形成鲜明对比。如此高的新化合物合成率，要求制药公司必须配有专门整合和存储着数百万新化合物信息的数据库。

考虑到需要评估的化合物的数量，如何评估化合物的方法显得尤为重要。高通量筛选技术已经成为制药行业的常规武器，制药公司每天可以进行 10 万个药物筛选，是十年前的几千倍，进一步催生了生物信息学（Bioinformatics）及其软件的发展。

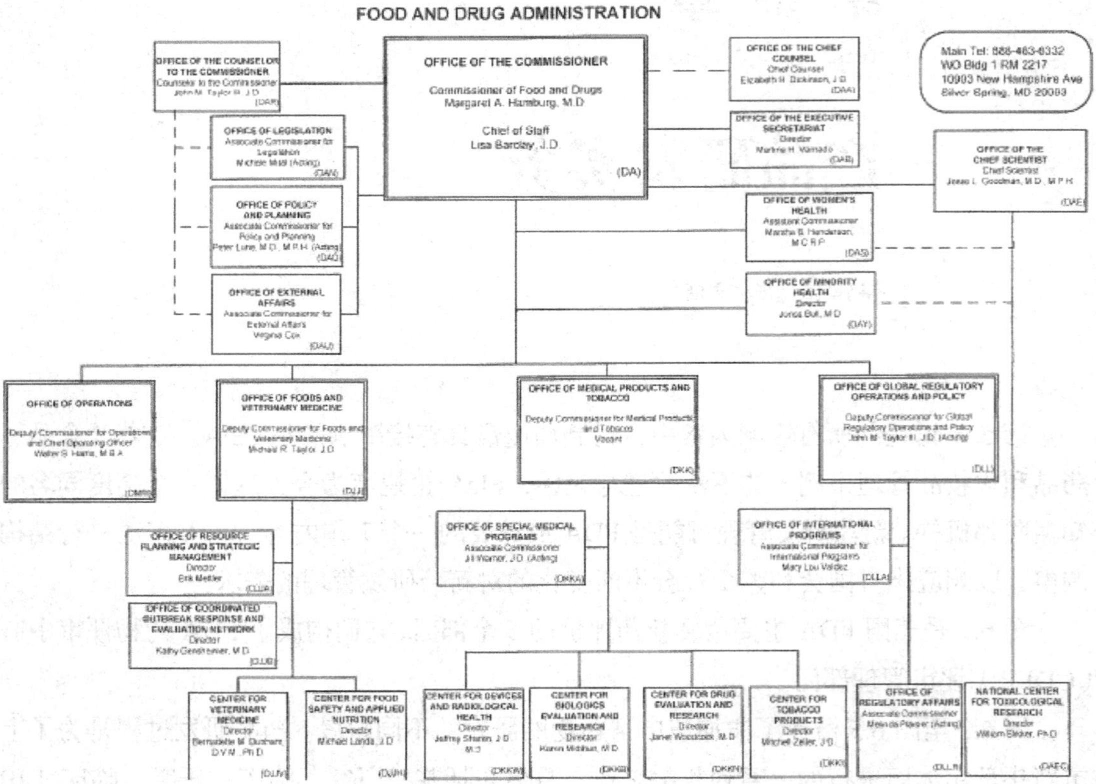

图 6.1　FDA 的组织结构

资料来源：FDA 官方网站（www.FDA.gov）。

年数	2 ~ 10
试验对象	化学合成 细胞株筛选实验 基因组学
目的	寻找任何具有成药性的新化合物
新药通过率（%）	1.2 ~ 2.5 （每 5 000 ~ 10 000 个候选化学体平均筛出 250 个）

图 6.2　研发阶段涉及的各项工作、时间周期和新药审查通过率

资料来源：Adapted from *PhRMA Industry Profile,* 2000, Chapter 3, Figure 3, p.2.

基因组学或基因代谢药物的发现和发展，有可能取代传统研发过程。制药公司争相通过人类基因测序发现了先天性疾病相关碱基对，进而发现了变异基因。这类碱基对出现的概率是 0.001%，充分了解此类基因的表达方式可以带领我们走进新的医疗模式。

新药的临床前研究，通常需要 2 年时间，如图 6.3 所示。其中，动物实验的新药通过率与新药基础研究阶段类似（2% 对比新药发现阶段的 1.25%~2%）。大约有 40%的新化合物不能通过临床前研究，主要是因为药代动力学参数不好（药代动力学包括吸收、分布、代谢途径和排泄）。动物试验的研究结果，将再筛掉 11%。备选化合物不能符合预先设定的生物学活性的要求，就不能进入临床人体试验。制药公司计划开展临床试验，需要向 FDA 申请 IND（以人体研究为目的的研发药物申请）。FDA 审核批准后，制药公司才能开始在健康受试者中进行的有限例数（20 ~ 80 例）的临床 I 期试验。制药公司通常进行剂量爬坡试验，以确定人体的最大耐受剂量和药物在人体内的药代动力学参数。70%的候选药物能通过临床 I 期试验。通常招募 100 ~ 300 例患者进行 II 期临床试验，检测药物的不良反应，并决定药物的量效关系。50%的候选药物可以通过 II 期试验，进入 III 期临床试验（见图 6.4）。

年数	1	2
试验人群	实验室和动物试验	
目的	评估安全性和生物活性	
新药通过率（%）	2（每 250 个候选药物平均能选出 5 个）	

图 6.3　临床前试验

资料来源：Adapted from *PhRMA Industry Profile,* 2000, Chapter 3, Figure 3, p.2.

临床 III 期试验是药物研发中花费最大的部分，大约需要 3 年时间，相当于 I 期和 II 期临床试验所需时间的总和。通常需要入选 1 000 ~ 3 000 例患者志愿者，以观察和记录疗效、临床使用剂量和不良反应。III 期临床试验通常只会筛掉 6%的药物。

药物研发的注册和报批前，需要完成对临床试验结果的统计分析（包括安全性数据和疗效数据），然后向 FDA 递交新药申请 NDA。最终，大约 20%的进入临床试验的新化合物（NCE）能够获得 FDA 批准，可以上市。另外，7%的药物即使通过 III 期临床试验，也未能提交报批申请。新药批准上市前，FDA 须对相应制药公司的生产状况进行检查，考察生产规范是否符合 GMP 生产流程。通常，FDA 都要求制药公司在药品上市后进行 IV 期临床研究（见图 6.5）。

<table>
<tr><td></td><td></td><td>I 期</td><td colspan="2">II 期</td><td colspan="3">III 期</td></tr>
<tr><td>年数</td><td></td><td>3</td><td>4</td><td>5</td><td>6</td><td>7</td><td>8</td></tr>
<tr><td>试验人群</td><td rowspan="3">新药</td><td>20 ~ 80 名健康志愿者
例外：肿瘤药物的临床 I 期试验，用患者受试者</td><td colspan="2">100 ~ 300 位患者受试者</td><td colspan="3">1 000 ~ 3 000 位患者受试者</td></tr>
<tr><td>目的</td><td>确定安全性和剂量</td><td colspan="2">评估有效性，发现副作用</td><td colspan="3">验证有效性，监测长期使用的不良反应</td></tr>
<tr><td>新药通过率（%）</td><td>70%
通过</td><td colspan="2">33%
通过</td><td colspan="3">27%
通过</td></tr>
</table>

图 6.4　新药的不同临床试验阶段

资料来源：Adapted from *PhRMA Industry Profile,* 2000, Chapter 3, Figure 3, p.2.

<table>
<tr><td>年数</td><td rowspan="6">新药申请审批</td><td>9</td><td>10</td><td>→</td></tr>
<tr><td rowspan="4">目的</td><td colspan="2" rowspan="4">通常需审查 1 ~ 2 年</td><td>上市后的药物安全性监测
（药物警戒，Pharmacovigilance）</td></tr>
<tr><td>大规模生产</td></tr>
<tr><td>分销</td></tr>
<tr><td>医生教育</td></tr>
<tr><td>新药通过率（%）</td><td colspan="3">20%通过</td></tr>
</table>

图 6.5　新药物开发注册审批阶段

资料来源：Adapted from *PhRMA Industry Profile,* 2000, Chapter 3, Figure 3, p.2.

图 6.6 和图 6.7 分别描述了药物研发变迁史。随着时代的进步和新药研发入组患者要求数量大幅增加，新药研发时间也相应延长。1981—1984 年，所需入组患者数比 1977—1980 年减少 16%（1 321 例对 1 576 例）；然而在后面 5 年，数量翻倍至 3 233 并与 1989—1992 年的 3 567 名患者持平；1994—1995 年，新药临床试验所需入组的患者数量增长了 650 名，达到 4 237 名。当然，对于孤儿药有例外管理，这也是孤儿药逐渐成为制药行业研发方向的一个原因。

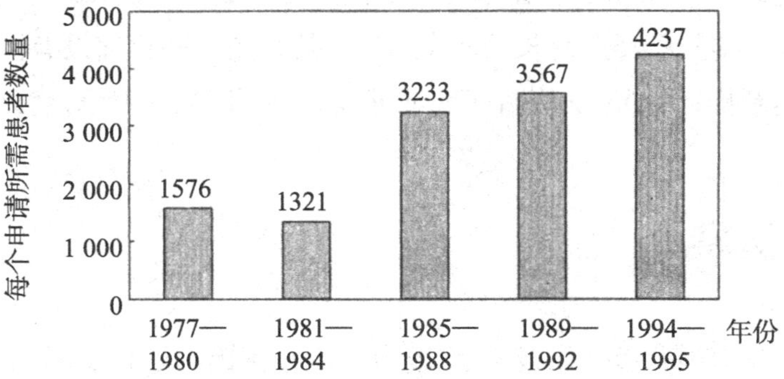

图 6.6　新药申请所需患者数量

资料来源：Adapted from Salvatore J. Giorgianne, "Perspectives on Health Care and Biomedical Research," *The Pfizer Journal* 3（2）:23, 1999.

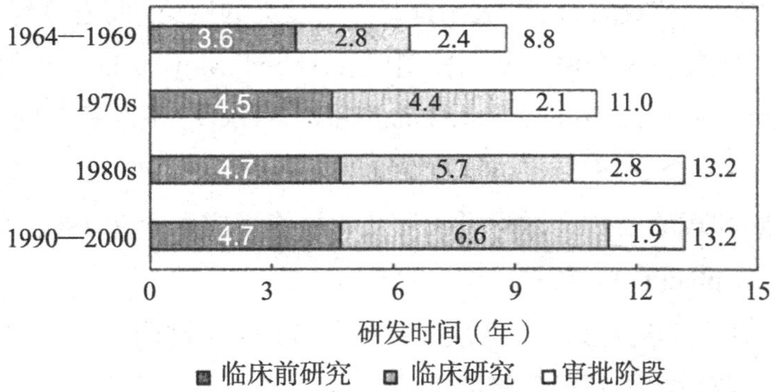

图 6.7　不同年代的新药研发所需时间

资料来源：Adapted from Salvatore J. Giorgianne, "Perspectives on Health Care and Biomedical Research," *The Pfizer Journal* 3（2）:23, 2000.

新药的临床试验所需患者数量急剧攀升，给新药研发带来了重大影响。尽管 FDA 加快了审批流程，使注册申报的时间从 20 世纪以来减少了 9 个月，但临床试验的规模决定新药临床试验的时间大大延长。与 20 世纪 70 年代相比，临床试验所需的时间，实际增加了 25%。

根据 1962 年通过的《Kefauver-Harris 食品药品和化妆品修正案》，FDA 对新药审批的严格程度近乎苛刻。它要求制药公司申请的新药，必须提交疗效和安全性的数据，同时需要评估与现有药品相比为临床带来更大的益处或更小的风险。这首先对保护社会公众有益，但诸多新药经历漫长的研发周期，特别是一些目前没有治疗手段的疾病，患者群体也在不断推动 FDA 加快新药审批进程。“孤儿药”时代即将来临。

孤儿药法案

罕见疾病，在美国罹患病人群小于 20 万，或在美国的患者使用该药物，制药公司所得收入不足以收回研发成本的药物，称为“孤儿药”（Orphan Drug）。据此分类，大约有 5 000 种罕见疾病，有 2 000 万美国人口受到罕见疾病的折磨。

1983 年孤儿药法案建立以前，没有制药公司愿意研发治疗罕见疾病的药物，一大批罕见病患者无法得到有效的治疗。大家都盯着大众类的疾病，盼着重磅炸弹式的药物。

20 世纪 70 年代起，一个由迈尔斯修道院（Abbey Meyers 成立）倡导的美国罕见疾病组织（National Organization for Rare Disorders，NORD）不断就此问题进行着努力。这个组织通过游说国会立法以推动罕见病药物的发展。1982 年，众议员韦克斯曼（Waxman）在健康和环境委员会举行了听证会，最终促成国会在 1983 年通过了《罕见疾病药物法案》（Orphan Drug Act）。

该法案于 1983 年临时生效，之后定期更新，1994 年过期。1997 年，该法案被永久性恢复，制药行业由此可获得政策激励：

- 获 FDA 批准上市后，如果无疗效显著提升的竞品出现，孤儿药可以享受 7 年独家销售权（市场独占权），而且该保护不受专利权影响。
- 准许罕见疾病药物的研发和临床试验，可以向 FDA 寻求特别协助。
- 开发孤儿药物费用的 50%可以抵减税额。此减税优惠政策经由国会通过永久保留并由克林顿总统在 1997 年 8 月签字批准。
- 开发罕见疾病药物的公司可以申请国家基金用于支持临床试验。用于 II 期和 III 期探索性研究（Pilot research），补助金额最高可达 20 万美元。

为执行这个法案，FDA 成立了孤儿药办公室（Office of Orphan Products Development，OOPD）。如果制药公司向 FDA 提交孤儿药申请，制药公司必须先获得

FDA 确认，其计划研发的药物符合罕见疾病药物的定义，即美国罹患病人群小于 20 万。此外，制药公司还必须证明药物对治疗此类疾病的唯一性，以避免和类似的罕见疾病药物展开竞争。如果确实发生了这种情况，除非两种药物完全不同，否则只批准一种药物上市。

《罕见病药物法案》对此类药物批准上市数量的影响逐步显现（见图 6.8）。在法案批准之前的 10 年（1972—1982），只有 10 种罕见疾病药物获批上市。之后，从 1983 年到 1998 年，共有 193 种孤儿药获批。FDA 批准的孤儿药累积数量如图 6.9 所示，图中横坐标为年、纵坐标为累计获批孤儿药数量，增长率非线性非连续，却稳步增加，近年增长猛烈，最近又有 12 种罕见疾病药物获得 FDA 批准：

（1）Alitretinoin（Panretin，阿利维酸）：用于与艾滋病相关的皮肤黑色素瘤——卡波西肉瘤患者的皮肤病灶局部治疗。

（2）Bexarotene（Targretin，蓓萨罗丁）：治疗早期及晚期难治性皮肤 T-细胞淋巴瘤。

（3）Epirubicin HLC（Ellence，盐酸表柔比星）：用于原发性乳腺癌腋窝淋巴结切除术后联合化疗方案的药物之一。

（4）Exemestane（Aromasin，依西美坦）：用于曾接受他莫昔芬治疗的雌激素受体阳性，绝经后早期乳癌患者的激素治疗。

（5）Lidocaine patch（Lidoderm，利多卡因贴剂）：用于缓解异常性疼痛（疼痛过敏症）和慢性神经痛。

（6）Temozolomide（Temodar，替莫唑胺）：用于治疗复发性恶性胶质瘤。

（7）Busulfan（Busulfex，白消安）：作为慢性髓性白血病异体造血干细胞移植的预治疗。

（8）Caffeine citrate（Cafcit，枸橼酸咖啡因）：用于早产儿呼吸暂停。

（9）Cytarabine（DepoCyt，阿糖胞苷）：用于治疗肿瘤性脑膜炎。

（10）Nitric oxide（INO max，一氧化氮吸入剂）：用于治疗新生儿持续性肺动脉高压。

（11）Poractant alfa（Curosurf，固尔苏）：用于早产儿呼吸窘迫综合征的治疗。

（12）Somatropin（Nutropin Depot，促生长激素）：用于发育迟缓的长期治疗。

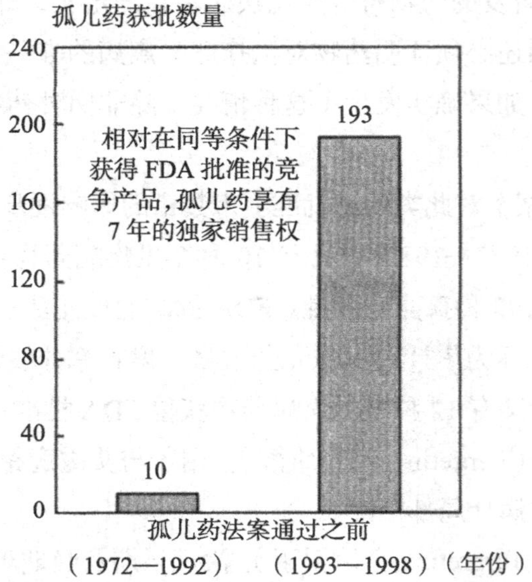

图 6.8　孤儿药法案通过前后，获批的孤儿药数量

资料来源：Adapted from *PhRMA Industry Profile,* 2000, Chapter 3, p.11.

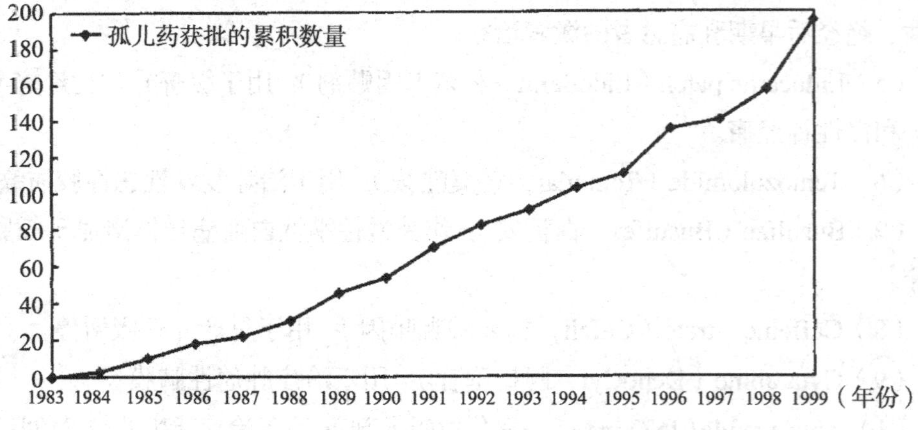

图 6.9　孤儿药法案正式批准后，获批的孤儿药物的累积数量

资料来源：Adapted from *PhRMA Industry Profile,* 2000, Chapter 3, p.11.

绿色通道——快速药物审批

加速或“快速通道”药物审批历来是社会和制药行业的呼声。20 世纪 70 年代初，Richard Trout 博士和 FDA 的资深官员开始创立这方面的工作。快速通道制度适用于任何针对严重或危及生命的、可以显著改善现有治疗方法的新药物（NCE）。1973—1974 年之后，这类药物被划分为 IA 类，在审批过程中优先处理。

20 世纪，面对艾滋病的大面积流行，社会公众和国会督促 FDA 进一步精简药物审批的流程。1987 年，FDA 引进两种新机制，以便为患者提供新的治疗策略：在临床试验中放宽患者入组标准（IND 治疗），以及加快检验和评估过程（增设亚 E 类药物）。图 6.10 描述了影响药物研发过程的原理。

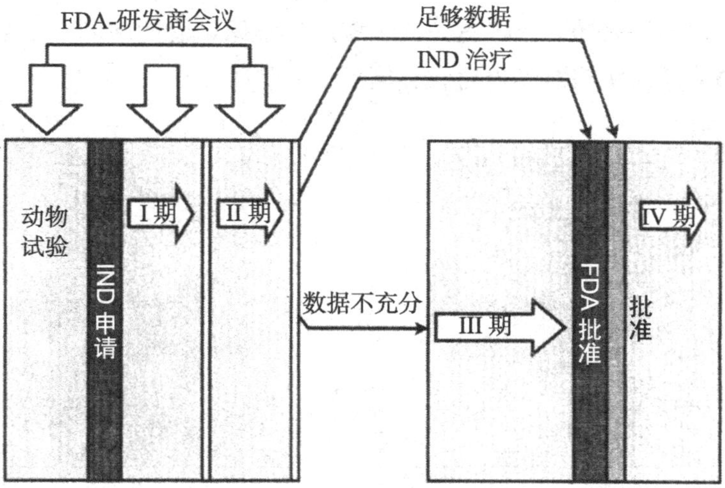

图 6.10 影响药物研发过程的原理图

属于快速通道审评的药物，FDA 在药物研发早期就会与研发企业频繁进行沟通，让 FDA 的 CDER 部门参与临床试验的设计。更重要的是，如果 II 期临床试验数据已经可以提供足够的数据，FDA 可以减免传统的 III 期临床试验。患者先期通过 IND 治疗获得药物，直到产品上市后从商业渠道获得治疗药物。制药公司在 IND 治疗过程中可以对患者使用的药物收费。申请快速通道审评的药物，参照亚 E 或亚 H 类药物的相关规定。

亚 E 类药物

齐多夫定是首个被批准用于治疗艾滋病的药物，也是第一个属于亚 E 类的药物。FDA 快速审批该药物，基于一个与安慰剂对照的艾滋病临床试验。FDA 在批准齐多夫定上市的同时要求降低药物使用剂量，并且威康公司承诺上市后补充进行大规模的 IV 期临床试验。

亚 E 类药物（Subpart E Drugs）审批管理条例颁布后，从 1988 年 10 月到 1994 年 12 月，有 28 个亚 E 类药物审批上市，其中 3 个是生物药、25 个是新化合物药物（NCE）。这些获得快速审批的药物，2/3 被用于治疗癌症、艾滋病或其他 HIV 相关疾病。图 6.11 比较了亚 E 类和不属于亚 E 类的新药，从申请临床试验到批准上市的时间差异。前者平均为 3.3 年，比后者要短，原因主要在于缩短了临床试验的时间（亚 E 类药物要缩短 2.7 年），而 FDA 评估所需时间更短，只需要 6.3 个月。

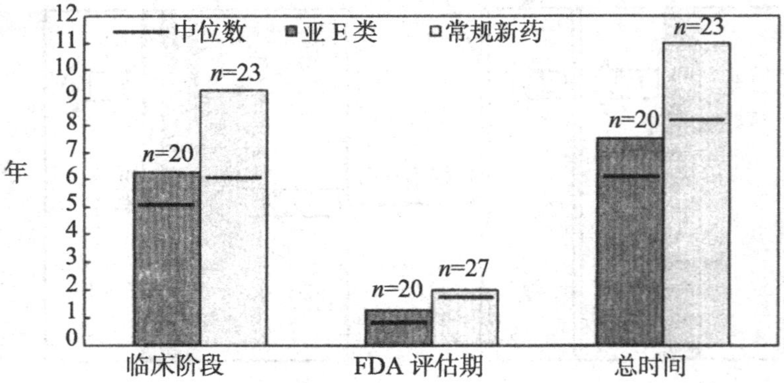

图 6.11 临床阶段、FDA 评估期、亚 E 类药物总时间与常规药物的比较

注：不包含新制剂和补充制剂。

为了促进突破性药物的快速评估，FDA 于 1992 年 1 月 1 日颁布了新的药物分类（见表 6.1）。通过区分常规（标准）及快速（优先或艾滋病）批准，FDA 可以将资源集中于为艾滋病感染或其他疾病（如阿尔茨海默病患者）提供新药物。新药物分类如下：

➢A 类药，跟现有药物相比治疗效果有显著改善。

➢B 类药，治疗效果有一定改善。

➢C 类药，治疗效果改善很小或没有改善。

表 6.1　药物分类系统

类　型	治疗价值
1. 新分子结构	
2. 新化合物	S=标准
3. 新剂型	P=优先
4. 新复方	AA=AIDS
5. 已上市药物复制（Duplication）	V=孤儿药
6. 已上市药物新适应症	

亚 H 类药物

为应对艾滋病的危机，1993 年 1 月 11 日，FDA 法规增设亚 H 类药物（Subpart H Drugs），并根据药物的疗效，无须观察临床终点，给予有条件的批准上市。亚 H 类药物最重要的规定在于，制药公司承诺，新药上市后公司必须进行大型 IV 期临床试验补充，进一步验证批准上市时的临床疗效是否与传统终点（如延缓疾病进展、延长生存期或减少获得性感染等）相一致。其他一些亚 H 类药物和其他传统药物或亚 E 类药物之间的差别在于：

➢限制药物的使用范围，限制医生的处方资格。

➢新药或新生物药的宣传推广资料，必须经过 FDA 的评估审批。

➢如果出现 6 种情况之一，FDA 将收回新药的上市批准。

1993 年 1 月到 1995 年 12 月，亚 H 类项下审批了 12 个药物，其中包括 7 个全新结构的药物、2 个新的生物药和 3 个已上市药物的补充申请。在艾滋病或 HIV 相关疾病领域，有 8 个药获得批准，其中包括多发性硬化、囊性纤维症、胰腺癌及预防乳腺癌患者使用阿霉素心脏毒性的药物。其中，9 种新药的临床试验和 FDA 评估时间分别为5年和10.3个月，相应的E亚类新药的临床试验和FDA评估时间分别为6.3年和1.3年。

平行通道政策（Parallel Track Policy）

FDA的这一新政策始于1992年4月18日，旨在帮助特殊的艾滋病和相关疾病的患者能获得有前途的研究治疗药物。这些患者使用现有的治疗药物不能控制病情，或者这些患者不能参加新药物的临床试验而获得新的治疗药物。社区医生开具的平行通道审批药物的安全性受限，而且不可用于提供审批支持文件。3个艾滋病治疗药物通过平行通道政策获批（仅1个药物在该政策正式生效后获批）。

扩大准入和加速审批肿瘤药物（Expanded Access and Accelerated Approval for Cancer Drug）

1996年3月，FDA与克林顿政府联合建立了增加肿瘤新药物的项目。设立这项审批通道的初衷，源于业界对于亚H类药物临床评价机制未达成共识，使亚H类药物审批通道未能得到充分利用，仍然有许多患者无法获得新型抗癌药物的治疗。通过设立这个专项审批机制，改善了抗肿瘤药物的快速审批问题。仅仅公布两个月之后，泰索帝（Taxatere）基于其有效缩小肿瘤大小的临床数据，被获准上市，用于治疗难治性乳腺癌。上市后，后续研究还会对患者延缓生存期和用药后的生活质量做再评价。

《处方药企业付费法（1992）》

制药和生物技术企业不断游说政府，希望快速得到申请审批。1992年，《处方药企业付费法（1992）》（Prescription Drug User Fee Act of 1992，PDUFA）应运而生，开创了FDA和制药企业之间互动的新时代。PDUFA法案起初仅执行了5年，FDA便可以根据法案对某些新药上市申请收取评审费用。1997年，《FDA现代化法》（FDA

Modernization Act）通过，允许 FDA 向制药企业收费，雇用额外的人员加快新药审评 1997 年的《FDA 现代化法案》（见下一节）规定，《处方药企业付费法》执行期延长 5 年，FDA 可以用这笔费用增加雇员审批新药。

表 6.2 显示了 FDA 在最初 4 年间通过该项目从制药企业收取的收入总额。最初收入为 3 600 万美元，接下来的两年收入增加了 2 000 万美元，后来增长率放缓，1 996 年达到总额 79 981 200 美元。

表 6.2　根据财政年度用户收费产生的收入

财政年度	产生的收入（100 万美元）
1993	36
1994	56. 284
1995	77. 415
1996	79. 981

1992 年，FDA 将目标定为对以下 4 类新药上市申请加速审批：

- 原研新药申请。
- 原创新药重新递交上市申请。
- 已批准上市药物提交疗效的补充申请。
- 已批准上市药物提交生产的补充申请。

图 6.12 和图 6.13 显示了 FDA 审批新药上市许可申请的数量。

图 6.12 显示了在执行 PDUFA 期间，FDA 审批新药所用时间少于 1 年和多于 2 年的百分比。实施 PDUFA 法之后，或者说 1993 年一年，仅有不到 50%的新药需要 2 年以上的审批时间。20%的新药，1 年内即得到了批准。到 1998 年，新药审批时间超过 2 年的比例降低至小于 5%；而审批时间在 1 年以内的药物达到 50%，这一比率保持至今。

图 6.13 显示了 PDUFA 对新药审批做了周期规定后，FDA 的审批效率。1993 年尚未执行 PDUFA 法，在 12 个月审核的工作中仅完成 84 个新药申请审批的 65%。之后的每一年里，FDA 都达成了概念的审批目标。尽管 1994 年到 1997 年，12 个月周期药物审批完成率明显提升，但 1997 年的药企付费审批法案延期对加速药物审批起了关键作用。1999 年，标准药物逐渐采用 10 个月的审批流程，其中 90%的优先审批药物能在 6

个月内审批完成。

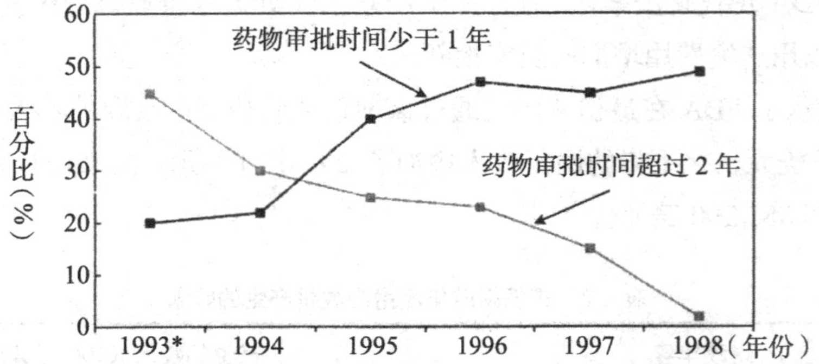

图 6.12　执行 PDUFA 法之后，审批药物所需时间的百分比

资料来源：Adapted from Tufts Center for the Study of Drug Development, "Faster Approval of New Drugs Does Not Compromise U.S. Public Safety," *Tufts Center for the Study of Development impact Report* 1:3, 1999.

*1993 年颁布处方药企业付费法。

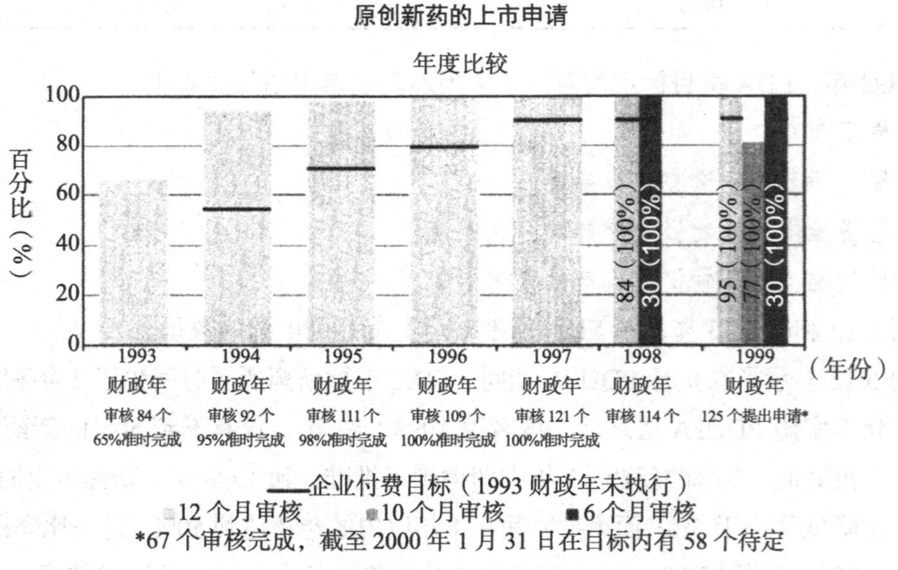

图 6.13　根据企业用户付费，FDA 完成审批工作目标的百分比

资料来源：Adapted from CDER 1999 Report to the Nation: Improving Public Health Through Human Drugs, p.17.

为了提高评审效率，FDA 受理新药申请也更加严格。制药企业必须提高新药上市申请材料的质量，以免被退回。图 6.14 展示在 PDUFA 执行后，FDA 拒绝受理新药申请的情况——从 1993 年的 26%逐年下降到 4%。

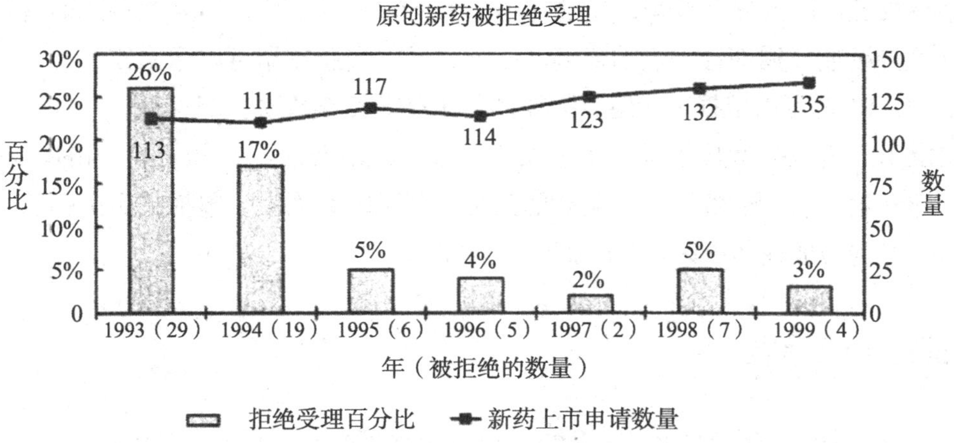

图 6.14　被 FDA 拒绝受理的原创新药的百分比

《FDA 现代化法案（1997）》

1997 年颁布的《FDA 现代化法案（1997）》（FDA Modernization Act of 1997，FDAMA）对公共保健服务法（Public Health Service Act）中第 351 章关于食品、药品、化妆品和生物制品的部分进行了修订。在美国政府进行的“政府再造项目”（Reinventing Government Program）中，FDA 现代化法案使 FDA 的许多提议和计划得到法律保障。FDAMA 着重推动了 FDA 在“政府再造项目”中法条的生效。相关重要法条，尤其是加强了药物研发流程的发条，概述如下：

处方药付费

关于处方药付费，前面略有提及，FDAMA 使 PDUFA 法案的有效期延长了 5 年。

加速药品开发

如前所述,FDAMA 通过以下几种方法建立了一套更正规的加快药物研发和重大治疗方案审批通过的流程。首先，“严重疾病”的定义，修订为对日常生理机能有明显影响，并且持续或者周期性发病的疾病。另外，动物实验数据可以用来作为快速审批的支持数据，FDA 可以根据替代终点指导的临床疗效批准药物上市。

FDA 现代化法也规定国际卫生组织（National Institutes of Health，NIH）与 FDA 合作，建立治疗重大或危及生命疾病的药物临床试验数据库，包括临床试验的入组标准、研究机构的地址和申请入组的报名联系方式。

临床证据修改标准

FDAMA 修订了传统的基于药物安全性和有效性数据审批药物的流程，使 FDA 能够基于充分而严格受控的确切证据更令人信服地审批新药。这使多中心研究和多临床终端研究的大规模疗效研究更为灵活。

全球注册药物标准法规——ICH 法案

ICH 是人用药物注册技术要求国际协调会的简称（International Conference on Harmonization of Technical Requirements for Registration of Pharmaceuticals for Human Use）。ICH 由欧盟、美国、日本三方成员国于 1990 年共同发起，汇集了三方成员国的注册监管权威机构和制药业专家，致力于建立一套统一的新药注册技术要求，从而在国际范围内简化药品开发流程。ICH 的 3 个主要工作方向分别是，药品注册术语词典（Medical Dictionary for Regulatory Activities，MedDRA）、通用技术文件（Common Technical Document，CTD）和指南。

药品注册术语词典是个国际医学术语集，目的是使全球共享注册要求信息及数据。它有两个主要功能：① 处理医疗产品临床试验和科研数据，以及收集产品上市后的信息；② 加强对不良事件报告共享，以及为临床试验数据编码。

通用技术文件，是指为了能够在美国、欧盟和日本 3 个国家和地区高效开展注册进程而协调统一的国际化通用格式文件。通用技术文件一旦形成，将大大减少国际注册流程中的重复工作。图 6.15 展现了 ICH 通用技术文件的概要。模块 I 中包含美、欧、日等地区的特有要求，如美、欧、日建议使用标签的申请格式。各国监管机构可以对模块中的内容和格式进行规定。

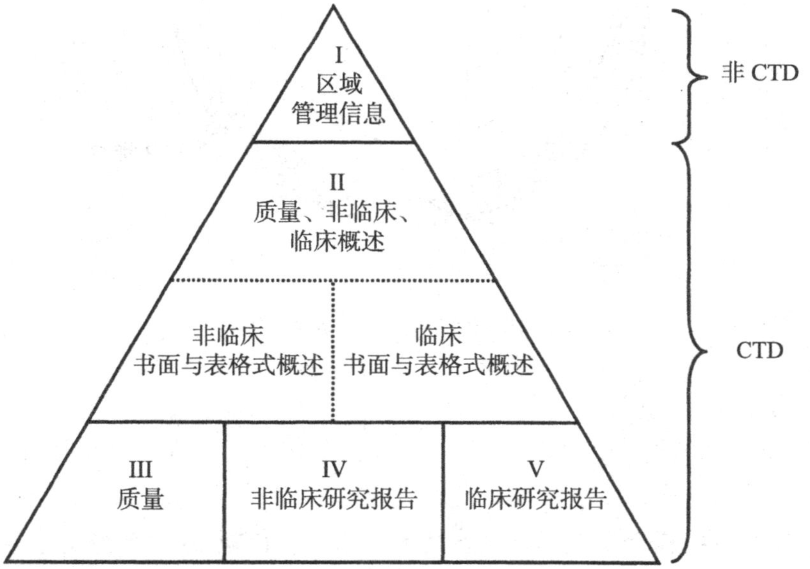

图 6.15　ICH 通用技术文件示意图

通用技术文件（CTD）由第 II 至第 IV 模块构成，适用于美、欧、日 3 个地区。以新药申请为例，三角形由底层到顶层显示 CTD 文件级别逐层提高。临床和非临床领域中，非临床研究报告和临床研究报告是最基本的 CTD 文件；而对于质量来说，最基本的则是特定的指导方针中规定的信息。综述这些信息，阐明给药方案、适应症、有效期、包装及生产过程验证，形成 CTD 格式文件。

指导文件与 3 个地区的新药物审批要求的相一致（见图 6.16）主要包括监管机构对审批流程、审批内容、评估和审批通过的意见。指导原则有助于统一 3 个国家和地区的监管模式，建立稽查执法流程。ICH 文件不是法规，没有法律效应，因此不能强制执行。

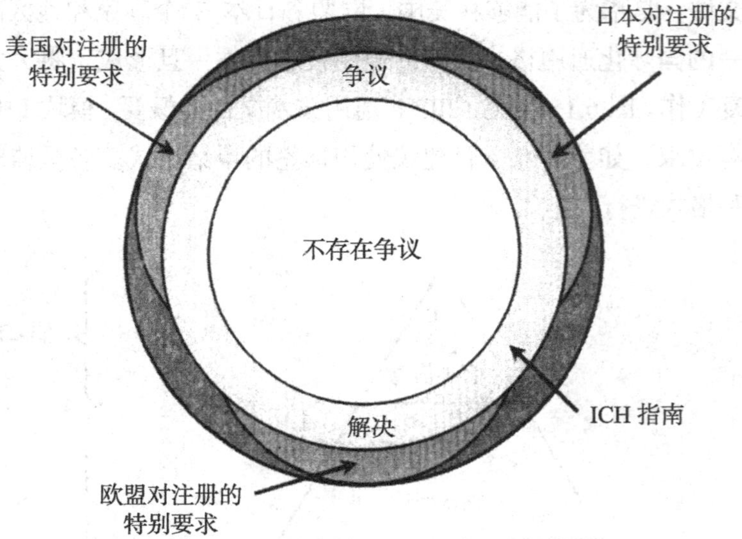

图 6.16 ICH 指南对于争议的解决

小 结

综上所述，为响应大众对医疗进步的巨大需求，FDA 这些年经历了重大变革。我们相信，这种变革也会一直持续下去。

第3部分

价　格

第7章

制药业定价原则

米克·科拉萨

制定价格的一个基本指导原则是，价格应该反映产品为用户提供的价值。而其他营销要素组合（Marketing Mix）——产品、推广和渠道分销，可增加或者创造新的价值。药品本身具有临床和经济的价值。通过渠道覆盖，药品的“地域属性”得到增加，从而提升了产品价值。使产品出现在所需的时间和地点，产品价值将明显提高。有效的推广，可使医生或患者客户更好地利用产品，从而提高产品的价值。定价策略不仅应该反映营销要素组合所创造的价值，还应该为公司所用。定价策略，要保证公司能获利，为公司提供后续的研发资金，以保证公司可持续发展。

定价决策可以采用多种方法，需要考虑很多因素、充分利用各种信息，通常在公司内需要经过复杂的流程。每个定价决策都是唯一的，公司、药物及影响二者的外部因素都会影响最终决策。本章将阐述定价决策过程中需要考虑的主要因素。在定价策略中，没有一个“最好”或者“正确”的模式。一定的模式和操作过程，可以帮助公司制定有效的定价决策。

定价决策的基本因素

定价没有快捷、简单的方法，没有现成的准确定价，也没有公式可以直接得到最优方案。不少咨询公司曾试图提供简单的定价方案，但事实上这并不存在。将定价过程简化成一个简单模型或者公式，这不仅会误导人们，更反映出这样做的人缺乏对药品定价或是其他方面的常识。

我们几乎不会看到两家公司采用相同的定价方式，甚至不会看到它们在定价过程中考虑相同的问题。此外，同一家公司几乎不会在两个不同的产品上采用相同的定价手段，因为产品所处的市场环境、时机等环境因素不同。不过也有评论说，这并不奇怪，因为没有两家公司有相同的需求、理念和资源，也不会有两种产品采用完全相同的销售方式，即便由同一家公司销售的产品也不会。商品本身存在差异，定价标准和价格也就不一样。

首先，和其他产品或服务一样，药物的定价应当以市场为基础。社会公众普遍认为定价就是成本加利润。行业内的专家们却认为生产成本仅仅反映了价格底线。定价决策所需的绝大部分信息都源于外部市场。每一个药品定价都需要考虑的原则和因素包括：

➢ 价格、产品属性、竞争对手过去采取的措施。
➢ 特定患者的特点。
➢ 所治疗疾病的特点。
➢ 治疗本身带来的经济和社会价值。
➢ 处方决策者和对该决策有影响力的人员的决策标准。
➢ 药品治疗疾病的一些特点。
➢ 公司对市场定位、营业收入和其他因素的需求。
➢ 公司能力，包括可用的资源及对产品支持的意愿。
➢ 当前及未来的医疗保险报销环境。
➢ 政策环境。

以上这些因素都是需要考虑的，要么正式写入公司政策，要么由产品经理或提供定价方面建议的人贯彻实施。如果不能正确处理这些因素，将会导致很多定价方面的失误。

这个过程说得再复杂一点，就是不同的公司、附属公司、药品运输过程中的地域差异、监管都会使得这个简单模型的影响因素发生很大的变化。

竞争环境

在产品定价之初，最先应收集竞争产品的价格。当一个新药准备进入某一治疗领域而该领域已经有一个或多个药品时，已上市产品的价格将提供定价的参照系。采用这种分析方法，可以考察的因素很多（如药品过去的出厂价、折扣价、单剂量价格、每日治疗所需费用、单个包装的价格、一个疗程所需费用），需要综合考虑产品及研究的侧重点。一般而言，新药定价的基准是按照慢性疾病的单日治疗费用、急性疾病的全疗程治疗，与类似药物相比较。折扣或其他方面的考虑都属于战略性的，因此在进行首轮定价时应该重视公司战略。

除了竞争产品的价格，为了评估市场上不同产品的价格变化，还需要分析同类药品价格的历史数据，以及近期可能上市的新竞争产品。市场上的品牌产品，价格从高到低都应该进行分析。如果价格水平与成功的药品销售情况挂钩（如市场份额高的产品价格也比竞争对手高或者低），则预示着该细分市场对价格的敏感性不确定。如果高市场占有率的产品价格低于竞争产品，则提示该细分市场存在明显的价格敏感性；反之则没有。

主要竞争对手的其他产品价格与新竞争对手的定价都不能忽视，从中可以知道公司定价策略，分析特定市场的定价策略。如果市场价格与公司定价不一致，这说明市场对价格具有敏感性。

在评估阶段，考虑的竞争因素还包括其他公司的推广力度、增长率、在价格敏感市场（如健康管理和医院）的折扣率。给不同客户的折扣水平，应结合产品在该细分市场的占有率进行分析。竞争产品在市场推广上投入大量费用，肯定会加大新产品进入的难度。如果你能确定多低的价格可以引起处方医师的注意，低价销售将会是很好的对抗大范围推广的策略。

成熟市场受低价销售方式的影响较小，推广所需费用也比较低。这说明成熟市场的单纯竞争行为很少，消费者需求空间小。如果新药疗效能够比市场销售药品有所改进，开处方的时候会很有优势。医生还喜欢适当的折扣，因为医生认为好药价格高。

这些情况下，医生的态度对最终定价影响很大。

根据价格水平确定的相对市场份额同样包含很多信息。最畅销的品牌，同时具有最低价格，往往意味着该市场极具价格敏感性。另一个极端是，最高市场份额的品牌价格最高，最低市场份额的品牌价格最低，由此可以得出结论——该细分市场不具有价格敏感性，如图 7.1 所示。

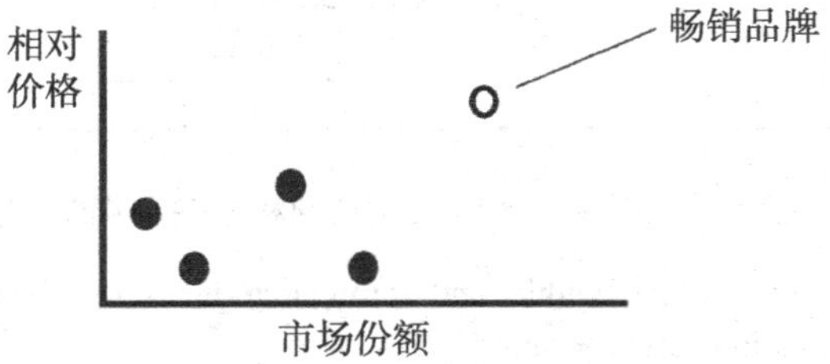

图 7.1　非价格敏感市场

在图 7.2 中，最高市场份额的品牌价格最低，市场份额低的产品价格高。需要说明的是，这种情况并不一定说明该市场具有价格敏感性，而是仅在竞争对手对价格同样敏感的时候才能说明。但这说明该细分市场对价格差异能清晰辨识和反应。

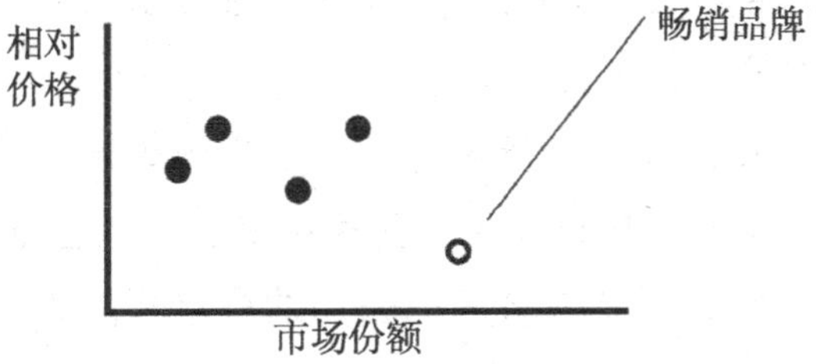

图 7.2　潜在的价格敏感市场

竞争环境分析在定价过程中的重要性不言而喻。很多营销研究者认为，是否存在竞争产品及其价格，应该将新产品本身的独特性及治疗价值作为新产品上市定价的主要决定因素。制药行业专家们也认为，现有竞争产品的价格水平、未来潜在竞争产品的价格水平，是医药产品定价的主要驱动因素。新产品与现有产品相比具有显著的优势，那么其在该治疗领域中的定价一定高于普遍的价格水平。那些不具有明显治疗优势的产品，定价往往是普遍的价格水平或略低于普通价格水平。

即使一些有改进的优秀产品，如果在两年内有与其相近或能够超越它的竞争产品上市，那么它的上市定价甚至会比将来不太会有竞争力的产品低，如图 7.3 所示。

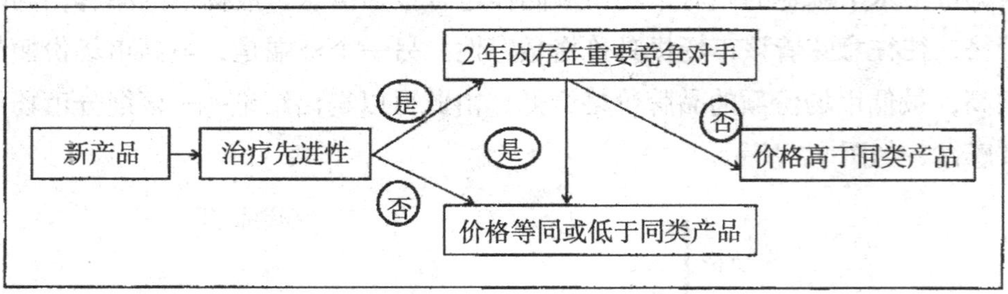

图 7.3　新产品定价（突破性的和少许改进的产品）

资料来源：Adapted from discussions within and throughout the text of W.Duncan Reekie, *Pricing New Pharmaceutical Products* [London: CroomHelm, 1997].

图 7.3 中描述了 3 种基本的定价方法：

- 高定价法（Skimming）：也叫撇脂定价，指预期很少有直接竞争的产品，定价高于普遍水平以期利润最大化。奥美拉唑（Prilosec），第一个质子泵抑制剂，定价高于 H2 拮抗剂。但药品价格与其创造的价值相符。
- 平行定价法（Parity）：产品定价与同类产品的普遍水平相似。这是在已成熟市场上市新产品经常使用的定价方式。
- 渗透定价法（Penetration）：产品定价低于市场普遍水平。由于该市场对价格的差异不具有敏感性，大部分公司选择这种定价方式上市新产品都能分得一杯羹。

选择这些定价方式时，需要综合考虑公司的需求和能力、特定细分市场的价格敏感性和产品本身的治疗价值。所以，这并不是对单个因素的考察，而是分析各元素组成的整体。

制药行业的研究者同时注意到，即使看上去多数的医药细分市场并不具有价格敏感性，但是许多公司仍然认为价格敏感性确实存在。在美国，许多产品通过折扣策略和优惠券策略进行营销，却没有得到市场的反应，说明：

- 这些市场对价格没有反应。
- 公司认为市场对价格具有反应性，从而对这些产品进行市场运作。

对价格敏感性没有做客观的调研、评估，公司管理层想当然地认为价格具有敏感性，导致许多公司对其产品做出了过低的定价决策。一个首仿药品通常参照原研药降低 30%的价格继续进行促销，拿到的市场份额却只有 2%～3%。这 30%的降价将使公司增加 50%的机会成本，如果提高 50%的价格，则能够销售与该低价产品同样的产品数量，销售额、利润将会显著增加。

定价时，参照竞争产品，需要考虑的关键问题如下：

- 目前的竞争性的可替代治疗都有哪些？
- 是否有新的竞争药品准备上市？
- 竞争对手是否采取过应对价格竞争的手段？
- 新产品采取什么措施定价会让对手感到恐慌？

患者特征

许多医药市场中，患者没有直接的经济负担。在需要部分承担医疗费用的情况下，作为药品的最终使用者，定价时必须考虑患者因素。在美国，很大一部分老年人没有第三方支付医疗费用，他们只能自费治疗。如果上市的药品治疗的病人都是这样的患者，就一定要考虑到患者的支付能力（这些患者可能同时使用其他治疗药物，所以需要将患者的整体医疗支付、个人支配收入一并考虑）。例如，某些药品日治疗费定价 1.5 美元，看上去不贵，但需要考虑患者每天还要同时服用 3～4 种这样的药品，这样每天的医疗费用还是很高的。

这并不是一种单纯的利他行为。事实上，有些患者因为买不起一种药，其他药也就不吃了。患者依从性（无论是日剂量还是整个疗程的长短）日益受到关注，并且成为公司创造利润的一个基点。慢性病患者中，第一年有 50%的患者因无临床症状而自己中断了药物治疗。这其中至少有一定的比例（各个国家和地区差异很大）是因为因无力支付而自行停药的。如果通过较低的药品价格能使患者坚持使用药物，公司则可能以较低的价格赚得更多的收益。

一些患者团体组织有序，向制药公司施加了巨大的政治和经济压力。尤其在精神卫生、老年痴呆、艾滋病和肿瘤领域，都有一些活跃的患者支持组织，在选择治疗药物上发挥着越来越大的作用。患者越来越积极地选择治疗方案，对药品定价也发挥着越来越大的影响力。

即使在患者有很好的社会医疗保险、商业医疗保险保障的市场，患者在药物的选择方面也能并且正在发挥着重要作用，而且他们要求药品应该有价格弹性。美国大型医疗保险机构（Health Maintenance Organization，HMO）有严格的政策和能力以限制药物的使用。先灵葆雅（Schering-Plough）曾经拒绝了 HMO 要求其降低开瑞坦价格的要求，HMO 则予以反击，拒绝把开瑞坦（Claritin）列入它们的药品报销目录，患者的抗议势不可挡。最后，先灵葆雅只予以小幅折扣，把开瑞坦重新列入了药品报销目录。很多类似的案例表明，当慢性病患者（如糖尿病、哮喘、过敏和其他疾病）参与选择治疗方案时，他们能够帮助制药公司抵抗物价部门的压力，在原要求的基础上获得更高的价格。当上市一个较好的药物时，联合患者的影响力，将药物纳入医保范围内，这是很明智的。

关于患者特征的关键问题如下：

- 患者对该药物有怎样的正面评价？（能缓解症状、逆转疾病进程或者治愈。）
- 患者对药品定价的抗议程度能达到多高？
- 新药品的患者人群是否有支付能力？是否可以把可支付性作为该产品的营销特征？

治疗价值

在药物进行临床试验的同时，制药企业应尽早进行相关药物经济学的研究。研究结果中应包含该药物治疗的疾病的相关经济数据。结合疾病经济数据，可以更好地对药物定位，并决定其对治疗成本的影响。

理想的情况下，任何一种新药应当减少治疗成本，特别是已有其他治疗方案的情况下。理论上，新药的经济价值应该等价于其减少的治疗成本。例如，一种新药每年能减少疾病的治疗费用 1 000 美元，那么不考虑药品本身的价格，它能带来的经济价值就是 1 000 美元。

如果这种新药与已有的治疗药物相比具有显著的临床优势，或能够显著提升患者的生活质量，即在相同的治疗成本下能为患者提供更好的健康和收益，那么在定价策略上就可以获取全部 1 000 美元的经济价值。遗憾的是，市场不总是这么清晰简单。在很多现实市场上，人们做药物选择时不接受这样的思路。例如，Kolassa Smith 教授曾做过一项研究，发现医院的药房主任和药剂师无法完全认可药物经济学的理念和研究结果，因为这些理念无法立即创造价值，而只能在日后带来价值。

新的产品具体能够降低多少成本是很难精确计算的，但通过管理单位、患者和供应商可以计算出一个大致的范围。这个节省幅度，可帮助确定制药公司探寻最高的合理价格，即“价格天花板”。另外，公司的成本和必需的利润，确定了新药的最低价格，即“价格地板”。

公众对医改和成本问题关注度很高，如果一种药物确实明显节约了治疗成本，一般情况下应该受到广泛接受。这种接受程度，还取决于医疗报销政策和公共政策。

与治疗价值相关的重要问题如下：

- 该疾病给医疗系统和社会带来的成本费用是多少？
- 新药品可能节省多少治疗费用？
- 需要哪些信息说明和记录治疗费用的节省情况？
- 产品是否具有潜能，能够在提高成本的同时提高总的治疗效果？

定价决策过程

药品定价是否有效，取决于药品使用的决策者。如果药品主要用于住院患者，那么这类药品市场的价格敏感程度最高。由于任何决定都要通过医院药房主管和医院管理层的共同决定，药品成本控制严格。任何新药在被采用前，医院对其价格都会仔细考察。多个研究显示，临床药师通过制药公司的多层面接触和教育，在很大程度上影响着医生的处方行为。制药行业报告指出，在一些医学中心和医院，由于药师的干预，52%的医生会更改处方。药师能也能够干预临床的处方决定。因此，需要认真考虑药师对新产品的作用。

一般来说，门诊医生选择治疗药物时考虑成本的情况并不多。这并不是说门诊药物不受价格敏感的影响——美国的 Managed Care 医疗费用控制制度（患者接受治疗方式由医疗机构、患者、雇主和保险公司共同选定）、英国的地方医疗基金、德国的地方医疗预算制度等都在控制医疗成本，而且随着时间的推移，门诊将对价格越发敏感。

全科医生（家庭医生）相对于专科医生更加不愿意承担风险，他们不大可能会像神经科医生和心脏科医生等专科医生那样，迅速接受和采用新药物。专科医生对使用新药物的高价格不太在意，这是因为专科医生给病人开处方后，与患者的接触不多，不会收到患者对药品价格的反馈和抱怨。而全科医生更经常性地与患者接触，会收到更多关于药品价格的反馈和抱怨。而且，全科医生往往受到医保部门控制费用的压力更大，他们的收入与医疗费用息息相关。

此外，还要考虑到新药的出现可能对现有的医生业务产生的竞争。很多例子表明，使用新药可能会对处方医生一直沿用的某个特有治疗方案产生“威胁”。曾经，心血管外科医生就很抵制常规使用溶血栓药物，因为他们认为该药物会威胁到他们的手术谋生之道。心血管外科医生进行过关于使用溶血栓药物和心血管手术对比的研究，得出的结论是，相比使用溶血栓药物，手术不但安全有效，而且成本低廉。而放射科医生和内科医生的研究却得出相反的结论。所以，还需更多的研究澄清溶血栓药物的治疗效果。由于没有足够的研究结果支持，许多药品购买决策者认为新的溶血栓药物价格过高，同时没有带来确切的临床益处。

关于市场上治疗药品的决策过程，需要弄清的关键问题如下：

- 价格如何影响着新药的处方、分发、使用和购买决策？
- 处方医生收到（患者、医保）对药物价格的负面反馈的可能性有多大？

疾病特征

在价格制定策略上，疾病自身的特征可以提供一些有价值的参考。行业经验显示，急性病（如一些轻度的感染疾病和外伤引起的疼痛）往往对价格不敏感。服用抗生素或镇痛药的患者通常不需要续开处方，不会再来找医生。即使在患者自己支付全款的情况下，也是这样。然而对于慢性病来说，患者每个月都会来找医生复诊、开处方，经常会跟医生抱怨药品花销太大。为了竞争需要，美国药店的药剂师在出售慢性病药物时会选择相对于急性病药物价格更低的药物。

研究显示，还有另一个需要考虑的因素——疾病的症状。对于一些无症状的慢性疾病（如高血压），医生通常高估了用药的开销；而对于一些症状明显的疾病（如关节炎），医生又容易低估药品开销。这是由于医生得到了患者的不同反馈。例如，如果一个患者每天花 1 美元治疗高血压，而自己没有任何感觉和症状，他就会向医生抱怨药费太高；另一个患者需要服用抗炎药（NSAID）缓解关节疼痛，获得一个正常生活，他就不会轻易向医生抱怨。因此，医生会高估没有临床症状的慢性病治疗的花销，因而会收到很多负面反馈。这种高估可能会减少医生的处方量。图 7.4 显示了一项关于医生估计价格的研究结果。

	有症状	无症状
急性病	患者容易低估实际成本，平均比实际成本低估 35%，如抗生素、镇痛药	N/A
慢性病	患者通常能够准确地预估成本，如非甾体类抗炎药、抗溃疡药	患者倾向于高估治疗成本，超过一倍甚至更多，如高血压药、激素类药

图 7.4　患者价格预估情况

资料来源：E.M. Kolassa, "Physician's Perceptions of Drug Prices and Their Effect on the Prescribing Decision," *Journal of Research in Pharmaceutical Economics,* 6:1, 1995.

以下是关于疾病特征的关键问题：

➢ 疾病的症状或严重程度是否影响价格敏感度？

➢ 患者、药物提供者和公众对疾病的认知情况如何？

医保/商保报销系统

规范的健康保险系统（如欧洲的医保系统），药品报销几乎不是问题。定价等于医保机构愿意支付的价格。制药公司要审慎地与医保机构谈判。在这样的市场，取得成功的关键是成为“价格制定者”而非“价格执行者”。制药公司需要了解医保当局的需求和动机，它与公司的历史交往经验常常决定新药价格的高低。

制药企业必须时时关注医保环境。住院患者用的药品通常可以报销，并作为医疗总费用的一部分。价格昂贵、被认为价格昂贵的药品，医院或者医疗承保人会限制使用。许多医院都开列了需要授权的药物清单，只有特定的医生才能使用，虽然这种情况不太常见。药品经济学研究发现，定价和保险项目可以缓解部分压力，让价格较高的药物更容易被市场接受。

医疗保险的情况明显影响住院患者药品的选择。行业研究发现，有完善保险的患者比保险不足的患者能够得到更多、更贵的治疗。

最后，管理式医疗（Managed Care）是医疗保险中最主要的因素。为了确保留在医保处方药品目录中，制药厂往往需要给予价格折扣。由于管理式医疗的市场巨大，市场份额快速增加，任何厂商、任何药品的营销都不敢轻视之。药品若在“公开”市场获得一个不错的价格，则有利于帮助药品在管理式医疗机构中获得更高价格。某些情况下，需要对某些细分市场的客户提供适合的折扣；然而立法和司法机关更倾向认为制药业应当统一定价，而不是采取歧视性价格策略。这使得特殊折扣越来越难。因此，制药企业最好能够找到一个适合的价格用于管理式医疗机构和其他市场。

医保环境中最重要的几个问题有：

- 产品保险情况如何？
- 新产品将会为哪些人创造价值，哪些人的利益将因此受到损害？
- 医保环境中是否存在特殊的影响因素？

制药公司的需求

药品成本和公司设定的最小利润，可以设定价格的底线，制药公司还有其他问题必须考虑。公司需要收回前期的研发投入和未来的营销/上市后再研发经费，在不会影响药品销量的情况下，新上市的产品必须制定更高的价格。

有时，公司需要一个新产品为其在某个治疗领域积累经验，以便几年以后会有更好的产品进入市场；一个没有明显优势的产品采用低价进入市场，可以帮助公司积累该领域的经验，与该领域的处方医生和领导者建立重要的关系。

最后，如果公司采取为患者降低花费的创新定价策略，则可以为公司带来正面报道（参见《医药营销大趋势》一书中诺华制药在格列卫上市时的定价策略），这对投资者、提升公司商誉及提高客户关系非常有价值。公司内部需要考虑的关键问题如下：

- 这个产品对公司的未来及目前的经销商有多么重要？
- 这个产品的定价是否会影响公司其他产品的定价？

公司的能力和资源

定价决策时，还需要考虑公司支撑产品定价的能力和意愿。在一个价格敏感市场，如果产品制定了高价策略，则必然需要更多的资源去进行临床研究和营销活动，还要耗费大量的管理时间和管理成本，以缓解价格抵制行为。如果将产品低价作为卖点和推广策略，这将花费更多的推广时间和更多的推广成本，因为上文已经提到，低价药品对医生的吸引力不是很大。成功的低价推广方式，应该向市场充分传达药品价格低廉的信息，引起医生的注意。

处方医生一般不主动询问药品价格，即使他们知道价格，也往往对低价缺少反应。低价销售策略需要更多的推广资源，向处方医生灌输一种经济责任（或内疚），而不是单纯地根据竞争者的定价指定相同的定价。

无论是制定更高还是更低的价格，公司高层都应该花费时间和精力。

关于公司能力的关键问题如下：

➤ 产品定价错误对公司造成的损失是什么？

➤ 一旦价格被公众认为定得过高，公司高管层是否准备解决争议或诉讼？

➤ 公司是否有足够的资金支持，寻找新定价策略，以保证产品定价成功？

公共关系的考量

最后，来看看公共政策环境，这一点也非常重要。新产品上市，也需要政府官员、患者团体做出反应。任何人的批评，无论有理没理，都可能对新产品的成功造成困扰。一旦为新产品制定了“劳动价格”，它就可能成为社会各位评论家、机构或患者团体的关注点，请提早准备规避或直接面对争议的局面。

公共关系需要考虑的重要因素在于：

产品定价引起立法机构、媒体关注的可能性有多大？

图 7.5 提供了定价相关因素的框架图，中间是最终的价格。公共政策超越医药行业，从整个社会环境中为新药的定价提供参照系统，是定价过程中最应该考虑的一点。

公共关系

竞争环境	疾病特点	治疗价值
处方者决策	**定价**	患者特征
公司需求	医保情况	公司能力

图 7.5 药品定价需要考虑的因素

小　结

药品定价是一个复杂而富于挑战的决策过程，没有简单的答案。虽然每个定价决策都是独一无二的，但每个定价决策所需考虑的问题、因素却是共同的。不能很好地解决本章中提到的问题，将会导致不好的定价结果。

第 8 章

制药行业定价环境

米克・科拉萨

任何产品的定价决策都不完美。不同的目标，左右着产品的价格。公司的高管和总部通常希望制定尽可能高的价格，以实现利润最大化；区域经理和销售人员则希望更低的价格，以使他们更容易完成销售指标。制药公司的购买模式与传统商业模式有所不同，使用者、决策者、付费者三者分离。药品的使用者（患者）并不是选择药物的决策者，真正有选择权的是医生，而医生在购买中通常并不承担相应的经济负担。在全球范围内考虑新药定价更加复杂，制药公司的管理者必须和各地的监管机构打交道，这些监管机构都会尽力降低药品费用，而且不遗余力。

价格是各种营销要素中唯一产生收入的因素，其他的营销要素都只增加支出。制定价格需要平衡很多需求，以满足不同的客户，同时必须与市场营销活动的目标和传递的信息相一致。为达到这一目标，营销经理必须推陈出新。通常，定价只是简单地仿效其竞争对手，或者仅仅参照某次市场调研的结果。定价决策如此重要，制定价格的营销经理必须敏感且睿智，要能快速识别市场上重要的问题且得到针对性的解决策略。

整个药品定价环境中有 3 个关键因素：

- 大型集团购买者执掌着打压药品价格的能力；他们会要求更低的价格及更多的附加价值。
- 市场竞争之惨烈已是老生常谈。新药物不断快速涌入这个市场，很多制药公司都将价格作为营销武器，以保持或者增加销量。

- 各国政府都将药品价格视为政治问题。各种控制药品价格的新法案层出不穷，而且越发严厉。

这些因素使得定价决策上的失误比以往要付出更高昂的代价。以前，如果一家制药公司意识到它的新产品定价过低，还能赶快提升价格。而如今，药品上市定价之后，制药公司胆敢涨价，将会遭到社会的口诛笔伐，医保和政府也完全不接受，竞争对手还会推波助澜。由此，每个药品定价的决策都会面临“三难困境”。

超过 70%的门诊处方药是由各种形式的第三方支付的，于是整个药品市场的购买决策往往集中在少量客户手里。20 世纪 90 年代，制药公司纷纷建立了大客户管理部，主要面向管理式医疗机构或其他规模庞大而有影响力的购买者服务。这些大客户管理经理会不断向公司强调管理式医疗机构日益增长的影响力。因为向管理式医疗机构销售是他们的任务，并且他们确信公司非常看重这个新兴市场，因此他们可能会夸大这些管理式医疗机构的重要性。

由于确信这些管理式医疗机构只关注药品价格，制药公司几乎都会给这些大型医疗机构提供折扣。而大客户服务经理会不断以“被停药了”来要求制药公司给予更大的折扣，以维持自己产品的市场地位。美国的大多数制药公司在应对这些威胁时通常都会妥协，息事宁人地给予折扣来换取药品的优先使用；可是，销量有时差强人意。IMS 市场数据已经证实，即使给这些集团购买大客户价格折扣，销量也没啥变化。

药品福利管理（Pharmaceutical Benefits Management，PBM）和其他机构在药物管理领域的作用越来越大，甚至有的 PBM 管理公司进入了世界 500 强。它们可以拒绝处理索赔流程，明确地抵制某些特定药品。

有些管理式医疗机构，特别是雇佣模式的，它们可以影响药品销售，因为它们有自己雇用的医生，可以直接开具处方、发药。但是这种管理式医疗组织（Managed Care Organization，MCO）的重要性正在下降。网络、IPA 与 PPO 模式，在医保覆盖人数上节节攀升，它们只与处方医生签订合同而并不直接雇用他们。当医生开仿制药药品替代原研品牌药时，它们会对他们予以激励，从而对品牌药造成很大冲击。

最近，许多 MCO 都采用三层次阶梯式共付方案，以控制使用处方药，这确实影响了药品的使用量。但是这些项目的付费基数、系数都有待完善，每个 MCO 的付费方案也各不相同。有些研究指出，这些多方付费方案对患者存在潜在的危害，患者可能因自费部分过高而丧失使用某些处方药的机会。这些公担付费项目对患者、药品使用及药店预算会有什么样的影响，可以说是仁者见仁、智者见智。很多公司通过各种方式，把它们的药品安排在较低付费的层级上，因而不得不降低价格。

大多数制药公司希望能和 MCO 签订购销合同，以期保证销量。制药公司的营销高管知道“现金市场”的萎缩是不争的事实。在“现金市场”，患者直接支付他们自己的处方，制药公司能获得更大的自由定价的机会和更高的利润。10 年间，这一市场大幅萎缩，从 20 世纪 80 年代超过整个药品市场的 50%，到 2005 年不足 20%。然而，这个现金市场似乎比管理式医疗市场对于价格的敏感度更高，虽然管理式医疗市场比现金市场使用更少的仿制药，为昂贵的代理商提供更多的份额。这是怎么做到的呢？

首先，当患者自己必须为处方买单的时候，他们肯定对价格很敏感。

大多数持卡人都是有固定收入的老年人，他们比年轻人往往更多地使用处方药。他们选用有多种低价仿制药的产品。就像大多数欧洲患者一样，那些持有医保卡的患者，不在乎医疗成本。医生会常规性地问患者是否参加了医保，他们知道有了医保就意味着患者会让医生开药，不管药价多少。

那么 MCO 会不干涉吗？一个覆盖超过 1 000 万人的大医疗保险机构的药物主管在日常工作中问得最多的问题就是：“我们怎么才能不付这笔钱呢？”之所以要问这个问题，是因为这些“限制处方”的药物已经被发放出去。零售渠道的药剂师知道他们可以忽略这些限制，照样开处方并获得报销。这些医保计划承包人往往侧重于减少使用昂贵的药物——如奥美拉唑（Prilosec）和百忧解（Prozac）——以达到节省开支的目的。但是，他们无法控制成百上千的医生、近 50 000 个药房及数百万患者，更不用说数以千计的卖得不如炸弹药物（年销售额超过 10 亿美元的药物）的处方药。超过一半的 MCO 发现，它们为控制药物花销所做的各种努力最后除了请求医生们在开药时考虑药物成本外基本没起到任何作用。

更重要的是，管理服务（Managed Care）的竞争相当激烈，如果管理服务计划中限制处方（对医生开具的药单拒绝支付），则会导致患者的不满，从而使他们寻求转入更宽松的管理服务计划。患者的满意度评估是评估医疗管理服务的一个关键因素。对这些管理服务机构来说，药物使用花销仅占总费用的 10%，如果因为限制使用药品而导致客户流失就得不偿失了。给 MCO 的药品折扣一直在下降，主要是因为所有药品折扣必须与给美国联邦政府的价格一样，美国联邦政府的销售一般占药品总销售量的 15%。如果折扣不同，MCO 将起诉药厂的价格歧视。少部分生产厂家在给管理服务组织的药品价格上逐渐夺回话语权。事实上，药厂少给折扣必然带来更高的利润，而且往往不影响药品的销售量。

新产品的定价

许多制药公司认为采用低价格可以增加销量，所以往往对新产品采用低于竞争产品价格的战术来营销。虽然这样的想法是人之常情，但是市场上没有明确的证据支持低价销售对制药公司来说是非常明智的做法。比如，立普妥（Lipitor）和西乐葆（Celebrex）的定价低于预期，从而吸引了很多注意（尤其是在药品营销人员中），然而大量忠实的使用医生都认为它们在同类药物中是最昂贵的。处方医生常常不太注意某些畅销药物存在的价格优势，而简单地假设它们比同类药物更好，那么它们一定更贵。虽然一些公司认为把新产品的价格定得比同类药物低更有利，但没有任何证据显示这种低定价能提高药物在市场上的表现，也不能证明处方医生和患者会对该药物更满意或能影响批评家对该药物的评价/监管。

药品定价及公关策略

许多公共力量，包括立法者、全国性的新闻媒体、零售药店都会利用司法或立法就真实的或想象的问题对制药业定价进行攻击。一些联邦立法者——众议员沃克斯（Waxman）和斯塔克（Stark），参议员肯尼迪（Kennedy）和韦登（Wyden）——都长期批评制药行业。其他人——众议员艾伦（Allen）——最近也变成活跃的批评者。在共和党人这边，对制药业定价的批评则来自众议员 Coburn 和 Gansky。

最近，由 45 名国会议员组成的处方药专门小组，由玛丽恩·贝利（Marion Berry）

共同担任主席。这个主要由民主党成员组成的小组的主要日常工作重点就是关注处方药及它们的价格。在他们的网站（http://www.house.gov/berry/prescriptiondrugs/index.htm），他们表达了他们的目的：

我们的工作就是把公众的注意力吸引到药品价格和获得处方药两个方面。我们奉行的政策就是希望当老年人或者其他消费者被迫在食物和药品之间选择并为之埋单时，生活质量能有所提高。

这个小组的成员会利用每个机会批评制药行业的定价方式。他们还进行了许多对制药业的批评性“研究”，扭曲事实以吸引更多的针对制药业的批评。其中最著名的一篇研究系列报道在1999年被发表，报道声称发现相对于制药公司对优质客户的价格，老年人群被多收了百分之数百的药费。这些报道与参议院艾伦提议为所有老年人群提供的药物联邦供应价格的议案同时发表并为之提供支持。

制药业的定价问题会一直被监管机构、媒体和公众中的“积极分子们”密切审查。对于这一行业和其中的所有成员来说，进行药品定价时对这种审查有清楚的认识是至关重要的。定价的决定必须基于新产品的内在价值，而不是它的研究成本。这就意味着企业必须更深刻地理解它们创造的价值和它们的产品对医疗保健系统造成的经济影响。这些信息虽然不能平息所有的批评声音，但是可以为企业赢得更多为自己辩护的空间。

有目的性的定价

药品定价领域发生的很多问题都是因为那些参与决策的人并不精通药品领域的定价，也因为人们对于价格在市场中所扮演的角色和造成的影响做出了很多看似有逻辑却错误的假设。定价错误都是由对定价行为所造成的潜在后果考虑不当衍生出来的，也就是说没有进行“有目的性的定价”。

有目的性的定价意味着考虑每个价格的时候都已经评估了其对卫生保健系统和其中成员的影响，并且考虑到了这些成员采取行动时的实际意愿与能力。随着定价错误造成的损失变得越来越大，有目的性的定价也变得越来越有必要。

第 9 章

药品定价实践

米克 · 科拉萨

……定价揭示真相——定价决策是所有市场营销行为的聚焦点。

Raymond Corey

作为影响企业经营因素之一，产品定价可能非常复杂，又可能出奇简单。正如前面两章所讨论的，企业在决定产品价格时，必须考虑市场环境因素的方方面面。回顾制药行业的发展历史，有很多关于产品定价的经验教训：有些企业的定价策略过于简单化，缺乏深思熟虑；有些企业被定价策略苦苦折磨，而事实上其产品定价是可以非常简单的。医药市场有许多不错甚至伟大的产品定价决策，同时有一些很一般的定价策略。本章将列举和分析这些定价策略。为什么这很重要？因为企业错误地制定并执行定价策略，往往会导致无法获得与产品价值相符的销售额，从而使利润减少。

多数“价格专家”认为，制药业（包括其他行业）对产品定价给予足够关注的人非常少。事实上，客户经理、合同经理及其团队会花费大量的工作时间力求把价格降下来，却很少有人负责确保价格是合适且盈利的。

价格管理的失败是一个更大问题的一个征兆，这个问题在其他行业也存在，那就是极度缺乏对市场和竞争产品的理解。产品经理、市场研究员和他们的主管对他们参与竞争的市场了解程度之低实在令人诧异。对客户和竞争对手缺乏了解，必然导致糟糕的定价策略。这种理解失败与许多人学习和应用药品市场的基本定价原理的失败是结合在一起的。

新产品定价趋势

典型的医药营销方式已经遇到了这样的问题，这源于经营者过于关注自己的产品，同时以自己的产品为标尺来看待整个市场。因而，许多公司的药品推广活动都集中于宣传药物的作用机制，而不是治疗终点获益。然而，市场看重的、应当被定价的并不是药物的作用机制或独特的化学结构，而应是药物的疗效、治疗的最终结果及与竞争产品的差别。所以，一种药物若有更好的疗效，其定价可理所当然地高于竞争产品；当其疗效与竞争产品相似时，价格应当维持同等水平；若其疗效欠佳，势必影响产品价格，其定位应低于主流价格。

根据产品的相对价值进行定价，这是最基础、最合理的定价策略。“质优价高”这种简单的定价策略，以往一直没有应用于制药公司的营销策略中。1977 年，一名医疗领域的经济研究员 Duncan Reekie 注意到一个现象：制药公司似乎认为它们的市场对价格的差异比以往更敏感。直至今天，还有很多企业的定价策略依旧印证着 Reekie 博士观点的正确性！第 7 章的图 7.3 描述了多数企业采用的定价模式，而这种模式会对企业的利润造成损害。

即使不是绝大多数，也有许多新药在上市时选择相同或略低于主要竞争产品的价格。原因之一正如 Reekie 所说，这些企业认为市场对价格的差异很敏感。而其假设条件是，选择同价或低价策略的企业为了使“价格”因素在市场竞争中不会成为障碍（即使价格相同），或是为了薄利多销。采用这种价格策略的企业需要承担的机会成本在于所定价格与产品价值不相符，从而损失利润。

下面列举了最近上市的一些市场主导产品，其价格或低于、或相近、或高于其主要竞争产品。

上市价格低于竞争产品的产品：

➢ Lipitor。

➢ Prevacid。

➢ Baycol。

➢ Allegra。

上市价格与竞争产品相近的产品：

➢ Diovan。

➢ Avapro。

上市价格高于竞争产品的产品：

➢ Vioxx。

➢ Flonase。

表 9.1 全面罗列了近期上市新产品的价格。我们先看看诺华的新产品 Lescol（来适可）。业内普遍认为，Lescol 或许是迄今为止唯一成功的降价产品，它仍在美国保持着良好的市场份额。而后续上市的产品也证实，“降价策略”的确有助于销售推广。降价幅度（Lescol 最终降价近 50%）和市场份额［Lescol 上市第一年市场份额为 15%，其主要竞争产品市场份额为 30%，竞争力指数为 0.5（0.15/0.3)］，两个指标可作为分析对比的工具。Lescol 是其治疗领域第 4 个上市的药品，它能达到最大竞争产品一半的市场份额得益于山德士（Lescol 研发生产商）组合式的营销策略：低价策略、高额的市场费用和大量学术推广。

表 9.1　近期上市新产品定价　　单位：美元

产品对比（上市时间）	新产品市场份额	上市时零售价格	上市时出厂价格	零售价价格差异	出厂价格差异
Lescol（氟伐他汀，1994 年 4 月）	15.6%	1.02	0.85	–49%	–46%
Mevacor（洛伐他汀）	29.7%	1.98	1.59		
Univasc（莫西普利，1995 年 6 月）	0.4%	0.50	0.40	–50%	–50%
Vasotec（依那普利）	27.0%	1.00	0.80		
Prevacid（兰索拉唑，1995 年 6 月）	3.4%	3.25	2.64	–10%	–13%
Prilosce（奥美拉唑）	22.0%	3.63	3.03		

续表

产品对比（上市时间）	新产品市场份额	上市时零售价格	上市时出厂价格	零售价价格差异	出厂价格差异
Zyrtec（西替利嗪，1996年1月）	N/A	1.71	1.37	−11%	−15%
Claritin（氯雷他定）	53.0%	1.93	1.61		
Effexor（文拉法辛，1994年2月）	4.9%	1.60	1.60	−4%	−8%
Prozac（氟西汀）	27.8%	1.74	1.74		
Serzone（萘法唑酮，1995年1月）	3.2%	1.38	1.38	−23%	−23%
Prozac（氟西汀）	27.8%	1.80	1.80		
Flonase（丙酸氟替卡松，1995年1月）	15.6%	32.4	32.40	20%	20%
Vancenase AQ（丙酸倍氯米松）	28.8%	27.00	27.00		
Rhinocort（布地奈德，1994年6月）	8.1%	22.50	22.50	−13%	−13%
Vancenase AQ（丙酸倍氯米松）	28.8%	25.84	25.84		

同样，Schwarz制药公司的Univasc（血管紧张素转换酶（ACE）抑制剂）一上市即降价50%。Univasc是第9个上市的ACE抑制剂，尽管降价如此之大，却未能博得赖以生存的市场份额，甚至连0.5%的市场都没有。ACE抑制剂市场竞争激烈，宣传推广方式也数不胜数。Univasc如此惨淡的表现证明，要想让医生处方产品，必须要有确凿的临床依据，靠单纯地降价是做不到的。低价策略的成功，需要大量的推广投入，以及依靠一定的运气成分。Univasc的竞争力指数只有0.01（只有Lescol的1/50），这足以说明，除了单纯地降价，药品营销还需做更多的工作！

接下来分析的是，TAP制药公司的质子泵抑制剂Prevacid（兰索拉唑），其上市定价为Prilosec（奥美拉唑）的90%（Prilosec是Astra Merck公司的新产品，销量增长迅速，有望成为有史以来销量最大的药品）。市场人士普遍认为，Prevacid的大幅降价，会给Astra Merck带来巨大损失。而TAP似乎深知大幅降价的危害，只选择了紧跟Prilosec的价格。TAP的医药代表在推广时强调，价格略微下调，是因为成本下降，而不是疗效下降（并且存在带金销售行为）。Prevacid的销售表现尚可，竞争力指数为0.15，但仍不理想。

另一个具有潜力的产品是辉瑞公司的 Zyrtec（仙特明）。在抗组胺治疗领域，其主要竞争产品为先灵葆雅公司的 Claritin（开瑞坦）。辉瑞也采用小幅降价策略（11%），以使价格不会成为销售的障碍（后面会深入讨论这种方式）。由于上市时间较短，评估 Zyrtec 的销售表现尚早；但市场一致看好 Zyrtec 的持续增长，认为它将占领相当一部分的市场份额，达到 Claritin 的一半之多。此案例再一次证明，产品的成功源自推广力量，而不是大刀阔斧地降价！

接下来我们要讨论的这两个产品来自抗抑郁领域，该领域市场非常巨大且充满竞争。惠氏公司的 Effexor（怡诺思）和百时美施贵宝公司的 Serzone 进入市场的时间仅隔 1 年，但两者的定价策略却差之千里。Effexor 在上市时与其最大的竞争对手 Prozac（百优解）几乎价格相当，降价低于 10%。而随后上市的 Serzone，其价格比 Prozac 低 23%。虽然 Effexor 的处方份额高于 Serzone，但其先于 1 年上市的优势造成了两者之间不公平的对比。然而人们可以预计，如果市场对价格敏感，Serzone 应该有更多的市场份额。Serzone 的竞争力指数是 0.115，而 Effexor 是 0.17；Effexor 的销量比 Serzone 高出 50%，其价格也高出 20%，这种反差驳斥了价格是推动产品销量的主要因素这一看法。

吸入性类固醇药物市场具有相似的情形。先灵葆雅公司的 Vancenase 在该市场占据主导地位，其市场占有率近 29%。阿斯利康的 Rhinocort 在 1994 年以低于 Vancenase 13% 的价格上市，获得了可观的 8%的市场份额，竞争力指数达到 0.275。随后，葛兰素公司以高于 Vancenase 20%的溢价推出了 Flonase，在第一年就获得了 15.6%的市场占有率，竞争力指数达到 0.54。Flonase 的单价高出 Rhinocort 的 40%，而销量却是其 2 倍，这个产品毫无疑问是相当成功的，同时再一次驳斥了以价格作为卖点的一贯套路。

由于我们不甚了解在此讨论的这些产品定价背后的原因，因此很难评价它们成功的方法。然而从这些示例中，我们看到更多的是高价而非低价产品获得了成功，而且尚未看到高价产品的失败案例。一个成功的医药产品，其价格与制药公司对产品的信心和市场运作能力更为相关，而非医生是否处方该产品。显然，之前提到的一些公司认为产品价格略低于竞争对手可以给它们带来一些优势，在此提醒它们，至少可以避免一些潜在的定价问题。

将新产品的价格定在比竞争产品低 5%～15%而避免定价问题，我们可以把这看成一种懒惰的定价方法。这种方法从根本上承认竞争对手制定了一个好价格，而制药公司选择将价格定在这个价格之下以避免产生问题。我们同样可以把这种决定看成该公司承认新产品不如或至少没有超出目前已在市场上的产品。如果事实的确如此，那么这并非不是一个好的选择。然而如果销售团队认为他们的产品具有更好的临床优势，那么该产品的定价就无法用以上理由去解释了。

这种选择可能使人安心，但必须承认的是，对于大多数产品而言，10%的降价意味着销量 10%的机会成本。

超过 20%的大幅降价可以看作一次豪举或是舍命一搏。人们可以认为诺华展现出了勇敢，以巨大的价差和大笔的预算协助药品的低价销售。而其他一些公司可称不上勇敢了，因为它们希望可以以单纯的低价促进产品的销售，但这并不奏效。

许多产品以高于主要竞争产品的价格投入市场，其中有一些的确销售得不错。实际上，人们很难找出最近上市的由于高价而受到阻碍的产品。也许这类产品近期的最佳案例是默克公司上市的 COX-2 抑制剂 Vioxx（万络），它比 Searle（现在是 Pharmacia）公司的 Celebrex（希乐葆）晚 6 个月上市但价格高于对手。1 年内，Vioxx 的销售就已接近 Celebrex，而就在本文写作时 Vioxx 在处方总量上已超过了 Celebrex。显而易见，溢价并没有对 Vioxx 的销售产生负面影响，Celebrex 微弱的价格优势也似乎并没有将市场引入它的方向。

懂得定价的制药公司会做出明智获利的决定，而畏惧定价的公司将会犯错！

需要有的放矢地定价

事情就是这么简单，没有认真对待定价问题就会导致利润的减少。许多公司似乎在向它们的竞争对手或客户交出定价的权利，而它们之中没有任何一方关心这些公司的财务盈利，而且实际上，它们还会从中获利。企业必须认真钻研定价技巧，并且通过价格来提升产品的价值而不是降低其价值。盈利的定价需要长期关注和不断学习，而且需要使公司内部也认识到，价格的作用是保证公司财务的良性发展，而不是作为提高单位销量的手段。

第 4 部分

渠 道

第 10 章

渠道原则、渠道体系和渠道管理

布鲁斯 · 西克

简介

你可以发现、试验和销售世界上最神奇的“灵药”。但它如果不能在患者需要时在适合的渠道出现，便毫无用处。

营销的一个核心目的是，确保适合数量的适合产品在终端用户需要的时候方便易得。这看上去简单，实则不然。

为了确保适合数量的产品在被需要时可得，必须采取很多决定和措施，它们构成了营销 4P 理论中的渠道理论。用经济学的词汇来说，渠道体系、渠道管理与效用[1]和有用性有关，它们源自客户拥有和使用以下各要素：

- 适合的产品。
- 适合的时间。
- 适合的形式（颜色、大小、形状、味道、构成、等级、分类、风格和质地等）。
- 适合的数量。

完成这些目标需要不停地整合各种方法，这些方法构成了将渠道因素运用于市场体系这一巨大挑战。

渠道管理的挑战

渠道管理包括 3 个主要的挑战。

第一个主要挑战是，某个特定客户在某特定地点和时间需要的每个产品的品种、形式和数量，与公司能经济有效地生产、存储及运输这些产品的能力，二者没有直接关联。

例如，生产工程师知道生产线效率最高的时候是长期持续生产同一产品，如某规格的抗生素胶囊一次生产持续 1 个月，然后都包装成每瓶 50 万粒，因为完全更换生产线上的某产品转而生产另一种是非常昂贵和费时的。尽管上述生产方式明显不合理，下面这个例子表述了另一种同样不现实的做法：每个病患每次需要这一抗生素胶囊时，生产商都直接生产、包装、运输至每个药店。现实情况处于两种极端之间。如何整合这些因素，从而以有效、低成本的方式满足市场的需求是市场营销的任务。

第二个主要挑战，即渠道决策具有长期的含义，渠道决策一旦实施，需要更长时间克服更大的困难才能完成，改变渠道决策也是如此。所以，与其他 3P 的决策相比，渠道管理的决策要少得多。

一个公司如果已经拥有全方位运作的付费生产设备，将产品生产外包给其他公司的决策是一个极其复杂的过程。对于一个药店来说，更改原有的药物供货商（渠道决策）远比更改储藏哪个牌子的青霉素（产品决策）或者如何向本地医师推广一个新的服务（促销决策）需要的精力、风险和成本都高。渠道选择和决策的含义与重要性是市场管理的主要难题，因而这些决策都需经过深思熟虑。

第三个主要挑战在于，一些市场营销人员往往忽视渠道管理对市场管理的重要性。渠道因素对于产品、企业、军队甚至国家经济的成功起至关重要的作用，尽管这类事例不胜枚举，但似乎所有人都更重视 4P 原理中的另外 3 个因素。

美国最大的零食销售商菲多利（Frito-Lay）的长盛不衰，靠的是比竞争对手更优、更多的分销渠道，能够保证给每个商店、饭店和自动贩卖机提供全天候新鲜充足的货物，而非仅产品本身的特性和优势。

很多制造业公司（如里昂·比恩、戴尔计算机和默克—梅德科）很大程度上得益于技术优良、可靠、高效的次日快递服务（UPS、FedEx、Roadway、USPS 等）。这些快递服务，可以帮助制药业花费合理的费用，将产品送达更广阔的地区和目标市场。互联网就是一个庞大的目录体系，用户通过敲击键盘能够方便、快捷地下单。这些构成了渠道营销的方方面面。

美国军队在过去 20 年间参与了许多次战争。军事史学家认为，美军获胜更多的是依赖卓越的军事后勤保障，即转移人员、武器和供给至需要的战场的能力，而不是非凡的战略、战术、训练、人员或者设备因素。

经济史学家认为，过去 45 年美国经济的空前增长，大部分得益于艾森豪威尔总统的深谋远虑。早在 20 世纪 50 年代中期，他坚持让国会通过洲际高速公路法案。在交通基础建设中，全国高速公路网的建设是一项持久而巨大的投资，由此创造了世界上最有效率的物流交通网络。本质上，美国的全国高速公路系统曾是并将一直是美国一个有力的竞争优势，因为它的货物和服务到达指定地点的时间和花费是全球所有国家中最少的。

渠道管理包含的内容大多涉及各种冲突，包括不同产品、不同数量、不同时间、不同地点、不同客户的冲突。我们可以将这些冲突理解为一种错配，而市场营销人员的作用就是如何调整以满足客户的特定需求。比如，一个在密西西比牛津的顾客需要护膝，而当地药店只有护腕，最近的护膝在杰克逊，需要开车 2 个多小时才能到。杰克逊囤积的护膝是中号，而牛津的顾客需要超大号，而且杰克逊的护膝包含尼龙成分，而这个患者对尼龙过敏。像这样错配的例子（尽管为了说明观点这个例子有点夸张），每天都在发生。市场营销者的工作，首先需要认识到这种错配并要对其纠正（将来使他们最小化），从而使顾客满意的同时保持市场业务。

渠道冲突

这些错配就是一种渠道冲突（Place Discrepancies），但几乎没有人注意或思考它。为什么？因为区域市场所需的产品和服务的生产、购买、运输和展示各个环节，涉及成千上万的人做出的数以千计的选择和决定。市场营销就是要管理关键客户效用的冲突，这包括以下几个方面。

积累（Accumulation）

在某一区域市场，积累足够多的产品以满足各种需求，如用以维持至找到更多产品，或者提供缓冲库存（cusion）。缓冲库存就是当需求高于平均值时的额外储备（如极端天气、异常严重的流感高发季或无法预知的某一产品的盛行）。除了产品本身固有的成本，囤积的产品还需额外耗费资金仓储，即仓储成本（holding costs）。仓储成本也是为什么不能没有缓冲库存及安全库存的原因之一。

分类（排序）（Assorting）

分类是指所积累的各类产品满足不同选择与需求的程度。不同的行业，分类需求差异很大。比如，鞋类、珠宝和药品都是多品种的行业，而咖啡店、复印店、自助加油站的类别很少。

分配（Allocation）

资金状况和仓储空间限制了营销人员能够积累和分类的产品的数量和种类。任何时候，市场上都有超过 50 万种的健康产品（药品、保健品、美容品等）销售。无论何时，几乎没有药店库存超过 2 万种商品，而大多只有 5 000 ~ 8 000 个品种。分配就是选择应该储备什么品种以满足当地的需求。

整批零售（Breaking bulk）

整批零售就是纠正产品在大小、数量上的不匹配。产品从生产厂家到最终的客户，此过程中任何一个中间环节都可能将整批的产品拆分销售。某生产厂家可能会给一个批发分销商送来每箱 24 瓶、共计 48 箱的抗组胺药，而这正好可以满足批发分销商的客户（药店）的需求。药店为满足患者的处方需求，要订购每瓶 100 粒装的抗组胺胶囊药，批发分销商每次配送 1 瓶给药店。假设一个患者拿着医生处方要 20 粒，药剂师需要数出 20 粒胶囊，重新包装后配发给这个患者。这种销售过程（包括上述两种情况）就是整批拆售，它是市场上众多产品（包括药品）流通的重要环节之一。

重新包装（Repacking）

重新包装即用不同的产品包装方式（类型、强度、耐用性、安全性、保护性、大小等）来满足不同客户的需求（同时满足法律法规的要求）。重新包装就是改变包装的大小或者类型，从而增加产品的使用性。例如，没有人会一次买整条后腿肉，所以肉铺会用泡沫聚苯乙烯托盘和透明塑料薄膜将肉“重新包装”，分割为一顿饭量的大小。药品的一个独特之处在于，药品的配发是完全参照每个病人不同的需求和用量的。药剂师会重新包装药品，使其对儿童安全，且不同患者有不同数量和容器，并附有每个患者特有的标签（及必需的标签和说明信息）。

再造（Reformulating）

再造即改变产品的形态，从而满足客户的需求。汽油生产商提炼原油为汽油，这是一种产品再造。轮胎制造商（把橡胶和合成纤维转变为轮胎）、面包店（将面粉、糖和鸡蛋转变为蛋糕和甜点）、药房（将粉末和液体配置为乳膏、软膏）也是如此。

分销（Disbursement）

配送指定的产品到指定的地方（如仓库、零售药店、折扣大卖场），旨在转移商品和服务使其更接近客户。

整个市场必须就最根本的渠道职能问题做出反思与决策：渠道因素应发挥哪些职能，哪个市场实体应执行何种职能，以及如何执行、何时执行。例如，整个过程中的哪个点该将产品转变为其最终形式，这些问题看似不重要，或对整个制药行业来说十分陌生，但实则不然。

为什么渠道决策如此重要，美国制药史上就有一个很好的例子。20 世纪上半叶，几乎所有的处方都是药剂师调配好后直接配发给每个患者的。也就是说，药剂师采用各种调配技术，把各种物质调配成患者可以直接使用的药品。那时库存很有限，主要包括植物的根茎、树皮、一些粉末和各种提纯的化学品（如硫黄、氧化锌等）。除了一些简单的药粉和植物成分，可以直接浸于热水中治疗小病，几乎没有直接可用的制剂成品形式。

到了 20 世纪 40 年代，制药企业开始生产“制剂成品形式”，即某一特定药物形式可供患者直接使用。企业使用制片机和胶囊灌装机，组织大规模生产线。制剂成品形式层出不穷，包括片剂、胶囊、糖浆剂、酊剂、乳膏、软膏、滴剂、喷雾剂等，厂家转而再将其提供给药店。随后，药剂师原封不动地（仍是片剂、胶囊、糖浆剂、预先混合或包装好的乳膏、软膏等）把它们直接配发给患者。

依靠制药厂家提供标准的药物制剂成品形式，更多的患者能花更少的钱更快地得到药品。这意味着更高的药品销售量及药剂师获得更好的收入。尽管如此，这个改变却导致了制药行业的翻天剧变。这在今天看来微不足道的改变，历经了多年才得以实现，一路上招致了无数谩骂、非议和恐慌。即使在今天，一小部分制药界的激进主义者仍坚持反其道而行，恢复了原先的药剂师在药房为患者配药的模式。大家普遍认为，这一模式较适用于满足患者个体化的需求，可在一定程度上创造药房专营市场，并且通过药品计划，获得市售药品以外的报销。

绝大多数制药渠道的变化不仅翻天覆地，而且来之不易。

渠道系统

渠道系统又称分销系统、分销渠道和供应链，是指从产品生产商（制造商、装配商）到终端用户的途径。渠道系统的形成是为应对特定产品和服务的特点和需要，以及消费者的需求和渠道商（不同类型的企业在渠道系统中所起作用不同）的能力和商业目标的。渠道系统是由一整套独立但相互影响且一定程度上相互依赖的企业实体构成的，旨在让产品和服务更便利地为消费者和企业所用。

渠道系统貌似一成不变，实际上一直在不停地演变和变化。在各行业中，渠道因素变化的速率和程度并不如其他 3 个 P 显著，但却是切实存在的。

效率（成本）、效果（消费者得到良好服务，营销者投入得到回报）、法律法规的要求及科技的进步是确定和影响渠道系统的主导力量。渠道系统的演变方向是使得交易次数降至最低以服务消费者，因为这样效率更高，但前提是消费者和企业仍能方便地获得商品和服务。

渠道实体在渠道系统中具有特殊的作用，如生产商、再包装商、中间商、代理商、批发商、零售商、直接销售商、进出口商、仓储和转运商等。它们是这个功能互相关联的渠道系统中的一员，经过了时间、尝试和错误的考验，因此每一个都是必不可少且十分高效的。对于不同范畴的产品，渠道系统中渠道实体的数量和类型有很大差异。

渠道系统的特点

分为直接渠道与间接渠道

渠道系统分为直接渠道和间接渠道。直接渠道即生产商（制作商）和终端经销商（零售商）与消费者之间没有或仅有一个中介机构；间接渠道即存在中介机构（如中间商、代理商和分销商）。

渠道系统可能分享和变换职能

不同的渠道实体之间，甚至消费者和供应商之间都可能变换和分享渠道职能。而这些渠道职能是不可能被抹去的。

这些职能也可能由 1 个以上的市场实体承担。例如，药品由生产商包装，由再包装商和药师重新包装。生产商将产品配送至合同仓库，合同仓库再分装为更小批量配送至批发商，接着批发商将更小量的订单配送给消费者。4 个不同的实体，加上一次及以上转运服务，实现相同的职能，即将产品从一处运往另一处。

渠道系统会发生演变

当下列因素发生变化时，渠道系统也会相应地发生演变：

- 需求变化：比如，目标市场中儿童在减少，主要由老年患者组成，这就需要更小的包装规格，并要重新设计产品以方便使用。
- 新的经营方式：比如，竞争对手 24 小时营业，某些特殊品种次日便可获得。
- 新服务：比如，目录收录的品种能够全年全天候在线购买。
- 渠道系统的新加入者（竞争对手和实体）：比如，维生素—营养品专卖店目前与药店的竞争。

传统的渠道系统由独立的市场实体组成，它们在一定程度上既相互依赖又相互对抗。作为独立的经济实体，每个经济实体都会遵循自己的运营目标和政策。相互独立和“主权”分离（自利主义）可使市场实体免于以提高效率为目的的互相控制或欺压。

新兴的渠道系统由垂直的经济实体组成（生产商、批发商和零售商），它们以相互协作、相互依赖的方式建立和发展着共同的目标，通过减少低效和冗余的行为和成本提高“合作伙伴”的总体效率。这种系统是否具有持久的竞争力仍有待考察。

关键的渠道因素

市场营销必须协助决策很多重要的问题，这些问题几乎决定了企业在目标市场涉及的广度（渗透）和深度（市场占有率），以及能否实现公司的目标。这些问题包括（但是不限于）下列问题：

- 进入和服务不同目标市场的最佳方式是什么（分销渠道和实际分销方法）？
- 启动时和常规运行时都需要什么服务？
- 目前有哪些分销方法，如何实现速度、效益、控制和成本的平衡？
- 是否应该使用直接、间接或混合的分销渠道？
- 与渠道实体（市场渠道实体）沟通的最佳方式是什么？
- 应该采取怎样的措施以确保实际结果符合预期结果（即如何控制过程）？

市场覆盖

维持和提高销量的重要方面是更好地覆盖目标客户。这就是市场覆盖的问题。市场覆盖的一种考量是特定群体内已接触或买过产品的客户数量或比例。另一种是特定范围内的地域覆盖。最后一种是市场占有率，即这种类型的产品的占总销量的百分比。

已接触过产品的客户占人口总数的比例，这一标准并不是考量市场覆盖特别好的方法，因为客户的重要性并不一致。每个人都需要吃饭，但是并非每个人永远都需要某特定的食物。明白了这一点，简单地说特定信息已传达给 1000 人或 75%的客户远不如下一说法有用，即把镇痛剂的信息和产品传达给 75%的有头痛病和正在寻求镇痛剂的病人。前者只是粗略地计算了不合格的消费者，而后者是更有针对性地量化了合格的潜在准客户。这一陈述包含了要针对特定细分市场和购买意向这一理念。

消费者服务

产品和消费者服务的类型和水平对于不同的消费者和不同的市场是有差别的，可能也随产品类型和竞争渠道实体的不同而不同。经济水平和教育水平更高、经验更丰富的消费者可能需要更多和更高水平的产品和消费者服务，但是这种趋势也可能随时间而发生改变。

产品信息、保修、修理服务、替换、退货权、帮助台和技术服务都是服务体系的一部分。每个部分都有成本（需要考虑在内），实施这些服务的能力取决于其他的渠道决策。例如，邮购销售产品的现场维修比在药店购买的要来得困难。

分销方式与成本

分销，除了考虑客户需求和成本，还应考虑重量、数量、距离和时间等因素。尽管一次性将 144 瓶止咳糖浆从波多黎各运输至弗吉尼亚的成本比根据实际需求一瓶一瓶运送低得多，但成本权衡并非如此简单，它与购买、储存紧密相关。比如，客户只需要 1 瓶糖浆，企业还需要将购买并储存 144 瓶糖浆的成本考虑在内，因此市场营销人员需要权衡成本或设法抵消成本支出。

乍一看，一次性将所有产品从中心市场的大仓库隔夜送达的成本较低（而非通过很多零售店），但是为一节 1 美元的电池或一盒纸巾支付 16 美元的“隔夜送达费”真的值得吗？如果一位心脏骤停患者急需利多卡因注射，却要花上 24 小时才能将相应的物品和设备隔夜送达，这样好吗？

显然，这些例子比较极端，但是它们却确切地说明了两件事：① 不同的产品与状况需要不同的解决方案；② 针对渠道差异的排列组合是无限的。市场营销人员之所以会花大量时间用于决策如何分销产品，并且对于突然或鲁莽的变化总会犹豫不决，是因为一旦确定，这一决策就会渗入整个市场，并且再想改变不仅昂贵而且困难。

市场渠道的选择

另一个重要选择是应该将产品直接销售给终端用户，还是使用 1 个或多个中介代理销售。或者，根据目标市场及地域的不同，是否可以双管齐下（混合模式）或二选其一。这方面，制药行业有几个典型例子。

一家制药厂希望将产品售至药房，可以选择直接销售至所有终端药房，包括 28 800 家独立药房、19 000 家连锁药店、7 500 家医院药房、220 家邮购药房、7 800 家食品商店、5 200 家大超市及 4 000 家长期护理药房与机构，也可以选择间接销售至 74 家为药房提供产品的批发经销商。前者是直接方式，意味着直接与 64 520 家药房开展并维持业务关系，意味着接受来自 64 520 家药房的订单、给它们运货并一一收款；后者是间接方式，也就是在厂家与每家药房之间多了中介环节，这虽减弱了厂家的控制力，但是可以极大限度地降低工作量，并且节约成本。

渠道控制

关于这点，控制可定义为市场营销人员采取措施将实际结果向设定结果靠拢的程度。这涉及很多方面。比如，一旦产品获美国食品药品监督管理局（FDA）批准销售，厂家如何能尽快使产品在各个药房上架。与少量的大客户保持良好关系比试图让 64 520 家药房快速行动更容易控制。厂家将产品发至 245 家药品批发分销中心，再由此连夜运送至 64 520 家药房，不仅更加快速，成本更低，而且更加有效。

市场信息与反馈

市场信息对市场营销人员来说日益重要，它包括竞争对手的市场活动，客户的属性、态度和行为，产品为何能成功或遇到的困难，以及中介和零售商采取哪些措施以促进和刺激销售等。良好的商业关系、供应协议及各种合同与合作的努力能够鼓励并支持市场反馈。当然，这些行为都需要成本和时间。市场营销人员需要决策的是每种信息的需求量及它们所耗费的成本。

渠道实体

渠道实体的发展需要响应具体的市场需求。从人员和资金方面来讲，美国市场十分巨大、多种多样，并且日益增长。由于很大程度上市场能自由响应需求，美国市场实体数量之大、种类之多非比寻常。因此，从中找到某一单一类型，即找到完全从属于某一单一类目的类型也变得越来越困难。尽管有着市场与产品正在或将会聚集的周期性预测，但事实却恰恰相反——市场会变得更加多样化，产品与品牌的扩散也似乎没有尽头。

- 市场增殖：邮件订购和网络并未（将来也不会）取代传统零售业，它们均增加了市场渠道的数量；家庭电视购物是现实生活中另一种客户购买产品的方式（渠道）。
- 产品增殖：小型货车并没有取代或合并至旅行车，反之它们创造了一种全新的产品类别。NSAIDs（非甾体抗炎药）也不能取代阿司匹林或扑热息痛，它们仅仅是另一种新型镇痛药。
- 品牌增殖：过去，软饮经销商需要提供小型自助服务货架，上面摆着两三款不同尺寸的产品，还要用小型货运车来送货。如今，同样的经销商可提供50多种不同口味、尺寸与包装的不同产品，储存在双节拖车大小的庞然大物中。品牌增殖最明显的例子是现今市场上流通着5 000余种治疗咳嗽与感冒的不同产品。

由于市场环境不断变化，想要对其做个有效的简要说明并不容易。从另一角度讲，源源不断的创造、演变和融合加剧了美国市场的动态性，并将进一步推动医药市场的创新变革。

零售商与服务公司

最普遍的、可能也是最众所周知的市场实体便是零售商与服务公司，如杰西潘尼（JCPenney）、凯马特（Kmart）、德士古（Texaco）、史泰博（Staples）、固特异（Goodyear）、西夫韦（Safeway）、7-11（7-Eleven）、安飞士（Avis）、H&R 布洛克（Block）税务服务公司、药房、美容院、干洗店及照相馆等。零售商主要将产品与服务售于消费者个人（也会卖给其他生意伙伴）。美国有超过 100 万的零售商，其规模、特色和构成等很难掌握，更别说全面描述了。就规模而言，大可以数倍于足球场，小只有小报摊那么大。

大部分的零售商拥有固定的地址，也就是有具体的、固定的场所或地址来经营生意。传统的具有固定地址的零售商（或者说实体店）包括：

- 独立区域，坐落于独立的或完整的建筑内，即使购物中心的停车场内，如温迪快餐（Wendy's）、博德斯书店（Borders）、必胜客（Pizza Hut）、龙虾尾（Red Lobster）。
- 在大型商场内占有一席独立却完整的空间，如西尔斯（Sear）、盖璞（the Gap）、诺德斯特龙（Nordstrom）。
- 在小摊位上经营，如照相馆、珠宝店、手机经销商等。
- 店中店，即在一家更大的商场中转租商铺（有时独立许可经营），如大超市中租赁的银行分支、百货公司中的眼镜店等。

这里提供一种更新颖的零售形式，即流动零售商。它们没有长久的、固定的地址来经营生意。比如，个体商户可参加贸易与产品展览（科技、家庭改造、汽车展、园艺、古董等），还有那些临时的周末卖家。这些零售商常常选址于当地酒店、停车场或商业十字路口，提供季节性或比较独特的商品［艺术品、皮草、计算机部件、绿植及节假日商品（如独立纪念日烟花、圣诞树等）］，通常价格都较低。

特许经营、合作社、采购俱乐部

特许经营形式包含不同类型的销售终端实体，其中有些主要销售单一或独家系列产品（如安利、贺曼礼品店及冰雪皇后），另一些则主要以搭配组合形式销售产品或采取提供服务的模式（美信医药国际连锁、Medi-Cap 药房）销售产品。

合作社形式已不如以往那么普遍，但它仍在产品和服务的装配、供应和销售方面发挥着作用。合作社形式的最佳定义是经营者自有的商业联合形式，其成员能给出较低的产品价格或拿到不易获取的商品。合作社形式更像一个便利的采购团体机制，而非一个只为自身谋利的市场实体，如农产品合作社、果蔬合作社和采购俱乐部。

采购俱乐部类似于合作社形式，最大的区别在于组织和运营的形式，以及规模大小（通常比合作社规模要小）。它通常由个体消费者组成，他们知道共享信息的重要性，联合购买，并（或）增强其购买力。

另一种采购服务方式起初是为其他企业提供服务的，却快速扩张到个体消费者的领域。这些市场实体的行为某种程度上与零售商相似，其他方面又与合作社和采购俱乐部类似。它们一般规模较大，经营成千上万种商品，库存处理迅速，每周提供的商品可能不同，且低价销售大包装商品（家庭装、盒装、批发装）。"消费者"通常支付"会员年费"以获得在此购买的权利（美国科思科连锁、BJ's、山姆俱乐部）。

互联网营销——网商

网络经销商是最新的市场实体，通常也被称为"网商"（e-tailers）或".com 零售商"（dot-com retailers）。它们可以只在互联网上销售，也可以同时在零售店中销售。互联网营销优势诸多，它的兴起正改变着整个零售业的格局。互联网营销能够在合理的成本下将产品更加有效地覆盖到更多区域的消费者身上，如覆盖全美国、北美甚至全球。这种经营形式尤其适合高度专业的商品，这些商品人均消费较少，或产品太大，其成功很大程度取决于组装及储藏成本，这仅靠一个较小的本地市场是无法维持的（相对于这个市场内应有的销售额）。

互联网营销的先驱者在知晓渠道因素在营销方程中的重要性的过程中付出了十分惨痛的代价。对于大批消费者来说，互联网的确是一个获得相关信息的经济有效的渠道。它确实也是个体消费者订购产品最有效的途径之一（与商业用户相反），但在积蓄和维持库存、订单执行或运货至消费者等方面并无明显优势。

直销商

顾名思义，直销商就是将产品直接销售给客户（包含个体消费者和企业）。简言之，除零售商之外，它们是直接将产品卖给终端消费者的市场实体。从总销量百分比上看，直销商的销售额相对零售商增长更快。

邮购经销商

邮购销售公司通过公共或私营运输商向远距离消费者直接销售商品。通常，消费者通过电话、传真和产品目录获得产品信息。尽管相当一部分邮购经销商依靠在期刊上刊登产品广告销售产品，大多数仍通过发放使用品目录来吸引消费者刺激销售。如今，大部分邮购经销商更多使用在线电子商品目录。

任何商品皆可邮购！从维生素、植物药、保健品、顺势治疗剂、非处方药甚至到处方药，均可邮购。即便不是全部，大多数药品计划也提供（鼓励或者甚至要求）处方药邮购服务。其优势在于购买、处方处置、运输及开票带来的经济效益的规模。其缺点就是运送较慢，缺乏个性化服务。

上门推销商

尽管上门推销的销售方式日益减少，也不再是一个重要的营销方式，但仍有部分经营者通过此形式销售产品和服务，包括家庭清洁用品、新款冰淇淋食品及草坪护理服务——比如，提供割草服务的邻居。一些上门推销者也推销很多非处方药，包括不同种类的止咳药等。

家庭营销

家庭营销是由上门推销演变而来的。许多这类经销商提供高质量且高利润的专业产品，通过让他人为此举办聚会而打开市场。产品包括塑料储存容器、化妆品、维生素、装饰篮、贺卡、文具及毛绒玩具等。一些维生素和系列天然产品也被列入家用产品进行销售。

电视购物

随着有线电视网服务覆盖的增长，电视购物也逐渐兴起，成为另一种提供各类商品的直销模式。它们借助有线电视这一渠道，或规律地播放其产品的电视节目，或不定时用专题广告片进行推广。节目通常持续 30 ~ 60 分钟，是一种电视节目与广告的混合体。越来越多的内外科护理和个人护理产品开始通过电视购物进行销售。

电话营销

由于很多美国人白天工作，且上门推销的模式又日益衰减，电话营销商发现当人们在家时给他们打电话，这种营销方式不仅更加经济，而且更能出人意料地成功销售多种产品和服务。电话营销商提供的产品和服务多种多样，且包含更多与健康、保健相关的产品及服务，这一点很多人并不知道。

厂家直销店

表面看来，厂家直销店是一种生产厂商所有并经营的特殊销售模式（其实厂家就是直销者）。但如今也并非完全是这样，许多经销商并非属于生产厂家或与厂家有关，它们只是囤积带有厂家商标的商品而已。简言之，许多厂家直销店已成为零售商而非直销者，这意味着它们一般低价销售上等品质的积压货品、工厂次品（略有瑕疵的产品）及厂家清仓抛售的低价产品。但是，它们有时会用厂家次品冒充高品质产品，而价格与其他零售商并无太大差别。

中间商

中间商的存在是为了处理市场上大宗交易和（或）价格的差异，以及市场的不确定性。中间商通常并不实际拥有商品，也就是说它们只负责让互不认识的买卖双方促成交易。例如，一方有某商品销售，另一方又想购买该商品，中间商的作用就是促成该商品完成交易。它们扮演的角色类似于婚姻介绍人，以服务来创造原本没有的市场交易。中介活动也存在于制药行业，如处理大量的积压库存和短期货品（快要过期的货品），以及防范远期价格的上涨。

批发商

批发商和分销商（较批发商更专业的术语，用于区分那些远比绝大多数批发商提供更多五花八门服务的批发商）有时被称为中间人。它们将产品按数量、差异、渠道、所有权和功能的差异进行分类，类似枢纽机场一样调度旅客和货物并尽量减少航班（即交易）数量、按需满足运力。它们搜寻整个市场，向几个到几千个生产厂家和供应商购买各类商品，然后转卖给零售商或其他人，再由它们按照客户要求的商品种类和数量销售给终端消费者（个人或企业）。虽然在外行人看来批发商和分销商的存在并不明显，但它们是使得个人渠道成功最重要的市场实体之一。药品批发商和分销商对于整个制药业的成功也起到了十分重要的作用。

进出口商

进出口商是专门从事将商品跨国进口出口的市场实体。很大程度上说，它们是熟知各类规范和运输的服务商，因为它们了解进出口商品规则和要求的复杂晦涩和矛盾冲突，并且熟悉商品运输过程，可以保证商品顺利到达且毫发无损。美国经销商能出口制剂成品药物至其他国家，但只能进口 FDA 批准的药品和药物产品。因此，美国的出口量占到了国际药品出货量的 75%以上。由于利润原因，药品进口多以原料药形式而非制剂成品。

储存商和运输商

市场营销中的最后一类市场实体是储存商和运输商。储存商主要调解数量差异。比如，当厂家预期流感季节的到来并生产了大批抗生素胶囊时，则需要额外的仓储来应对季节性的订单增加。而储存商为其提供经济的短期仓储服务（当然要符合规章要求），厂商便无须自建或租赁货仓。

运输商包括长距离运输商（货车公路长途运输、火车、飞机及其他运载工具）和本地交付运输商。运输商提供的服务包括隔夜快递和本地交付服务，它们可能是普通运输公司（接受任何人的发货）或契约承运人（仅限于合约安排或者特定消费者发货）。而某些情况下，生产厂家、批发商及零售商也设立（或租赁）自己的运输部来负责管理商品运输。

渠道关系与冲突

有很多有说服力的原因能够促使市场渠道的各个成员（不同的市场实体）相互配合以满足客户需求。反之则不能——由于相互冲突的目标和目的存在，很多显而易见的原因造成渠道各成员之间和内部的冲突。就其本质来说，一个充满竞争的市场本身就根植了一些冲突。冲突是自然的且允许的，直到市场营销人员认为冲突影响了合作的需求。当这样的情况发生时，渠道效率会降低且无法满足客户的需求。

提供几乎相同效用的相同或相似的市场实体之间的冲突叫作水平渠道冲突。大部分水平渠道冲突会以竞争的形式表现出来，如两家不同的食品店（相同类型的竞争对手）为争抢相同的客户，或者一家药品连锁店、一家便利店和一家出售维生素的商店（混合类型或类型间的竞争对手）争相售卖阿司匹林给客户。除非这样的冲突变得极端、有害或不安全，良性竞争我们是鼓励的，因为它往往会促使每个成员做得更好，并使得客户获得更好的待遇。竞争往往导致客户选择他们偏好的营销者、营销方式和营销策略并将其业务引向那里。每名竞争者都可以自由选择应对或忽略竞争对手的行动，这就是自由市场的本质。

但当水平竞争变得有害或具有破坏性时，它将危害渠道的效用和效率。在价格战和服务战中，当地的竞争对手不断降价来应对竞争对手的降价行为，这样的情况很少能促成真正的新业务，通常反而会危害所有渠道参与者的利益。结果，客户的远期需求同样得不到满足。然而，被长期竞争对手视为“非竞争性的行为”，往往是一种能挑战和颠覆现状的新业务方式。

目前为止，最有趣的冲突类型是垂直渠道冲突，它发生在两个或多个不同功能等级的市场实体之间。为什么有趣呢？因为垂直渠道冲突往往会影响整个行业，并且其实质是力量的冲突。力量的平衡与需要一个渠道领头人，并用以解释许多的垂直渠道冲突。来自制药业的几个例子可以说明垂直冲突：

- 制造商 A 想要药店购进其最新药品却拒绝对部分已经填满的库存进行返利。对于新产品，药店关注的是它们是否能售出，所以有时会犹豫是否打开已封库存并填入少量的新产品。
- 药店在下班时间之后很久才发出订单，第二天早上对批发分销商订单的延迟很生气，因为批发分销商 2 小时后才开始处理订单，而这是由药店订单的延迟导致的。
- 制药商希望社区药剂师用它们的产品来配药（而不是其他竞争对手的产品），但给予其他竞争对手更低的药品价格，或者给其他类型的药店较高的费用让处方者转而使用它们的产品。
- 12 月 12 日，一个社区药店的某种用于持续治疗的药品断了货，当地药店及批发商也断了货。药店打电话给制药商时，却发现其办公室和订单部门由于年底的 3 周假期而关闭。

渠道通路

渠道管理的一个很重要的方面是获取渠道的通路。尽管市场上有许多不同的产品，渠道中间商、零售商和直销商仍不得不对要进货的产品进行选择。制药商也要努力引导其下游渠道伙伴推销它们的产品（而不是竞争产品），并且不购进竞争产品。批发商和零售商购进品牌并在空间和注意力上进行竞争，这些都会限制渠道（货架空间和目录清单）通路。

一些行业中，某些大型的市场成员可以通过独家、长期客户协议或绝对规模将竞争对手“锁在外面”。但是市场通路和力量的平衡是双行道，面对限制或阻断渠道通路或改变力量平衡的企图，每个人都可自由选择如何应对。新的分销渠道及新的产品分销方式的变革作为一种抵消力量，正在挫败那些限制渠道通路和巩固力量的企图。

物流

物流涉及单个公司和整个渠道系统内货物的移动。仓库中的产品对于需要它们的人来说几乎没有任何用处，但是当它们被转运到客户可得到的范围内时，其用处（美元价值）便大幅增加。配送费用在营销费用中占了很大比例，在许多行业中占了约一半（制药行业远低于一半）的比例。

物流包括接收、储存、处理、订单填写、包装和运送货物至其他渠道成员或客户手中。此外，一些重要的辅助流程和要求也包含在配送中，包括购买和合理储存原料和库存、物理和产品安全、接受和处理订单（含发票、信贷凭证）、订单分拣及包装、安排配送及形成配送文件。

物流还可能包括垂直整合。当两个或更多后续等级的市场实体合并为一个运营时，一个渠道就被垂直整合。一个零售商可以并购和开展批发业务，并最终获得自行生产能力，这是进行“上游渠道”整合。生产厂家若拥有并运营工厂店（零售店）和（或）批发店，它们就成为直销商，这是进行“下游渠道”整合。

垂直整合并非新现象，它每20年出现一次。但是，那些孕育出垂直整合的控制和交流技术，以及思考方式是新出现的。制药业从1994年开始垂直整合的尝试，现在判断其是否为可持续的营销模式还为时尚早。

弹力袜营销的挑战

人们早就建议药剂师除开处方和非处方药外还应涉足其他健康产品。一个重要的增长机会就是弹力袜。弹力袜的设计在于缓解和减轻薄弱的血液循环并预防下半身血块的出现。弹力袜的适用对象包括血液循环欠佳或患有充血性心力衰竭的老年人，以及有出现血栓风险的人群和怀孕的妇女。

一双弹力袜售价为50～95美元。其挑战是如何在不投入药店一分钱、一英尺空间的情况下，涵盖弹力袜营销可能的排列组合。可能性包括：

因素	可能性	数量
品牌	4 条主线	4
风格	及腰、高筒袜、及膝、短袜、连衣裤	5
弹度	8～15，15～20，20～30，30～40	5
压缩度	统一、渐变	2
尺码	小、中、大、加大	2
长度	普通、加长、小号	2
袜口	露脚趾、满帮式	2
顶级品牌	普通、贴身型	2
颜色	黑、灰褐色、浅褐色、海军蓝、黑白	6

一个药店采购以上每种可能性的袜子各 1 双，就意味着需要找到能容纳 19 200 不同盒弹力袜的空间，并有 960 000～1 824 000 美元的销售额预期。毋庸置疑，即使对最大的药店来说，无论实体上还是财务上，这都是不可能的。

在渠道原则的基础上，哪些方式能同时满足客户和药店的需求？

第 11 章

美国医药市场的渠道因素——市场环境

布鲁斯·西克

药物及相关医药保健产品

美国的医药市场，按照惯例划分，由 3 个部分组成：

- 处方药。
- 非处方药。
- 辅助或补充药品（Alternative Drugs）。

处方药，又称“标签”药品，因为这类药品带有政府说明图示的标签，并且有且仅有在获得医生处方的情况下才能够配发。一般把处方药统称为药物，却并非所有人都能严格按照规定获得处方药。如果没有专业人士的监督指导，误用药品会导致危险或药物成瘾等问题，所以使用这些药品时必须由具有资质的医疗人士开具处方。由于批准前的临床试验中出现的原因不明的安全性问题，一些新药的使用也需要谨慎，应该在有处方的前提下使用。

在美国，处方药由 FDA 和执行处方药品营销法案（the Prescription Drug Marketing

Act）的州立机构来监管。所有处方药必须经过 FDA 批准方可在各州之间进行销售，并由具有资质的医疗相关从业者负责流通和管理。

非处方药也由 FDA 监管和审批。两者的差别在于，FDA 确保人们自行购买使用非处方药时是安全的。这种本质差别从名称上就能看出。所谓的“非处方”药，即无须处方便可向大众销售的药品。非处方药早先的名字就是依据其购买形式而来的——在柜台售卖的药品（OTC）——最初在药店的柜台有售。实际上，非处方药随处都可以销售。

作为美国药品市场的第三大类，辅助或补充药品不是一个精准的称谓。它包括植物药、顺势疗法、保健品和一些功能性食品。不过，这个定义还不能准确地描述其范围，更重要的是不能体现大部分消费者对这些产品的认识和使用。虽然目前辅助或补充药品在资金和用量的规模上是最小的，但却是增长最快的。

和医药相关的医疗手术用品、医疗器械也被逐步纳入广义医药的范畴，由 FDA 审批和监管。

处方药的使用

在出生率提高、可预期寿命延长和移民（包括边境的非法移民）的影响下，美国的人口总量持续增长。1990 年，美国人口大约有 2.5 亿。2000 年的人口普查显示，美国常住居民跃升至 2.8 亿，10 年中增长了 13.2%。1990—2000 年这 10 年间的 3 270 万创了美国有历史统计以来人口增长之最——按照美国国家统计局的预测，这种情况在 10 年后的 2010 年不会重演。预计 2010 年美国人口总数将达到 3 亿，相比 2000 年增加 1 850 万，如表 11.1 所示。尽管数字不及上一个十年，但这种增长带来的是实实在在的医药需求。

表 11.1　1950—2050 年美国人口

年份	美国人口（1 000 人）	美国人口预测
1950	152 271	
1960	180 671	

续表

年份	美国人口（1 000 人）	美国人口预测
1970	205 052	
1980	227 726	
1990	249 949	
2000	281 422	
2010		299 862
2020		324 927
2030		351 070
2040		377 350
2050		402 687

资料来源：U.S. Bureau of the Census. Census 2000 and Components for Change for Total Resident Population, 1999—2100.

在可以预见的将来，人口的平均可预期寿命将持续延长。对于欣欣向荣的医药市场而言，它的重要意义可以和人口学上的“婴儿潮”时期相提并论。“婴儿潮”是指第二次世界大战后，美国人口出生率激增的一段时间。婴儿潮早期出生的一代人在 1996 年后纷纷年过半百，之后这个群体逐渐壮大。老龄化（突然有大量人口步入中老年）的重要意义在于，岁数越大，用药越多！老龄化的人口意味着更多的人均处方量和医药开销（见表 11.2）。

表 11.2　1997 年老年人的人均处方量和医药花费

年龄（岁）	人均处方量（美元）	医药花费（美元）
25 以下	425	65
25 ~ 34	1 236	169
35 ~ 44	1 605	210
45 ~ 54	1 945	303
55 ~ 64	2 187	407
65 ~ 74	2 900	594
75 以上	2 799	691

资料来源：U.S. Bureau of Labor Statistics.

美国医药市场在之前 50 年中一直稳步增长；然而，过去 5 年，这个增长速度有所加快，并且预计在接下来的 5 年会进一步提速。到 2005 年，美国制药业和销售商将生产、包装、运输和配送在现有基础上增加整整 10 亿张的处方量！

自 1990 年后，处方量也迅猛增长。从 IMS 公司发布的信息来看，1999 年度整体医药销量再度突飞猛进，达到 1 250 亿元（零售价），增长率 19.3%。零售药店配发处方量增长 9%，达到 2 821 770 000 张，按人均处方折算每人将超过 10 张（见表 11.3）。

表 11.3　1999 年美国处方量

Trade Channel	总处方量（100 万美元）	市场总额（%）	相较于 1998 年同比增长（%）
连锁店和大卖场	1 492.0	52.9	9.8
独立药店	737.7	25.5	4.4
食品店	357.5	12.9	16.9
邮购药店	133.6	4.7	9.0
长期保健店	114.9	4.1	7.1
合计	2 835.7	100.1*	9.44（均值）

资料来源：IMS Health.

注：*Due to rounding.

导致医药市场迅猛增长的一个重要因素是平均每张处方的药品金额越来越高。这张处方中包括各种因素——价格高昂的创新药，使用品牌药或仿制药，以及每张处方的药品数量。从图 11.1 中我们可以看到，过去 10 年，平均每张处方的金额一直在稳步增长，并且品牌药和仿制药的价差也在逐渐拉大。

1990 年，平均每张处方金额是 22.06 美元，同一通用名下的品牌药平均金额是 27.16 美元，而仿制药是 10.29 美元。8 年后的 1998 年，平均每张处方金额达到 38.43 美元。品牌药的平均金额为 53.51 美元，许多创新药一个疗程的治疗费用就超过了 100 美元，而仿制药的平均金额仅为 17.33 美元。

虽说消费者买药不惜重金，但不断增长的药品价格及同一药物在其他国家售价更低等现象还是引起了主流消费者群体、雇主、政客和政府的关注。

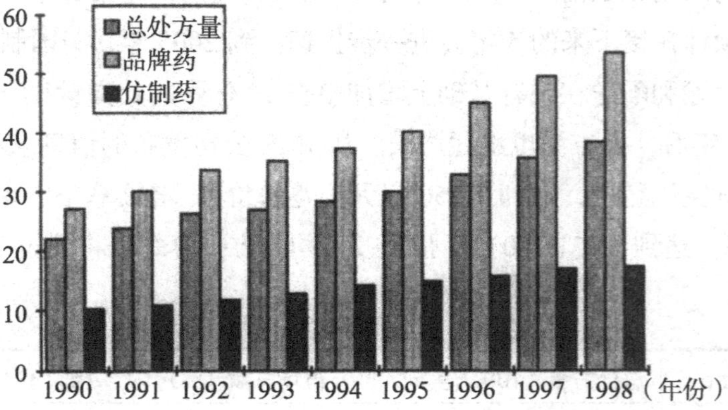

图 11.1 1990—1998 年平均处方零售价

资料来源：IMS Health.

药品政策规范

受相关政策规范限定，其他产品在渠道营销上采用的许多方式都不适用于药品市场。归纳起来，主要原因如下。

品类纷繁复杂，不一而足

虽说处方药主要由为数不多的几类药物构成，然而落到每位患者身上却是千变万化、纷繁复杂的。一种药物（有效成分）可以是固体口服制剂（胶囊、片剂），也可以做成液体口服制剂（药水、酊剂、点滴）或注射剂，还能做成局部使用的（乳剂、软膏、凝胶），或者适用于耳朵、鼻子、眼睛等，不一而足。小儿用药则是另一个方向。

通常，一家药店要备有 1 000 种以上的药品，这意味着很大一笔固定开支。药价持续高涨，无论批发商还是药店都希望尽其所能地降低库存水平（在不影响消费者服务的情况下）。由于药店需要预测季节性变化和周边几千人的用药需求变化，因此需要保证品类丰富齐全的药品储备。患者通常希望能够立即获得需要的药品，只有在保险或者经济因素影响下才会愿意等更长的时间，如使用邮购则不需要缴纳额外的共付医疗费。因此，药店的库存量在确保优质服务的情况下有着最低的限度。

连续作业、快速且可靠

在美国，照方抓药通常无须预约。消费者希望无论早晚（很多社区药房每天营业 10 ~ 16 小时）且一周 6 ~ 7 天都可以买到药物。有不少 24 小时药店全天候营业，并且全年无休。意欲逐鹿美国药品市场的营销人员要对这种“天时地利”烂熟于心。

独特的处理和存储要求

极端温度会影响药品质量，特别是高温。尽管药品大多小巧轻便，但如果在包装、运输、存储过程中操作不当，则非常容易造成损坏。因此，营销人员定夺此类事宜时要三思而后行。

受严格监管

药品是受严格监管的产品，在什么样的条件下、以何种方式面对大众都要有法可依、依法行事。对新进入这个市场的营销人员而言，那些影响渠道营销的政策法规的多样性和复杂性往往被低估甚至忽视。正因为和营销渠道相关决策的高昂成本和相对缺乏变通，市场营销人员才需要在做这些决定前对相关政策限制了如指掌。

产品的外观和价值特征

涉及渠道因素时，市场营销人员应该对药品独有的外观和价值特征有所考虑。

包装小、价值高

药品通常是小包装的产品，但价值很高。正因为如此，才容易遭窃和落入非法渠道。也是因为这种包装小巧、价值昂贵的特点，从成本上讲，药品适合采用特殊的运输工具，以便更加快捷地抵达送货地点。

因人而异的使用量

严格意义上说，处方是世界上所有产品中在数量上最具个性化的产品。任何一张处方的数量范围都可以从初始单位剂量（甚至更少）到医师、患者和药房所能承受的最大数量。事实上，生产商无法生产出满足所有患者需要的包装规格，因此医师（处方者）和药剂师（配药者）在这种开药数量因人而异的过程中发挥着重要的作用。

保险和安全顾虑

尽管安全防护措施多如牛毛，药物使用也并非万无一失。使用药物存在风险，是权衡其收益大于风险的结果。如果不加限制即可获得和使用这些处方药是非常危险。可以开具处方、使用、配发及管理处方药物的人员必须严格遵守相关管理规范。

滞销、投资失败和债务

药品是有时限性的产品，即它们存在有效期。过期的药品不能配发。与大多数产品不同，药品在流通过程中一直就有召回的特权。不同公司的生产召回政策有所不同——有的公司只回收（退货记账）未打开包装的产品，有的公司接受那些被打开的部分装箱[①]。市场营销人员在制定渠道营销决定时需要考虑召回流程和成本因素。

---

① 部分装箱（partial container）源于运输方式的一种，直译为“部分集装箱”，即只占用集装箱的一个部分，其他地方装一些其他杂货。此处表示，单位的小的药品包装只占外部大包装箱的一部分，大的箱体被打开了，不影响小包装的退货。

法律和注册法规

与工业品和日常消费品不同，并非所有药品都可以在美国进行营销推广，也并非所有人都可以推广药品，更不能随心所欲地认定某药品是处方药或非处方药。药品和制药从业人员都有许多相应的规范和要求。

监控和管理处方药、非处方药的生产及推广主要由美国联邦政府负责。其中，FDA 是主要的执法机构，隶属于美国卫生及公共服务部①。1906 年、1938 年、1951 年、1962 年和 1989 年通过了许多法案规范健康和安全问题，以保护人们远离假冒伪劣药品。也正是公众对药品引发的公共安全问题和对药物或药物联用的关注和质疑，促成了很多法案的诞生。

1906 年，美国通过了《纯净食品药品法》(Pure Food and Drugs Act)，FDA 由此诞生，代表联邦政府对药品营销的方方面面进行监管，并行使司法和审判权。FDA 也被赋予了强大的行政制裁权以保证医药行业的法律监管，包括没收和销毁滥竽充数和以次充好的药品。FDA 可以做出严厉的经济和刑事处罚，对被批准上市药品营销的高度监管可谓面面俱到。

1938 年，美国对《食品、药品和化妆品法》进行了重大修订，起因是一件激起众怒的恶性事件——40 人死于服用含有有毒工业溶剂的药品。此修订进一步扩大了 FDA 的监督权限。也正是由此之后，药品生产商被要求根据提交的药品申报材料的用途和用法，证明其安全性。

1951 年通过的《Durham-Humphrey 修正案》②，对《食品、药品和化妆品法》进行了补充，这一法案建立了处方药和非处方药的明确标准。在此之前，FDA 一直使用

---

① 美国卫生及公共服务部（HHS），是维护美国公民健康、提供公众服务的联邦政府行政部门，于 1979 年 10 月 17 日由美国总统吉米·卡特签署的教育部组织法案成立。该法案将原卫生、教育及福利部（United States Department of Health，Education，and Welfare）划分为包括 G.I. Bill、退伍军人事务部的卫生及公共服务部和单独的教育部。这两个部门均于 1980 年 5 月 4 日开始运作。

②《Durham-Humphrey 修正案》：定义无医学监督不能被安全使用的药品种类，并将其销售限制于有执业医师（licensed Practitioner）的处方。

内部指导原则，而这个原则不被 FDA 之外的业内人士所熟知。1962 年通过的《Kefauver-Harris 修正案》[①]，进一步补充了《食品、药品和化妆品案》。这些修正案赋予 FDA 对所有处方药品市场推广和广告（无论针对专业人士还是大众）的监管权利；同时出台了新规定，要求药品生产商证明其药品的安全性和有效性。

美国联邦法律不仅规范药品的成分，获得药品是否需要处方，而且对药品的进口、仓储、运送和生产全程都有一整套公之于众的法律法规和指导原则，即人们熟悉的“药品生产质量管理规范”（Good Manufacturing Practices，GMPs）。

FDA 规范了一种天然或合成的药物应该如何鉴定（定性）和化验（定量），以及如何贮存。美国联邦法律甚至详细规定了药品外包装材料的特性。FDA 决定了需要印刷在药品包装上的信息，药品包装里内容，以及药品生产商在市场推广中的措辞。

1987 年颁布的《处方药上市法》（Prescription Drug Marketing Act，PDMA）是一个联邦法案，由各州的政府机关负责执行和日常监管（可以是药品州立委员会或独立的机构）。PDMA 的产生旨在遏制医药行业的各种劣行：在进口和再进口药品时钻空子，串货，采购分销药品样品，假药泛滥，以及在包装时偷梁换柱。

PDMA 规定，生产商只能进口或再进口（Reimporting）[②]自己的药品，并且对控制、贮存记录、操作和运输药品等各个环节也做了详尽的要求。基于 PDMA 法案，经销商必须向购买者提供切实的书面担保，证明药品经过合适的储存和处理。如有需要，经销商还必须向买方提供产品从离开生产厂到最终的销售环节中涉及的详细过程，这个书面记录有一个正式的称谓——“药品物流监管链”（drug pedigree）[③]。

---

① 1962 年通过的《Kefauver-Harris 药品修正案》引起了 FDA 监管权限的巨大变革。其中，最重大的变化是所有新药的上市申请都必须包含对于药物有效性的“实质性证据”，作为对之前申请中安全性论证的一种补充。FDA 现今所采用的审批程序由此产生。1938—1962 年被批准上市的药物也被要求由 FDA 审查其有效性，在必要时可将其撤出市场。1962 年法案的其他规定还包括对制药厂商在商标名中使用“公认的”或“普遍的”等修饰词时的要求、药品广告须符合 FDA 发布的标准及 FDA 拥有对制药厂商的制药设备进行检查的扩张权限。

② Reimporting：直译为“再进口”或“重复进口”，指的是一个产品的出口国，又把该产品进口回来。背后的主要原因在于，药品在不同国家的售价差异很大。

③ drug pedigree：在中国台湾被译作“药品履历标准”，也直译为“药品谱系标准”，现在 SFDA 所试行的药品电子监管码即此类药事管理方法实践之一。

PDMA 对药物样品提出了一系列的管控措施，包括针对药物样品的存档记录和审查要求。药店和药剂师不能接受和保管药物样品，药品经销商不能接受已拆封（部分包装）的处方药。

另一项和美国药品推广息息相关的法案是于 1970 年颁布的《药物滥用预防和管制综合法》，也称为《滥用物质管理法案》（the Controlled Substances Act，CSA）。这项法案促成了美国缉毒局（Drug Enforcement Administration，DEA）的成立。该机构分为两个部分，DEA 特派员的工作重点是对犯罪行为的监察，尤其是药物的非法使用；而负责药品流通的监管部门，由专门的药品流通监察专家（Diversion Investigators，DIs）①组成，监督管制药品在美国市场的流通。尽管 DEA 的这两个部门职责有所不同，但都偏重于执法机构而非行政管理机构。

管制药品意味着对部分 FDA 批准的药物实行国家和州级的专门监控。按照 CSA 法案认定的这些药物可能会被滥用、误用或流入黑市用于非医学用途，随后 DEA 会对这些药品严加管制。

根据管制药品可能的滥用行为，以及防止药物流入非法渠道需要的监管力度，DEA 对管制药品进行了分级。II 级至 V 级药品可在美国市场上流通销售，但生产商、分销商、分装经销商、药店及其他从业人员必须在 DEA 单独登记，并符合额外的监管流程。此流程中，包括贮存、操作、订购、信息存档、报告等要求，违者可被处以行政、民事和刑事处罚。DEA 的法律法规十分细碎烦琐，有些地方容易被忽视，而 DEA 规定无论有意无意，违反即会被处以高达 25 000 美元的罚款。

市场营销人员还必须了解管制药品在各州管理时的地方性政策。大多数州都采纳联邦标准 DEA 法案为核心并与其保持一致，遵守联邦法案，即遵守州法案。然而，几乎每个州的法案都略有不同，大多数比联邦法案更严格，且容易被忽视。市场营销人员必须遵守这些更为严格的法律规定。

FDA 和 DEA 对药品市场营销的影响可谓举足轻重。除此之外，市场营销人员还要遵守一些其他的联邦法律。消费者产品安全委员会（Consumer Products Safety

① Diversion Investigator 直译为“药品流通监察专家”，是 DEA 的一种职位，主要负责对美国境内受管制药品和化学成分的监管，涉及从合成、生产到流通使用的各个环节。

Commission，CPSC）规定了药品在转运过程中应如何标识，并且是否含有危险品。如果药品成为废品，就要归联邦环境保护署（Environmental Protection Agency，EPA）管辖。而联邦运输署（Department of Transportation，DOT）对药品在运输和仓储过程中有着众多的法律法规。

按照联邦危险品运输标准的要求，医药营销人员须向有关部门提供各种药品的化学品安全说明书和有害物质控制中心的相关信息。

地方法律法规

各州和当地的司法机关对辖区内的药品推广有着繁琐的法律法规。曾几何时，地方政府与联邦政府良好地保持一致，市场营销人员只需注意少数的例外或额外的要求即可。

尽管没有成文的记录，改变却无时不在：各州越来越多地通过不同的、更为严格的法律，影响着药品的市场营销活动。

州立药房委员会

尽管对生产、销售处方药和非处方药的管控主要是在联邦政府层面，市场营销人员仍要注意一些限制因素。各州对药剂师管理和药房业务具有主要管辖权，即便间接的，这些对药剂师和药房的监管也会向上影响到供应链的各个环节。

州立药房委员会（State Board of Pharmarcy）负责实施州内的管理，旨在保护居民的健康和福利。委员会通常是州政府中的独立部门，偶尔也会是设在大型专业注册认证机构下的司法部门或分部。

与所有行业相比，执业的药房是一种需要特殊授权的专营业务，并非人人都能入行。为了从事这种专营业务，药剂师必须具有基本的相关教育资质，遵守行业标准操作规则和相关法律法规要求。药剂师要按规定注册执业，完成继续教育，处处以维护公众健康为准则。更为重要的是，药剂师不能涉及药品和化合物的非法使用，尤其是管制药品。

州立药房委员会规范了药剂师在给公众或其他注册的医疗卫生保健专业人员、机构分发药品时需要满足的条件和要求。委员会的规定和条例明确了药品在药房的贮存和监管方式，处方的构成，处方标签中必须明示哪些信息，药剂师可以或必须给患者哪些信息和建议，需要保存哪些记录，以及保存时间。州立委员会的规定还明确了营业特性、需要的设备和专业资料，以及卫生状况和安全措施，更重要的是允许雇用助理药剂师（Pharmacy Technician）[①]。

美国医药市场营销中一个基本原则就是长久以来分销渠道的二元化管理：渠道上游（生产和分销）受联邦政府管辖，而面向患者（药房）由各州管理。要理解营销组合中渠道营销有哪些限制和机会，就要全面通观整个渠道，并对其各个部分的特点、操作和相关要求了如指掌。

① Pharmacy Technician：助理药剂师，也有译为药技师，它和执业药师或专业药剂师的不同在于，证照要求没有那么严格（各州要求不同），但需要经过专业训练。

第12章

美国药品市场的渠道营销

布鲁斯·西克

通过多年的不断完善，美国的医药渠道已经发展成为一个有着各种选择和可能性的复杂精密的庞大体系，它为2.81亿美国消费者提供全方位的服务并给100多万医疗服务人员带来便利。要想理解“渠道原则”（Place Principles）在美国市场的应用，就需要对组成这个体系的各构成部分及其运作有深入了解。

美国药品市场的一级渠道包括供应商、批发经销商、连锁仓储和终端药店，二级渠道包括药品回收商、诊所、实验室和药物样品的发放。

药品供应商——生产商、贴签商和重新包装商

生产商

药品生产商是美国药品市场最大的成品制剂提供者，在药品供应中占绝对主导地位。它们经FDA授权对其批准的新药进行生产、上市，即推广和配送到适合的下游渠道。药品生产商通过自主研发、购买或代理获得新药。迄今为止，药品生产商一直是新药研发最大的资金来源。那些获得FDA批准最终上市销售的药物，绝大多数都来自这些研发。

购买或代理也是获得新药上市营销的途径。药厂购买药品所有权的途径多种多样，可以是其他药厂（国内、国外的厂家都有），也可以是独立的研发实验室、科研院所、高校或发明者个人。此外，药厂还可以通过支付一定比例的代理费，代理其他企业或机构（代理授权方）所有的药品品种，自己来营销（这种情况较少）。支付代理费通常获得的是某一药品一定时期内的或某个特定市场区域内的营销权，这种情况下所获得的仅为营销权而不是药物所有权本身。

医药企业在生产、经营、进出口、仓储、营销这些批准上市的药品时，必须遵守美国联邦、各州及地方的法律法规，否则轻则失去营销权，查封违规药品、罚款，重则还有犯罪坐牢的风险。

贴签商

除了生产商之外的第二大成品制剂供应商就是贴签商（Labelers）。但 FDA 对贴签商的审批监管一点也不比真正的生产商宽松，至少在外界看来，它们都是一样的。顾名思义，贴签商所营销的药品并不是它们自己生产的，而是从生产商那里买来的成品制剂，然后贴上自己的标签。唯一的例外是贴签商可有其他购买药品的途径，这样贴签商需要像生产商那样营销药品，并且所做的一切都应符合政府的相关规定。[当然，因为不是自己生产药品，所以无须遵守药品生产质量管理规范（GMPs）。]

重新包装商

第三类供应商为重新包装商（Repackagers）（在所有的成品剂型供应商中占的比例最小）。重新包装商有两种主要类型：① 像营销自己品牌的产品一样营销经过重新包装的产品；② 只是重新包装规格而沿用原有的药品标识和标签。

第一类重新包装商也有 FDA 的贴签商许可证，允许其将产品分装为不同大小数量的包装规格，然后贴上自己的标签，就像自己的产品一样销售。举个例子来说，某重新包装商获准购买一种单位包装 5 000 片的镇痛药，然后按照每瓶 50 片重新包装，再贴上自己的商标，打上生产批号。尽管这些药品是以新东家的名义经销的，但现行的美国联邦法律还是要求新包装的标签上标明原生产商的信息。

第二类重新包装商是只对包装规格进行调整，这样可以在大批量购买的时候节省费用。重新包装后产品的标签或说明书和原包装上的别无二致。这种重新包装商是在有大批量用药需求的环境下应运而生的，如隶属某大型连锁医疗机构的重新包装部门。当然也有独立门户的重新包装商，它们有自己的客户群，会与客户签订重新包装合同。

有人按产品类型的特点不同对药品供应商进行划分，然而这种划分标准在当前的市场环境下已经日渐模糊。

品牌药生产商

品牌药生产商（Brand-Name Manufactures）也被称作原研药生产商，它们致力于创新化合物（NCE）的研发和市场化推广。原研药专利和商标受法律保护（即便在商标受理过程中也受到保护）。产品一经 FDA 批准上市，自专利申请日起，该原研药生产商将在美国市场享有 17 年独家营销权。在此期间，企业要尽力收回原研药物研发成本（一个被批准用于临床的新药是从不计其数的候选化合物中筛选出来的，它们都将算做最终获批的化合物的研发成本）且回报股东的投资。因此，原研药的定价要远超出单纯的生产成本，才能实现上述目标。

另一类生产商称作“仿制药生产商”（generic drug suppliers）。仿制药在市场营销推广中没有品牌和商标名称，任何企业只要申请获得 FDA 批准都可以在美国生产经营仿制药。仿制药的价格也低于品牌药。

品牌仿制药

有些厂家经营的产品是前述两类品种的结合体，叫作品牌仿制药（Branded Generics）。品牌仿制药就是该药品并没有化合物专利，但以品牌药的形式进行推广。这类产品大多是那些已经专利过期的品牌药。厂家将这类产品定位在接近品牌药的水平，定价则取个中等价位（介于原研药和仿制药之间）。

虽说大家以原研品牌药公司、仿制药公司这样的分类来称呼药企，但实际上大多数原研品牌药公司也出售仿制药，而越来越多的仿制药公司也在研发品牌药。

联合推广

相当数量的药企在药品营销中选择了联合推广（Comarteters）的方式。有时，两个不同的企业使用同一品牌名称推广药品。也有些时候，同样的药物会以不同的品牌名称交由不同公司推广。通过类比通用汽车等汽车企业“翻牌”的做法可以很好理解这种营销实践：同样的车，改改外观、内饰等边边角角，换个品牌名字就推出市场了。不同品牌名称的同一药物的联合推广的目的在这一点上与汽车业的做法殊途同归：只是为了让消费者感觉有更多选择。

药品批发经销商

药品批发经销商（Wholesale Distributions）早先也叫批发商、中间商等，它的作用时常被忽视，实际上它是药品分销渠道中举足轻重的一环。作为医药市场营销体系当中一个独立的市场实体，药品经销商是连通供应商和药房之间的桥梁，旨在正确的时间把确定数量的产品送到客户手中，并满足客户的各种需求。

广泛的产品线

绝大多数批发经销商都是全品种（full-line）经销商。也就是说，药房和诊所所需的几乎所有的医疗保健药品及保健美容辅助用品，它们都有仓储并提供配送。此外，还有“有限品种（limited-line）经销商”和“地区（short-line）经销商”。顾名思义，它们要么经营的品类有限，要么覆盖的区域比较有限。20 世纪 40 ~ 70 年代，众所周知的“地区批发商”（short-line houses）现在已风光不再，因为如今药房的供货非常依赖大型药品批发经销商，因为无论什么品种需要多少数量，它们都能按时配送。

服务范围

大多数批发经销商会为客户提供方方面面的后续服务，故而被称为“一条龙服务的经销商”（full-service wholesalers）。这种实实在在的“增值服务”给客户带来的价值已经远远超过仅仅配送药品。总体来说，因为收费合理、利润可观，这种增值服务已演变成为经销商的常见业务。但也有只提供有限服务（limited-service）的批发经销商，不过在如今这样的市场环境中也是屈指可数了（后面要介绍的二级供应商或者差异化市场实体就在此列）。

特殊品种专营经销商

从数量来说，一批特殊品种专营经销商（Specialty Wholesalers）在经销商队伍中可谓异军突起。与之前的那些品众齐全、全方位服务的批发经销商不同，它们锁定一些特殊的细分市场。其中，有的专营一类特定药品，如肿瘤药、肠外用药、生物制品，甚至一些单品种（如美沙酮）的特药；有的锁定一类特定客户群，如一些诊所、监狱或独立手术中心（free-standing surgery center）[①]。

二级供应商

对医药市场而言，过去的 25 年是药价不断上涨的 25 年。供应商常常在一年里不止一次地提高药品价格，而涨幅是相对可预期的。价格上涨对有额外购买能力的下游渠道客户而言，它们可以这次多备一些货，这样赶在下次涨价时也跟着涨价，以此来实现短期的潜在盈利。当然，这样做也并非没有风险，大批采购和库存管理都是需要成本的，有时巨大的库存成本会将囤积居奇的利润在涨价前就“吃”得干干净净。

这样的环境催生出一批专门在其间倒买倒卖的市场实体就一点也不稀奇了。二级

① 独立手术中心，是美国流动手术中心（Ambulatory Surgery Center，ASC）的一种，主要为一些门诊患者做手术，患者无须住院，手术结束后直接回家休养。独立手术中心有别于另一种 ASC，就是它的独立性，不依赖于医院等医疗机构独立存在。

供应商（Secondary Supplier）便是这一类。它们会以当天或稍低的价格大量提前购入远期可交易的药品期货，然后在价格上涨时再将这些药品以当时的价格卖给有实际购买需求的药品经销商、连锁仓储商、药房等渠道商，从而赚取利润。

差异化市场实体

20 世纪 90 年代中期，批发经销商发现，向药房出售有效期在 6 个月内的药品变得越来越困难。与此同时，一些医院在供应招标合同中开始明确要求采购的药品的有效期不能少于 12 个月（这一状况很快发展至绝大多数的医院）。也是在这一时期，世界卫生组织（World Health Organization，WHO）也提议，要求捐赠给有需要的国家和民族的药品有效期在赠予时至少有 12 个月。这种情况开始后不久，就有大量有效期内（生产商按照 FDA 要求标明的有效期）的库存药品积压在批发经销商手里，实际上卖不出也退不掉。

州立药房委员会和药物项目针对药品有效期的现状，改变了此前一直使用的配药模式及操作方式，这时相关问题也开始影响到药房层面。之前，只要药品在配药时在有效期内，就可以配发。而今，如果药品有可能在患者用完或停止使用之前就过期，药剂师则不能配发该药品。这点变化看似微不足道，实际上很多州立药房委员会和用药方案开始要求药剂师将药品的有效期标注在处方上，这种做法极大地加剧了药房药品的滞销局面。

无论何时，只要市场需求出现且变得巨大，营销者总能找到方法解决，刚刚提到的这种近有效期的滞销药品问题也不例外。随着互联网的兴起和 e-Bay 商业模式的产生，近有效期的滞销药品被一种新型市场实体——差异化市场实体（Discrepancy Specialists）化腐朽为神奇：那些有效期在 6 ~ 12 个月的药品再也不用在药房的货架上“等死”了，它们会在过期前被送往最需要的人手中。

连锁仓储商

连锁仓储商（Chain Warehouses）乍看上去和批发经销商别无二致，不同之处就在于它们为自己运营的终端连锁店供货，如药房、便利店、大卖场或会员商店。它们倾向于保有少量的库存，尤其是处方药；它们提供有限范围的服务，和批发商相比向厂家发出的订单要少很多。它们主要向生产商和批发经销商购买药品，再转至自营店里销售。

药房——患者和药剂师之间的桥梁

药房（Pharmacies）既是药剂师服务公众的场所，也是为公众供应药品的主要渠道。它们规模不一，各有特点，但宗旨都一样：为药房周边社区维持较大的库存供应，使居民可以根据不同的治疗方案随时来药房配药。它们营业时间长，便捷可及，服务周到。

由于具备专业知识和良好的判断能力，依据有关法律法规，药剂师有按照相应规定操作、合成和配发处方药物的权利，但这些行为均被限定在药房进行。这里，“药房”也为法律所明确定义，专指被授权仓储、合成、配发和销售药物的特定场所，尤其是对处方药。

想准确描述当下的“药房”这个概念，就像要描述“普通美国消费者”一样，不是一两句话能说清楚的。为了便于讨论，我们可以把药房分为如下 5 类：

- 社区药房。
- 邮购药房。
- 医疗机构药房。
- 特殊药房。
- 政府药房。

并非所有的药房都可以按照上述分类对号入座，而且在业务操作时，一家药房可以同时具备上述分类的多种功能，但是用这种分类方法，足以区分药房的功能，而且有讨论意义。

社区药房

最常见的一种药房类型就是社区药房（Community Pharmacy）。顾名思义，它们大多坐落于社区：一套临街的门面房，醒目的招牌，消费者推门进来就能配药。而社区药房本身又可以分为如下一些不同类型：

（1）个体药房（independent）：绝大多数个体药房是指单个业主或少数几个合伙人投资经营的单独一家社区药房。若单个业主经营的药房数量不多于 3 家，通常也可认为个体药房。至于这 3 家社区药房从名称来说，相同或不同、相关或无关都是可以的。

（2）连锁药房（chain stores）：4 个或 4 个以上的（通常是成百甚至上千）社区药房由一个单独的业主所有并经营（通常是一些大企业），可定义为连锁药房。尽管有些个别的连锁店（在这家公司范围内）会以不同名称或店头标识营业（一般是历史沿革继承的原因或识别的需要），但是绝大多数连锁药房通常具有统一的外观识别体系。

（3）专营店（freestanding）：这也是一种连锁药房，也被直接称为连锁店。

（4）食品店内健康用品专柜（food store-affiliated）：这是一种由食品店（通常作为大型食品商店的一个部门）经营的连锁药店。

（5）大卖场（mass merchandiser）：由大卖场（通常作为大卖场、超市内的一个部门）经营的连锁药店。

（6）会员商店（buying club）：这是一种由会员商店（通常作为大型会员商店业务的一部分）经营的连锁药店。

（7）商场内的店中店（hybrid site）：一些社区药房是和其他商业中心混在一起经营的。它们通常设置坐落在一些大型商场、购物中心里，但是所有权和经营权都是独立的，基本可以理解为专柜或者“店中店”。

（8）专柜租赁（leased department）：这种社区药房通常位于大型商业中心（如食品商场或办公楼），但是所有权和经营权都是独立的，也就是在大型商业中心租赁专柜独立经营。

（9）便利店（convenient store）：这种类型通常是在大型便利店内租赁专柜经营，如 7-11、Circle K 和 White Pantry。

（10）服务站（service station）：这种类型包括那些在服务站租赁一个部分用于药房经营，通常坐落于大型旅途站或服务站小超市。

医疗机构药房

在数量和规模上，第二大普遍的药房是医疗机构药房（Institutional Pharmacies）。多数情况下，这里的“机构”的服务对象包括医院的住院患者，有长期护理和生活保健需求的人群，以及临终关怀医院的绝症患者。当然，这一服务对象也不仅限于此。

医院药房（hospital pharmacies）在美国司空见惯，就坐落于各家医院内部，其规模大小和服务范围却大不相同。大多数医院药房只服务于住院患者，然而有越来越多的药房也为部分门诊患者提供服务，如辟出独立的药房服务于近期住院的患者，或者那些一直需要医院提供服务的患者。大多数医院药房是医院的一部分，并由医院运营，然而更多的医院药房是外包给专门的医药服务公司的。

第二类常见的医疗机构药房位于诸如疗养院等医疗保健机构内，主要服务对象是各种不同程度上生活不能自理，需要家庭护理、生活协助、看护设施的居民，这种药房通常被称为长期保健（Long-Term Care，LTC）药房，因为它服务的人群是固定的，而他们又长期需要这种“贴身”服务。但是，设置这种药房的医疗机构却是少之又少的。

长期保健药房的起源可以追溯到 20 世纪 70 年代，那时一些独立营业的社区药房被指定为当地疗养院提供配药服务。随着长期保健药房的兴起，一类扮演临床用药顾问角色的药房从业人员变革了此类药房的基础和侧重点，从社区药房（独立或连锁）的幕后走向台前，衍生出了一种新的药房类型，它们自立门户，为特定的患者群体提供专门的服务。

为数不多的药房把在临终关怀医院的绝症患者作为其首要或唯一的服务对象。这种药房通常属于社区药房的大范畴，除非偶尔住院，大多数临终关怀的患者都待在家里接受治疗，但提供临终关怀服务的药房却在外观和感觉上与医疗机构药房有异曲同工之处。

HMO 或计划管制药房（Managed Care Pharmacy）[①]是药房中的一个特殊类型，它们有的在社区，有的在机构，有的则通过邮购提供服务。这种服务作为协同治疗和预防医疗的一部分，只提供给那些购买了此项服务的特定人群，或由现任或前任雇主购买给予的指定受益人。这样的药房并不针对普通大众，但它们处理的处方数量却呈几何级增长。到 20 世纪 90 年代末，大多数政府公费项目的配药服务都是由计划管制药房来完成的。

邮购药房

邮购药房（Mail-Order Pharmacies）在配药功能上和其他药房是一样的，不同的是药品是通过邮寄送到全国各地消费者手中的。这些药房几乎没有上门买药的客户，而是通过专门海量信息和物品操作技术对上述业务进行成批处理的。

特殊药房

第四类药房因其运作方式和所处理的处方特殊而被称为特殊药房（Specialty Practice）。其中，一小部分是专营如用于化疗的放射性药物的核药房（nuclear pharmacies），另一类数量同样稀少的则是主营肠外给药或家庭输液的特殊药房（parenteral or home infusion pharmacy）。顾名思义，它们更多的服务是到患者家里提供静脉注射、肠外给药等服务。

为数不多的专营处方配制的药房正在兴起。和常规的社区药房相比，它们在处方配制方面更胜一筹。这种专营处方配伍的药房会独立挂靠在其他各类药房之内，如在社区药房里单辟出一块为其所用。

网络药房是特殊药房中的新兴事物，它借助其运营的网站，主要或者仅仅通过电

① 计划管制药房（Managed Care Pharmacy）：这里，Managed 是按照计划管制的意思来翻译的，因为如 HMO 这类医保组织，对使用医保费用的控制是非常严格的，这种计划管制有些像上海等一些医院的总额预付费制度，所以是一种计划性的管制。

邮和客户沟通。（社区药房、连锁药房直接给客户提供物品和服务；邮购药房的服务通过邮购订单提供；HMO 药房为注册收件人群组服务。除此之外，它们都额外设立网站，但网络药房和它们是不同的。）

政府药房

第五类药房是政府药房（Government Pharmacies）。它们是联邦、各州和各地政府部门运营的为特定人群提供服务的药房和诊疗所。其中最大一部分由美国国防部（the U.S. Department of Defense，DOD）运营，专为现役军人及其家属提供服务。它的药剂师里既有军人也有普通百姓。

退伍军人管理局（Vaterans Administration，VA）通过一个包括医院和诊所在内的体系进行药事管理，同时为退伍军人提供广泛的药品邮购服务。美国公共健康服务机构（Public Health Service，PHS），包括印第安人事务局[①]，均针对不同的特定人群进行药事管理。

联邦、各州、各地监狱和看守所，以及戒毒治疗中心和公共卫生站的药事，也是由政府管理的。

药品回收——回收经销商、再利用公司、处理厂

医药行业中有个相对新兴的市场实体，它们的主要工作是将客户退货记账[②]的药品退回至直接供应商，如将 Able 药房老旧包装的抗生素以退货记账的方式退回自己的仓库，或批发经销商，或生产厂家。这类市场实体也处理由连锁店或者大批发经销商退回给生产厂家的药品。

① 美国印第安人务局成立于 1955 年，主要针对性地处理北美印第安人和阿拉斯加原住民的卫生保健事务。相比于普通大众，这些特定人群会享有更好的医疗保障。

② 退货记账，是一种商务模式，就是退货时不返还现金，而是记个账，下次再购货的时候扣除。对经销商而言，现金流是多么宝贵，所以退货记账还是非常常见的。

明显的订单和运输错误将通过常规流程重新处理，这些都是订单完成流程的一部分。除此以外，通常有 1.5%～2%的药品以退货记账的方式回到上一级供应商。退货的原因林林总总，比较常见的有如下几种：

➢ 药品过期。

➢ 被生产商或贴签商召回。

➢ 被生产商或贴签商撤市。

➢ 破损、有缺陷或被污染。

一些不常见的原因如下：

➢ 生产商/贴签商产品、包装或 NDC 编号变更。

➢ 生产商/贴签商停止供药。

➢ 购买合同中供应商或产品变化。

➢ 专利过期，导致订货减少，改为引进仿制药。

➢ 药品近有效期，如小于 6 个月或 12 个月。

➢ 囤积居奇（投机性），或仓库关闭。

➢ 需求萎缩，如流感偶尔并未应季发生。

大家普遍认为滞销和退货在整个销售渠道中会逐渐增加。不仅如此，越来越多的人都认为，退货的成本对于与之相关的每个人来说都代价不菲。正是基于这种想法，第一类专门处理这类回收的市场实体——药品回收经销商①应运而生。现在大约有 30 家这样的经销商，处理着药店、批发经销商和连锁仓储的退货，然后在供应商那里获取退货记账。

第二类处理药品回收的市场实体是药品再利用公司（Reclamation Specialist）。这里的“再利用”（Reclamation）是指设法将退回的产品通过其他渠道进行销售（转手他人或低价卖给二手卖场）。回收再利用只限于非处方药。

由于相关政策的变化，环境保护的法律实施力度加大，整个社会越来越高的环保意识与责任，这些都迫使医药行业（过去的 10 年中）停止对生产废弃物直接进行冲洗

① 美国比较独特的一种经销商，它们主要回收和处理因各种原因退回、撤回和召回的药品。一方面，确保和避免有些问题药品的非法使用和销毁；另一方面，最大限度地利用药品资源，减少浪费。这类经销商需要得到 DEA 的认证。

（如盥洗池）、倾倒（水池、溪流和湖水）和堆弃（在垃圾桶、垃圾箱和垃圾掩埋场）。今天，越来越多的药厂将废弃物委托给专门的处理厂处理，它们遵守详细的规程，以环保的方式处理药厂的废弃物。

诊所、手术中心、透析中心、实验室和计划生育办公室

疫苗、外科手术用药和辅助品、诊断用品和计生用品需求增加，往往被直接分销到诊所、独立手术中心、透析中心、实验室和计划生育办公室（Planned Parenthood Office）。这些药品大多都是由医疗保健专业人员来直接管理、使用的，但也有例外，如计生类的避孕药品通常不需要药剂师（其他卫生保健人员）在场就可发放给使用者。

药物样品

大量的品牌药物，特别是新上市、价格昂贵的药物会通过药物样品（Pharmaceutical Sampling）的方式发放给患者，并且这一做法正在逐渐流行。药物样品由 FDA 实施监管，依据是 1987 年颁布的《处方药品营销法案》（Prescription Drug Marketing Act）。法案中明确规定了什么情况下药品供应商可以向处方者（医生、牙医，一些州还包括医生助理、护士）分发药品，且药房和药剂师不允许擅自持有或分发样品。

医疗机构（医院）营销

尽管实际上并不是从经济和业务经营的角度考虑，但药品生产企业过去都是直接向医院（药房）销售药品的。到了 20 世纪 70 年代中期，药品批发经销商试图打破常规，希望通过开发新业务提高市场份额，即从生产企业那里获得更多配送份额。医院药房直接从厂家采购这一惯例一直以来都是它们虎视眈眈的一部分。

那个时候，为了获得更高的折扣，大部分的药品都是由医院药房直接向药品生产企业采购的。这些折扣事先都会经过招标并签订合同。医院药房给予药品批发经销商的业务很少且不固定，通常是一些“补充”订单，如填补从药厂直接配送时出现的延迟，或药厂某种药品缺货，或生产企业太小，即药品不足以致无法开户及维持一个直达账户。

由于“直接”订货，医院药房需要花费大量的时间、精力监测库存、制订计划，然后给百余家厂家下订单。由于有最小订货量的限制（按照厂家要求）和较长的订货周期（一般需要 4～8 天），价值成千上万美元的多余库存只能堆放在医院药房里面，即形成“缓冲库存”（Cushion Stock）。

为了给医院药房供货，药厂得为 10 万余客户建立单独的账户，并且得处理成千上万个小额订单。它们得自己开具、邮寄，跟踪数量更多的发票、结算单并建立付款凭证。医院药房下的订单越来越小，越来越频繁。而医院直接订货的麻烦还不止这些，药厂的订货索赔率和退货率均高于平均水平。更为糟糕的是，它们收到回款的时间也比平均水平要慢。

就在这样一个医院和厂家双方都不满意的情况下，药品批发经销商建立了一个能为双方改善服务的业务模式，不仅为自己开发出了新的业务，而且进一步增加了自己的市场份额。这种新型的业务模式被称为“机构营销”（Institutional Marketing），俗称“医院返款模式”（Hospital Charge-Back System）。它并未改变医院和药厂之间的买卖关系，只是引入了药品批发经销商负责医院配送。

医院药房，或准确地说是医院采购部，仍然给药厂下报价申请（Requests for Quotes，RFQ），然后药厂准备并提交书面投标书来说清以下问题：

➢ 它们希望销售什么药品，在什么地方销售？
➢ 最低采购价格是多少，多少数量？
➢ 发货时间如何，发到哪里？
➢ 这宗采购包含哪些单位？

如果这个订单被接受了，合同会交给一个首选经销商（Prime Vendor Wholesaler）来负责配送。这个经销商会按合同价格配送药品并额外收取服务费。

按照这样的模式，医院药房和竞标成功药厂之间的基本买卖关系并不受影响。医院仍可以按照药品中标价格采购药品；同理，药厂的中标药品也会被配送到一家或几家医院（采购集团）。医院、药厂、批发分销商三者互惠互利。

- 批发分销商获得了额外的新业务（这是它们的专长）。
- 医院获得了更快（次日送达或只需几小时）和更好（大多数订单都能得到配送）的服务，而且降低了成本。
- 药厂再也不用和大批服务成本高、回款慢的客户打交道了，取而代之的是不到200 家的批发经销商，它们会给出大额的交易订单（节约操作成本），付款又及时（节约储存成本）。

"返款"（Charge Back）模式的诞生是确保机构营销系统长盛不衰的核心要素。批发经销商为避免维持两套库存分别对应零售药房和长期供货的协议医院，它们和药品生产厂家通力合作，创建了一套医院返款系统。简言之，"返款"可以理解为一种折扣。批发经销商仍按以前一样的价格持续稳定地从厂家拿货。当配送给协议医院药房时，所执行的配送价格就是医院和厂家购销合同中的合同价格（实际上这一价格比市场上的价格要低很多）。这种价格的不同，即批发经销商按照合同价格给医院供货与其进货价格相比，意味着它就要亏钱。那么，这部分亏空就会由厂家以"返款"的形式补给经销商。

返款计算方法举例

假设一个名叫"Fast-Serv"的经销商以每 100 片 150 美元的价格从名叫"Effecta-Labs"的厂家采购一种叫作"Effecta-Mycin"的药品。而厂家和当地的医院采购集团就 Effecta-Mycin 签订的合同价格是每 100 片 80 美元。如果当地某家医院药房从 Fast-Serv 订购一瓶 Effecta-Mycin，经销商会先查一下这家医院是不是之前签订合同的那个医院采购集团的成员，如果是就可以享受 80 美元的合同价格，那么经销商给这家医院的供货价就是 80 美元加上经销商的服务费（这个费用由经销商和医院之间商定）。这时，在药厂给经销商的 150 美元的采购价和给医院的 80 美元之间就有了 70 美元的亏空，那么这 70 美元就要靠药厂给经销商"返款"来补足。

批发分销（Wholesale Distribution）

大约 50 个批发分销商经营着美国市场 230 个分销中心，它们为超过 10 万个客户点提供每周 5 天（更多时间）的配送服务，包括 25 万余种药物、非处方药、保健品和美容辅助用品。

曾几何时，一些业内人士认为医药批发商的存在只会降低分销渠道的效率、增加成本。不过，这种观点现在不攻自破，因为它目光短浅、混淆视听且是完全错误的！

美国分销商名录

AmeriSource Corporation（美源伯根公司）	J.J.Balan,Inc.
Barnes Wholesdale Drug,Inc.	King Drug Company（国王制药公司）
Bellco Health	Kinrav,Inc.
Bergen Brunswig Drug Company	McKesson HBOC
Bindley Western Drug Company	Miami-Luken,Inc.
Capital Wholesale Drug Company	M.Sobol,Inc.
Cardinal Health,Inc. （康德乐公司）	N.C.Mutual Wholesale Drug Company
C.D.Smith Healthcare,Inc.	Penner & Welsch,Inc.
D&K Healthcare Resources,Inc.	Prescription Supply,Inc.
Dik Drug	Quality King distributors
Diversified Healthcare,Inc.	Rebel Distributors Corporation
Dixon-Shone Drug Company	Remo Drug Corporation
The F.Dormen Company	Rochester Drug Cooperative
FMC Distributors,Inc.	Smith Drug Company
General Drug Company	Valley Drug Company
Goodwin Drug Company	Valley Wholesale Drug Company
Harvard Drug Group	Value Drug Company

H.D.Smith Wholesale Drug Company	Walsh Distribution
Jewett Drug Company	

注：并购会引起公司名称改变。

事实恰恰相反。如果没有批发分销商，美国的制药产业不可能像今天这样高产高效。如果没有批发分销商充当分销渠道不可或缺的中间环节，那么一千多家药厂将不得不亲自去维系每一个客户，这可是包括分销商、连锁仓库、药房、政府机构、诊所、实验室和回收经销商在内的至少 10 万个客户。其中的大部分客户（至少 75%）只是偶尔订购少量产品，并且会拖延付款时间。

因为距离、配送的不确定性及起订量等方面的限制，药店等单位为了保证经营需要，只好订购、储存过量的库存，并为此占用大量的资金。制药厂仅起订量这一条限制就足以使大部分想订购产品的客户望而却步。对制药厂来说，像批发分销商那样与 10 万余客户直接沟通，不仅昂贵而且耗时，仅有个别制药巨头能够做好。如果医药分销渠道里没有批发分销商，药品的召回和退市、产品及促销的信息、新产品的引进绝对需要花费更多的时间和成本。

对于药店、药剂师和每一个与卫生保健相关的人，包括 2.81 亿消费者来说，没有批发分销商的生活将大不一样。药店不得不与数以百计的生产商打交道，并且成为家常便饭。每家药店、HMO、诊所或实验室，不管多小或者多缺人手，都不得不按照不同厂家提供的药品的用法和需求向每个厂家单独下订单。

批发分销商提供比直销（从药厂直接购买）更好、更快的配送服务，并且为供应商（生产企业）和消费者减少了订单的执行、交付及运输的成本。事实上，批发分销商是药品分销渠道的关键环节。不仅如此，它们还提供如下服务：

- 为厂家的库存承担资金风险。
- 保证足够的库存可以进行配送。
- 缩短订货和配送时间。
- 提供 24 小时应急供应服务。
- 提供基本的贸易信贷。
- 提供有效的新产品引入途径。

➢ 有足够危急药物的备货应对全国性的紧急事件。

➢ 提供有效的退货程序。

➢ 帮助厂商进行药品召回和退市。

➢ 成为那些未备货产品的有效订购渠道。

➢ 提供产品和促销信息。

➢ 提供一系列客户急需的产品和服务。

批发经销商还提供一些增值服务，如贴有经销商标签的项目①、需要特殊处理的服务［如疫苗、冷链产品、罕见病用药（孤儿病）］、仿制药资源优化项目②、药房计算机系统、第三方索赔处理、区域定价体系、销售终端系统、产品和货架标签、产品流向报告。

这些成就已经让批发分销商成为有口皆碑的高效分销引领者。它们持续地降低运营成本和供货价格，这样和直接从生产厂家购买相比，客户通常可以获得更加物美价廉的产品。价格优势和一系列优质的增值服务，不仅降低了药品分销的成本，并使国家卫生支出节约了数百亿美元。分销商将继续在药品分销中扮演重要的角色。

① 在产品标签上印上经销商的名字或品牌，或者直接就用经销商自己品牌的标签。

② 美国的一些分销商会提供的一种服务，就是按照客户的要求，同一通用名下，给客户提供更加价廉物美的产品。客户也可以自己在列表中选择，某一通用名的药物，有若干厂家生产，是什么规格、什么价格。这个在仿制药领域比较常见。

第 5 部分

推　广

第 13 章

原理

米基 · 史密斯

简介

4P 理论是一种对市场营销功能进行分类的简便方法，在本书中多次用作基本框架。但作为框架，该理论并非没有问题。其中之一的因素——推广（Promotion）就是如此。遗憾的是，推广听起来会让许多（即使不是大部分）外行人认为市场营销就是努力将产品销售出去，无论客户是否需要，无论价格客户是否能承受。这种想法并不正确，在很多市场推广当中，至少在这本书中，“营销”其实意味着“沟通”。这里，“P”指专业沟通（Professional Communication）、医药沟通（Pharmaceutical Communication）或者人际沟通（People Communication）。

无论哪种情况下，医药产品的推广都是各种营销组合的关键。推广是产品、产品价格及分销方法以连贯统一且具说服力的方式描述给受众的载体。所以，推广的定义是“市场如何获知公司的产品、销售地点和价格，以及它们接受到的具体信息内容”。

推广，尤其是广告，比其他营销手段更具吸引力。它确实更直观，而且通常显得更有创意。除非营销组合里的其他手段将其优势传递给需要的受众，否则它们的价值相对较小。另外，如果其中有一个或者多个营销手段不尽如人意，推广也难以取得长期的成功。

通过推广可以卖出一个好的产品或服务，但它无法取代所售产品或服务的质量，也无法长久支撑较差产品或服务的销售。[有些制作特别精致的电视广告用来推广特许经营的产品或服务。你是否发现电视上的麦当劳、二十一世纪或者米达斯麦夫乐（汽车服务公司）的广告很类似？从美国的麦迪逊大道到 Main Street 的距离还是很远的。]

本章中，我们将研究一些与推广原则有关的问题。第一个问题是“说什么”。其实质是如何最好地向客户或医生介绍企业希望展示的产品或服务。第二个需要解决的问题是“向谁传递这些信息”，在这之前将阐述实现沟通的各种媒介。在后一章，我们将介绍一些推广的技术层面问题。

对于需要使用或获取产品信息的人群，很难对其所需信息进行量化评估。不同对象所需要的信息建议按照以下数量来提供（以打印稿的页数为单位）：

- 医药行业——4 000 页（见第 5 章）。
- 管理机构——200 页。
- 学术研究者——500 页。
- 处方医生——20 页。
- 患者——2 页。

下一章，我们会提到医药推广中存在的种种限制。由于这些限制的存在，读者可能会认为医药产品的推广充斥着古板、无趣、专业化的信息。但恰恰相反，管理法规上的挑战似乎激发了推广者在文字、插图和媒体上超常水平的创造力。

对于处方药来讲，最常见的推广目标仍然是医生，所以我们将把对医生的推广作为这一章的主要范例。

文案指的是广告的内容。在广告行业，这个术语有时具有更广泛的意义，包括文字、图片、符号、色彩、设计及其他要素。文案写作是一种创意工作，其质量很大程度上取决于广告公司或机构创意人员的创造力。然而，仅有创造力也未必能产生好的广告文案。在《医学大道》一书中（本书其他部分也引用了该书内容），Frank Hughes 提到：

> 药品广告的创作艺术，不仅需要产品的知识和产品背后的科学知识，更需要有能力赋予产品数据以神奇的生命力，即通过鲜活难忘的语言，使其转

化成利于产品推广的令人信服和简明易懂的观点。因为产品是药品，广告的创作显得尤其困难。不像普通的消费品广告，一本杂志里，可能只有一个关于钢笔的广告，因为这本杂志里还有香水、汽车、食品和服装的广告；而医药产品的广告却大不相同，我们通常在心脏病学书籍（杂志）里为某个高血压药品创作广告，而这本书中绝大部分广告产品都是高血压药品。

市场策略制定者需要把自己的观点结合到文案中，故需要提供关于广告目的、产品、目标客户、竞争活动和伦理法律等方面的信息。创意人员则在此基础上开始创作。简言之，尽管文案创作对于一个广告天才来说可能只是灵光一现，但是在医药产品领域，广告的最终完成必须依靠系统的、逻辑的、逐步呈现的过程。

医生在做决定时比普通消费者更理性。他们为满足患者需求而开具处方，而这些需求通常指实用性方面的需求。然而医生作为个体，也会有自身的需求，这些需求也会在代替患者做处方决策的过程中起作用。因此，即使处方药的选择依据也有可能是非理性的、情绪化的。广告发布方意识到了影响处方决定的各种因素，故将广告诉求构架起来并引向这些因素。表 13.1 罗列了用来影响处方决策的药品广告诉求类别。

广告目的可以是以下任何一个或所有内容：

- 形成产品认知——回想。
- 传递产品信息——沟通。
- 增加对产品的兴趣或提高产品用量——说服。
- 产生对产品的积极印象——说服。

产品的广告是否有效，取决于类似这样的事件链：关注→兴趣→理解接纳（信息）→驱动→行动。如前所述，诉求在前两个或者前三个步骤中发挥了最积极的作用（如果不积极则广告不成功），但也只是该过程的一部分，最后一步才是最关键的。如果没有行动，广告就是失败的。

正如所有营销人员所知但时而忽略的，广告的功能是有效地传递预先计划好的信息，直接或间接地鼓动消费者购买产品或服务。对医药产品广告来说，同样的功能包括以下 3 个部分：

- 确保在一个已存在的市场中占有更多市场份额。
- 拓展适应症范围。

➢ 扩大整体市场。

任何广告投放商都试图通过广告信息，将其产品的某项功能与客户的某种需求相联系。不同的广告诉求仅仅反映了广告投放商所划分的不同目标客户的不同需求，对任何广告来说都是如此。但处方药市场广告却是一个特例，这个市场的一些主要特性如下：

（1）广告的目标客户通常不是该产品的最终使用者。

（2）相比其他行业，处方药市场的公司形象广告（增强公司品牌形象而不是推广某类产品的广告）扮演着更为重要的角色。

（3）由于处方药产品的特殊性，广告和学术沟通容易被混淆。一方面，广告会涉及并传播产品研究结果；另一方面，权威学术杂志上的正面报告也会刺激该产品的销售。这说明大部分情况下处方药广告本质上具有教育属性，因为其中包含的信息会对治疗方案产生积极作用，而医生和药剂师是药品广告的阅读人群这点也是显而易见的。

（4）在美国，关于处方医生和药剂师的大量信息使市场人群得以确定，从而允许广告投放商做更多详尽的分析。这在理论上意味着定制特殊的广告语来满足客户需求变得更加容易。

（5）理论上，医生是一名理性的决策者，在一定程度上与采购员相似，因此消费品广告中的情感诉求（再次声明是理论上）对他们来说可能并不适用。然而在实践中，处方药广告中带有情感诉求并不罕见。我们的假设认为理性诉求在刚性需求的刺激中作用更明显，而情感诉求在弹性需求的刺激中作用更加明显。

（6）读者数量似乎在很大程度上依赖于广告的各种物理因素。当然，对任何平面广告来说都是如此。

（7）处方药广告的读者数量很大程度上依赖于刊登广告的专业期刊的可读性和声誉。读者对期刊本身的信赖会使他们对于期刊上刊登的广告表现出积极的态度。许多专业期刊有专门筛除可疑申明或受质疑产品广告的审核人员。

（8）读者尤其容易对广告发布者产生信任，而大型制药企业虽有例外，但仍容易获得信任。产品和公司广告（两者的结合）对试图建立自己品牌形象的制药厂商至关重要。尽管一些籍籍无名的制药商简单、直接的广告在某些特定条件下可能有效，但一些读者仍然会对此产生怀疑。

（9）看来，医药产品需要通过一系列不同推广手段的共同刺激作用才能够被接纳，医药产品似乎是在各种形式推广活动（包括详细描述、专业期刊广告、直邮及和其他医生/药剂师的交流）的共同作用下被市场接纳的。每种广告媒介对于促进药品的持续销售与在市场上引入同种产品的相对影响全然不同。

（10）医药产品广告的独特之处在于它会同时呈现产品的优点和缺陷。尽管美国联邦法规的相关规定在其中扮演重要的角色，但其他行业没有或很少在广告中指明产品的缺陷。

诉求目标

对于既定的产品，有很多种诉求可以被用在广告中，同时这些诉求可以依据满足不同的目标客户群而分类。描述或形象化一个既定的诉求具有无限的可能性；然而，典型药品推广的诉求目标通常可以归于下列几类：

- 创建产品或品牌的认知度。
- 创建品牌形象。
- 传递品牌获益及优势特征的信息，如减少副反应、给药方便。
- 对抗或抵御同类产品的竞争。
- 建立品牌包装或商标的认知度和可辨析度。
- 构建公司形象和积极的舆论环境。
- 为新品牌或新产品上市创建有声誉的平台。
- 在刺激销售的同时，在医生心中建立独特的销售主张。

基于上述分类，我们确定了几种不同类型的诉求，如表13.1所示。总体来说，这些诉求最大的不同在于处方动机的理性和非理性之分。这两大动机被分别定义为将手段与结果相匹配或更多地与情绪和感觉因素相匹配的过程。然而，理性行为及非理性行为这种相对应的分类方式并不被市场营销理论家所认可，他们认为行为可能是理性的，但同时也是愚蠢的。

表 13.1 药品广告诉求类别

理性诉求	非理性诉求
产品相关诉求	同理心
经济因素	幽默
创新程度	性别
差异化/定位	好奇
包装	恐惧
规格/口感	特殊的非临床演示
医生相关诉求	自我满足
同行/专家的首肯	愤怒/防卫性
P&T 委员会批准	爱国主义
临床上的专业辅导	
临床使用诉求	
依赖性	
安全性	
临床演示	
疗效	
提示性信息	
患者相关诉求	
依从性	
生活质量	
患者接受度和喜好度	
制造商相关诉求	
经验	
服务	
特殊专业技术	

理性的诉求

产品相关诉求

- 经济：近年来，药品广告显著提升了此方面的诉求。
- 创新：创新是制药行业的传统发展方式。新产品是这个行业的生命线。所以，“新”这个词过于频繁地出现在药品广告中，以至于失去了一些原有的影响力。尽管如此，产品相关的显著医学进展的信息对于产品推广活动的影响依旧可能很大。
- 差异化：成熟的市场策略往往从一个角度把产品和其他市场同类竞争产品区别开来。口感、剂量和独特的包装是实现差异化的常用方法。
- 作用机制和使用方法：这是最理性的诉求之一。医生会被告知产品效果显著的原因及作用机制。特别是如果最近有患者有此类需求时，医生将有可能使用该产品。

医生相关诉求

- 同行的认可：产品在被医生，特别是医疗专家广泛使用的过程中，往往能积聚良好的口碑。
- 对医生的帮助：在这类广告中，产品是医生的有用工具这一点表达得非常清晰。这种情况下，产品显得有价值，同时没有降低医生本身的重要性。

临床相关诉求

- 产品的可靠性：广告设计的目的是通过表达一个令人印象深刻且可信的观点，夺人眼球并引起众人的兴趣。宣传方案通过产品成功使用的案例来传递准确无误的证据，从而激发医生成功使用产品的信心。
- 安全性：这个词源于医学宣言中的“无害为先”（Primum non Nocere）。随着对药物不良反应的持续关注，安全性是当前首要的考虑因素。

- 临床图解：某些案例中，广告可以通过艺术表现来更好地阐明药物在体外实验中的作用机理。广告制作者往往通过使人更加容易相信的手段来阐述临床使用的情况，而非仅仅罗列一些枯燥的事实。
- 提示性信息：制造商根据医生的用药经验提供图形化的信息。以下两个原因决定广告信息可能会被淘汰：① 医生可能忘记不经常使用的产品；② 产品本身发生变化。基于上述原因，提示性广告变得很重要。
- 患者的反应：此类型诉求最主要的目的是展示药品本身的疗效。用药前后的对比常常被运用于此类广告中。

制造商相关的诉求

- 此类广告旨在使医生对制造商留下良好的印象。对制造商的信任是激励医生使用药物进行治疗的因素之一，故此类广告往往功不可没。

非理性的诉求

- 同理心：同理心指对别人感受和想法的设身处地的参与，本书中指在医药产品广告中把患者的感受投射给医生的诉求。
- 幽默：用幽默的方式传达广告信息在医疗和消费品广告中都很常见。然而，市场营销者意识到幽默并不等同于能够成功传递产品信息。能够在广告中把幽默和信息传达结合得天衣无缝的人屈指可数。
- 性别相关的诉求：当没有其他更好的办法时，在广告中利用性别相关的诉求虽无逻辑性但也是推广的手段之一。这种情况下，文案和图示的使用往往不再相关。
- 好奇：医生似乎有与生俱来的多于常人的好奇心。所以，药品广告经常利用医生的好奇心来吸引其注意。
- 图示和版式：不协调的、震撼的和不寻常的设计都可能使药品广告更引人注意。

如果这些设计是经过巧妙安排而与广告信息有关联,其效果可能远胜连篇累牍的文字。

- 自我满足：这个诉求很基本，却是所有人最感兴趣的，即自我。此类广告中，医生是主要的，产品是次要的。

通过对医学报纸杂志上医学广告的分析可以看出，理性和非理性的诉求都会在广告中出现，看起来医生似乎更容易被非理性诉求所支配而处方药物。而在一个似乎只需要理性的考虑来进行决策的领域，如何证实它的合理性?

医生要为自己的处方行为做出解释。从医生内部对这方面持续进行的讨论看，处方行为往往与个人的价值体系相关，非理性诉求在这个过程中起到一定的作用。从根本上讲，理性的程度是医生匹配治疗目的和治疗方法的能力。认知失衡的理论有助于我们理解这种情况。

认知失衡是一个多功能的研究工具,可以用来解释各种类型的动机性行为。从 1957 年 Festinger 的这一理论问世以来，它的各种可能一方面吸引着研究者的探讨，另一方面也令研究者困惑。为此，认知失衡理论饱受批评，一些研究者认为它所包含的一系列研究因素过于简单而与此类的研究不符。

每个决策过程总是存在一定程度的不确定性。理论认为该不确定性会引起心理上的不适，即 Festinger 所指的失衡感。为了减轻这种失衡，决策者会寻求各种积极或有利因素（如信息）去支持其选择。这些因素可能表现为广告形式，如非理性的或有倾向性的观念，以及决策者所认为的权威支撑观点等。

医生会从同行、直邮广告、杂志、学术期刊、医药代表及其他各种渠道不断收到各种信息。根据认知失衡理论，医生希望从各种渠道得到的信息具有一致性。如果这些信息不一致，该理论认为医生会尽量减少这种不一致性（认知失衡），而他们往往通过处方决定减少认知失衡。

所以，如果医生选择了 A 品牌镇静药，则可能引起这种失衡，因为他意识到其他未处方品牌的优势和 A 品牌的不足。为了降低这种失衡感概率，方法之一就是阅读 A 品牌镇静药的广告，从而巩固其处方决定。

某些用于消费者调研的理论也有可能被应用于处方药市场营销的领域。即便我们认识到对医生行为的分析要考虑许多互动因素，而决策后失衡理论只是这一复杂问题的一部分，此观点依然成立。

有些处方情景会引起失衡而有些则不会，如表 13.2 所示。在表 13.2 中，我们把消费者调研中获得的购买和失衡情景应用到处方情景中。正如表中所言，几个因素可能同时发挥作用，一个引起失衡，而另外两个降低失衡概率。同样，不同情况下可能产生失衡，而降低失衡概率也有多种方法。处方者可能通过选择性接受支持性的信息或（有意无意地）忽略矛盾的信息而改变对药物的评估。

表 13.2　失衡和处方

影响因素	处　　方	严重失衡	轻度失衡
未处方产品的优势	医生要从 4 个镇静剂中选择	3 个被证明有效	1 个有明显优势
所处方产品的劣势	医生从 2 个相似的产品中选择	所选药物有疗效但也有成瘾性	所选药物有所需作用但无成瘾性
备选产品的数量	医生希望处方利尿剂	有 8 个品牌备选	有 2 个备选
认知重叠	医生处方止咳药	2 个药物都含可待因，其他配方相似	2 个药物含可待因，其他配方不同
正向引导	医生处方抗肥胖药	患者超重 3 磅	患者超重 30 磅
可用信息	医生处方心绞痛药	医生处方临床使用证据少的新产品	医生处方硝酸甘油
可预见的失衡	医生坚持用高价品牌药	处方药品不在医院处方目录，但是相似的药品在目录里	处方药品在医院目录里

我们需要更多的实验性研究来证实认知失衡对处方药物市场营销的影响程度。创造性的研究设计可能很好地解答如何高效地推广药品。如果能够在心理因素对药物选择和药物信息的影响方面有更多的认知，医药市场营销领域和医学研究生教育都会从中获益。

产品应向谁推销

处方药物推广对象的选定似乎相对简单明了。制药企业应当将推广信息传递给需要了解公司价格、地点、产品的人士，以及对产品购买决策有影响的人士。

决定向谁推广之后，还需考虑其他策略性决定，包括：

➢ 何种诉求为最佳？

➢ 推广目标需要占用多少预算？

➢ 哪种促销方法是最好的选择？

显而易见，选择处方医师作为处方药产品促销活动的对象是合乎逻辑的。除此之外，要做出决策还需要考虑的因素包括药剂师、护士、管理人员，特别是消费者。此外，制药公司还要面对市场准入决定者，这些对象的动机、角色、背景、教育和职位与医生甚至药剂师——传统上公认的处方决策者——显著不同。许多情况下，管理性医护机构和医院的财团等通过药品清单和采购决策权掌控着主要市场的准入权。

特殊案例：面向消费者的处方药广告

20 世纪 80 年代，各种处方药推广方式不断更新。处方药广告正是从此时开始向公众提示各种需要使用处方药的状况（见表 13.3）。

一些早期的直接面对消费者（Direct-to-Consumer，DTC）的处方药试验性广告背后的策略、关注和期望是非常有启示性的。1986 年，在美国医学作家协会和药品广告局共同主办的研讨会上，一些早期实践者表达了相关意见，其中 Elizabeth Moench 描述了 Boots 公司在 DTC 方面的某些战略性考虑。

1969 年，一家营业额达到 30 亿美元的英国公司 Boots 授权普强公司（Upjohn Company）在美国市场代理其产品布洛芬（Ibuprofen）。普强公司从 1974 年开始以 Motrin 的品牌名称进行该产品的市场营销。Boots 公司在委托代理的同时明确表示，在现在及可预见的将来，一旦在美国建立公司，Boots 会对布洛芬自创品牌进行销售。Boots 于

1977 年通过收购路易斯安纳州什里夫波特市的 Rucker 医药公司在美国建立了基地，并于 1981 年 9 月推出 Rufen。

表 13.3 直面消费者的广告案例时间表

发布年份	产品/适应症	公 司
1981	肺炎疫苗	Merck
1982	B 型肝炎疫苗 消费者项目	Merck Pfizer
1983	Rufen 对抗 Motrin	Boots
1983—1985	FDC 暂停以商品名发布 DTC 广告	
1984	经期痉挛 戒烟	Syntex Merrel Dow
1985	疼痛性腿部抽搐 生活质量	Heechst Roussel Squibb
1986	生殖器疱疹 过敏患者	Burroughs' Wellcome Merrel Dow
1987	糖尿病/节食 关节炎/心绞痛 Tavist-1	Roerig Pfizer Pfizer Sandoz
1988	溃疡 高胆固醇	Smith Klien French Merck

资料来源：Kathleen McRoberts，"Direct to consumer: New Route for Ethical Drug Marketers," *in Pharmaceutical Executive* November, 1988, 8（11）:48-52.

Boots 面临许多困难，不仅因为 Rufen 是其在北美市场的唯一品牌，也因为 Rufen 需要和自己的代理品牌，即该领域的领先品牌 Motrin 一争高下。

当时，Boots 只有 110 名医药代表，而整个非甾体抗炎药市场共有 5 164 名医药代表。Boots 公司在美国几乎不为人知，但需要说服药剂师与医师信息 Rufen 不是仿制品，而 Boot 是布洛芬的研发者和专利持有者。

由于在 1985 年专利到期，Boots 在市场上建立 Rufen 品牌的时间非常有限。Boots 唯一的销售信息是“Rufen 与 Ibuprofe 品质相同，但更经济”。成本效益优势成为 Boots 向医生介绍 Rufen 的市场营销手段。这又提出了一个难题：Boots 如何保证医生患者确实以更低的价格得到 Rufen？答案是提供 1.5 美元优惠券，同时每收回一张优惠券，Boots 向关节炎研究领域捐赠 25 美分。这标志着首次以价格而不是以产品的临床和治疗优势向医生介绍产品，同时也是消费者对价格反应的首次测试。

1.50 美元折扣项目成为 Boots 的 Rufen 产品直接面向消费者广告计划的催化剂。

作为直接面向消费者方式的准备，首先需要进行消费者市场调研，然后进行医生和药剂师调研。消费者调研分为 3 个阶段。

首先，确定消费者对关节炎和处方药的认识和了解。其次，测试价格广告的概念以衡量消费者的反应和理解情况。最后，测试电视广告本身。通过市场调研，目标受众得以确定，测试广告概念的策略得以建立。

Boots 广告在 Tempa（以 Miami 为对照）和 Oklahoma city（以 Tulsa 为对照）两个地域市场进行测试。选择测试市场时考虑了诸多因素，包括人口统计数据、第三方支付/医疗报销和广告成本。测试时间为 6 个月，其间进行独立调研和 Boots 市场研究团队进行的市场调研。

在消费者项目推出前，在 Tempa 地区将项目的实施告知测试医师并测试他们对电视广告的反应必不可少。

如果你被要求对于处方药直接面对消费者的广告提出意见，你会想到什么？你会赞成还是坚决反对此概念？当医生被要求描述最排斥的向消费者投放广告的处方药，除了已经在电视上推广的非处方药产品外，他们找不到任何一个处方药的案例。人的本性会假设最坏的情况，因而当医生被调查询问“处方药广告是否可以直接向公众做广告”时，他们的回答几乎都是“不”。

这也使我希望强调一点，即 Boots 觉得在此期间有必要进行更深入的市场调研。在实际情况中针对特定广告，并由行业和 FDA 同时进行，以评估直接面向消费者广告的价值和如何制定相关政策。相比于其他向风湿患者进行遮遮掩掩承诺的 OTC 产品广告，Boots 的 Rufen 产品广告有自身的优势。所以在 Florida 的抽样调查中，医生非常倾向于 Rufen 广告，消费者项目资料包随即被发给了 Tempa 地区所有的医护人员。

根据关于医生接受度的其他数据，第一次广告投放于 5 月 19 日，Boots 总裁 John Bryer 和 FDA 局长 Hayes 出现在"Today Show"电视节目上。5 月 23 日下午，FDA 在华盛顿举行了首次消费者交流会，会上讨论了药品消费者广告。之后，该广告被撤下，Boots 随即向 FDA 发出一封信，并在信中对所有的批评进行了反驳，尤其是 Boots 认为广告主要由律师把关且符合所有现行法规。

FDA 随即在 5 月 24 日批准了再次提交的广告。由于需要修改而完全符合法规中提到的要求，在报纸上刊登的广告延误了数周。

我想指出的是，消费者广告计划不止是一个电视广告和报纸广告，它还包括患者信息、医生信息和一个新的专为关节炎患者设计的杂志——《Go!》。每订阅一份，将向关节炎基金会捐出 1 美元。

公关战役非常成功，包含完整信息的新闻包被送往各主要媒体。消费者项目的发起被定在 5 月 19 日，以与《华尔街日报》发表的文章相吻合。当天，Boots 与超过 30 位记者进行沟通，并在纽约举行记者招待会。在同一个星期，"The cable health network"宣布 FDA 批准处方药广告。

Boots 在某种程度上将 FDA 批准通过 The cable health network（Lifetime）视为虚伪之举。他们要求暂停直接面向消费者的广告，但允许广告通过消费者网络进行广播。而 FDA 借此公开宣称，他们预期当时"窃听者"会有"850 万名消费者和 40 000 名医生"。

在 Rufen 首次直接对消费者的广告计划项目发布后，我曾在食品和药品法律研究所（Food and Drug Law Institute，FDLI）会议上发言：

> 这是第一次以消费者为核心而制订的营销计划。换句话说，我们响应消费者的需求，而不损害 Boots 与医生的关系，我们所做的工作一定是一个新开始的标志。

1986 年 2 月 26 日，Zenith 宣布了一个消费计划，即 Tolazamide 效仿 Rufen 的折扣券推广方式。该公司还宣布，更多的创新方案即将推出。其他许多公司也开始倾向于直接面向消费者的推广方法，但都还没有大的突破。

直面消费者的广告，能够并且只能够在患者被明确界定、理解及对特定受众采取量身定制的营销方案时才能奏效。我也相信，长期使用的慢病产品将是最有可能从直面消费者的广告中获益的产品。但正如米尔顿·弗里德曼（Milton Friedman）最近在《新闻周刊》中写道的："要警惕那些自称的'专家'；我不是预测未来的专家，我只是个投机者。"

当时，Merrell Dow 的 Kirk Shueler 是一位杰出的市场营销者，他以不同观点描述了他们的方法。

OTC 药品很适合且被建议直接面对消费者做广告，因为作为 OTC 药物，药品应当：

➢ 用于容易自我诊断的疾病。

➢ 适合合理自我治疗。

➢ 合理使用药物不需要大量专业信息。

➢ 有大量的临床使用经验。

➢ 安全性和有效性已经被广泛认可。

处方药和非处方药的不同体现在 1 个或多个标准上，有时甚至在上述所有标准上是不同的。它们可能包括：

➢ 难以诊断。

➢ 需要专业的治疗决定和监测。

➢ 正确使用需要更深入的信息。

➢ 处方药有可能只有有限的使用经验。

➢ 仍需完善的安全性或有效性资料。

这些区别决定了分销方式、医生参与和推广模式的差异。在我们看来，处方药采用类似 OTC 药品的方式投放广告是不可接受的。

那么，是什么因素让我们青睐直接面向消费者的推广呢？顾名思义，这里不包括特定的产品广告，只包括以疾病为导向的广告推广方式。青睐原因如下：

（1）消费者渴望更深入的健康问题方面的信息。一名消息灵通的消费者通常是一名健康的消费者。制药厂商可以帮助消费者更好地了解重要的健康问题。

（2）消费者普遍比以往任何时候都更加注重自我治疗。虽然这在某些情况下是有益的，但在其他一些情况下也可能是有害的。直接面向消费者的推广，可以帮助消费者确定，在何时何种情况下获取医生的指导是有益的。

（3）我们的医学知识和治疗选择不断增加。直接面向消费者的推广，可以帮助消费者更加了解这些信息，从而利用其优势。

（4）药物的不正确使用会经常发生。通过直接面向消费者的推广，可能提高用药依从性，也有助于增强患者和专业健康医护人员之间的沟通，有助于正确使用药物和了解潜在的药物副作用。

这些直接面对消费者的推广能够有助于特定产品的销售，但没有品牌名称导向性。那么，关注品牌名称到底错在哪里？为什么我们反对处方药面对消费者做广告？这有以下几个重要的原因：

➢ 特定产品的广告，会导致消费者对医生提出使用具体产品的要求。正如我们讨论过的，使用处方药需要医生的专业知识。专业知识对于正确的诊断、正确治疗方案的选择和正确用药的指导都不可或缺，制造商应保持和加强良好的医患关系而不是削弱或规避。

➢ 导致医生基于患者要求处方药品的广告会增加药品厂家的责任，同时损害医生中介角色的作用。结果是，与患者沟通药物使用注意事项的责任落到了厂商而非医生肩上。我们当然不希望将责任扩大。

➢ 在面向消费者的处方药广告中提供足够的警示信息是非常困难的。试图提供这些信息将增加不少成本，因为这些信息也需要广告时间和出版版面。

➢ 如果在个别治疗领域有多种特定产品的广告，很可能会给消费者造成相当大的困惑，并导致专业推广成本普遍提高。接下来，我们探讨一下为何会造成这种困惑，并把降压市场作为一个假设的案例。想象一下，第一个α-受体阻滞剂的制造商在推销“α优势”，第二个解释“β差异性”，第三个强调每天一次剂量的重要性，第四个解释高血压的主要因素是体液驻留且所销售产品是“目前市场上最强有力的利尿剂”，消费者应该如何理清这些消息呢？再想象一下，消费者发现“α优势”非常有说服力，然后要求医生使用α-受体阻断剂。而这种患者和产品的匹配可能是不对的。医生将被置于两难境地，或者去说服患者相信自己不适合“α优势”，或者冒着失去这位患者的风险——患者可能会转向另一名会满足其要求的医生。如果医生迫于失去患者的压力而开药，我们就将遇到先前谈到的增加制造商的责任和恶化医患关系的问题。我不认为这是任何人所希望看到的医疗保健系统。

总而言之，面向消费者的处方药广告可能会导致产品和患者的错误匹配、警示信息不足、医患关系恶化、厂商责任增加，以及专业推广成本上升。

只有在满足以下条件时，直接面向消费者的广告才是合理的：

- 消费者可以被教会识别该产品治疗的疾病。
- 消费者可以被说服寻求医生的帮助。
- 医生只有该产品可用。
- 医生处方该产品。

显然，制药行业的市场营销方程式已经发生了变化。医药市场营销人员必须识别并调研新的目标受众，并且把他们加入营销方程式之中。无论制药公司面临的营销问题是什么，它们必须首先确定决策过程参与者及其所扮演的角色。

在哪里推广：媒介的选择策略

推广领域的策略性决定涉及不同推广方式（媒介）的资源分配。就处方药而言，媒介的大概分类为：

- 广告——期刊、直邮广告及其他。
- 个体销售（拜访）——面对面拜访、电话销售、会议。
- 样品。
- 促销、赠品、日历、钢笔、其他品牌提示物。
- 新闻媒体——电视、广播、计算机和网络。

形成一个决策促销组合的概念框架是客观存在的重要需求。在一个特定产品/市场，制定适当的促销组合需要考虑大量因素。这些因素可以归为产品、市场、客户、预算和营销组合等类别，如表 13.4 所示。本章将就制定促销组合决策中每一类别因素的重要性进行讨论。

表 13.4　促销组合决策的标准示例

类　别	因　素
产　品	产品特性
	风险—收益关系
	成功尝试使用产品的难度
	示范的可能
	转换到 OTC 的可能
市　场	生命周期所处阶段
	市场份额
	产业集中度
	竞争强度
	需求角度
	仿制品的竞争
客　户	医院或药店
	客户购买力
	销售点布局
环　境	法律法规
	社会氛围
预　算	财务资源
	传统促销角度
营销组合	相对价格/相对品质
	分销渠道策略

产品因素

本类别中的因素主要指产品是如何被处方、使用、购买、消耗及认知的。决策的认知风险是另一个变量。总体而言，处方者对处方某产品的认知风险越高，相对于广告，个体销售就越重要。当处方者认为认知风险高时，他总是渴望了解产品的详尽信息，这使强调个人销售尤为必要。在传递一些不寻常的产品信息或者复杂的产品利益时，个人销售同样重要。

市场因素

首要的市场因素是产品在其生命周期所处的阶段。产品导入期最主要的任务是创造尚不存在的主要需求。这就需要强大的推广力度向潜在的客户或者处方者解释新产品。在此时期使用样品通常是合乎逻辑的。

到了产品成熟期，竞争日益激烈，此时需要通过广告和促销把自己的产品同竞争品牌加以区分。在产品衰退期，除了促销力度的衰退，促销活动的形式同产品成熟期并无太多变化。其后，价格竞争变得激烈，同时需求持续降低，总体的促销规模被削减。

对某类产品而言，如果产品的市场份额高，那么广告和人员推销应该并用。如果其市场份额低，则须选择广告或个体销售之一作为重点。如果市场份额集中于少数公司，广告投放将更有意义，原因有两个：第一，强大的广告有助于打击其他公司进入这个领域的信心；第二，广告有助于该产品在市场中保持满意的位置。重磅的广告投放是对产品性能保证的暗示，而且有可能降低与新产品相关的一些不确定因素。这样看来，新的竞争遭受打击，现有地位得到巩固。竞争强度趋向影响推广的组成，这和市场份额的影响相同。当竞争激烈时，维持产品在市场上的地位需要所有形式的推广活动。这是因为推广需要做到告知、提醒和说服。另外，如果竞争是有限的，促销的主要功能就成为告知，或提醒客户产品的存在。

有假说提出，广告更适用于有潜在需求的产品。这是因为从长远来看广告投资可以开启新的机遇，并且如果考虑这种附加效应，每实现 1 美元的销售所花费的广告成本会更有意义。如果需求是有限的，并且不能预期创造新的需求，广告花费就不够经济。因此，未来的潜力将是决定广告作用的重要因素。

客户因素

显然，客户决定促销组合的选择。在标的达到数百万美元的竞标情况下，销售人员的到场及取舍的能力是必需的。另外，一个季节性感冒药品的促销活动则可以通过杂志广告来实现。

环境因素

下一章，我们将要描述 FDA 实施的对处方药促销的严厉管控，以及基于社会层面的考虑。例如，主要的电视网络曾拒绝接受避孕产品（如避孕套）的广告。药品流向问题在 20 世纪 80 年代达到顶峰，它不仅导致了法规对样品的管控，也导致了一些医生对样品流程本身的反感。

预算因素

理想状态下，预算应该基于促销目标而制定。然而，公司一般会根据直觉和传统设置用于推广的费用上限。这样的限制可能影响某些本来可以采用的推广活动。预算因素会在两个方面影响推广组合。首先，一家财务状况不佳的公司将限制某些类型的推广。其次，许多公司传统上都会将广告预算与收入以百分比形式相关联。这种分配方式仍然会被继续使用，因此预计收入将决定未来有多少费用用于广告投放，而该费用将直接决定广告的作用大小。

营销组合因素

推广决策应该根据营销组合其他方面的情况制定。与竞争相关的产品价格和质量会影响它的推广角度，较高的价格必须以其实际或假定的产品优势为支撑。因此，对于一个高价产品，广告在沟通和建立产品卓越品质方面应有显著效果。

推广组合同时受到产品分销渠道架构的影响。如果是直销产品，产品推广应充分考虑销售团队的作用。另外，间接渠道分销产品则需要更加重视广告，因为销售团队推动作用有限。

媒介类型

我们在本书的这一部分[①]简要介绍处方药领域会用到的几种主要推广方式：

- 空间媒体（医学期刊、杂志、报纸）。
- 直邮函件。
- 面对面营销（拜访、会议、电话营销）。
- 样品。
- 促销手段、网络营销和其他媒介。

空间媒体

空间媒体开销是指用于医学期刊、杂志和报纸上刊登广告的费用。

这 3 类媒介有所不同，故首先我们需要通过报纸杂志所涵盖的内容对它们进行区分。医学期刊主要提供与个人专业实践相关的学术信息，如《美国医学会期刊》（JAMA）、《内科文选》、《全科医生》、《美国药学协会期刊》都是典型的专业医学期刊。《医药经济学》和《口腔管理》则属于医学杂志，因为它们的内容并不是专门针对读者的学术需求层面，而更多地关注医学领域的商业实践。医学报纸则是一大类涉及面较广的刊物，并没有特定的定义，包括《医学论坛报》和《家庭实用新闻报》等。

它们的另一个区别就是读者是否需要支付费用。医生可能根据个人需求订阅某些期刊［如《新英格兰医学杂志》（New England Journal of Medicine，NEJM）］，他们也可能需要支付会员费从而定期获取最新的内容［如《美国医学会杂志》（Journal of the

① Dr. Max A. Ferm 提供了这一章节的资料。资料来源于 Mickey Smith 编辑的《药学市场营销原理》，第三版（Binghamton，NY：the Haworth Press），第 369 ~ 399 页。

American Medical Association，JAMA)］或免费获取（也就是所谓的限量发行刊物）。

不同空间媒体的其他不同点还包括：

- 发行量；综合性的/专科的/多种学科的。
- 广告与正文内容比例。
- 读者研究。
- 广告位置（整版穿插还是仅出现在首页和背面）。
- 是否可以发表新闻稿。
- 是否出现广告商名录。
- 发行周期。

理论上，广告主可以从成百上千个刊物中进行挑选。有些仅专注临床实践相关内容，有些还覆盖政治和医药经济学方面(《医学经济学》就是广告收入常年领先的刊物)。其他一些虽然限制药品广告，但可以针对旅游、理财和休闲等主题刊登社论。

还有一些是独家赞助发行的刊物或企业专刊。独家赞助发行的刊物不同之处在于它没有多个不同的广告商，而是由单独一家广告商支持发行。除此之外的其他特征（如目的、读者和涵盖内容）都和开放赞助的刊物相同。因此，它和企业专刊不同，后者一般发布赞助企业的观点及活动，而独家赞助发行刊物的内容并不仅仅局限于赞助商。

直邮

直邮相对于空间媒体的一大优势就是信息可以直接抵达特定的客户，而非一个大的客户群体。获取该优势的代价就是更高的费用，因此直邮的人均接触成本更高。直邮是一种相对独立的媒介形式，它需要被很好地理解和合理地运用。

美国医学会一般可以为特许邮购提供现有的收件人名录，每使用一次该名录，以邮费方式收取一次版税费用。名单由电脑生成，为尽可能避免信息不准确而邮递失败，从而导致增加直邮营销成本，数据库会经常更新。

AMA 可以提供各种不同需求的收件人名单。使用者可以根据需求按照学科、年龄、科室、执业地区或其他类别购买目标医生名单。

除高度选择性外，直邮还允许使用其他空间媒体无法使用的营销技巧。例如，以往的经验显示医生对期刊内插入的优惠券不敏感，而直邮信件内附带的、写明回邮地址的商业反馈卡则可以帮助我们获取医生对产品的要求。这样可以在厂商和医生之间建立一种可估量、可利用的联系，因此直邮是一个重要的考量因素。

当我们展开一个大型营销活动时，我们可能会用到多种多样的直邮品种。这些品种主要包括邮简、邮件袋、信件和邮包。其中最经济的是邮简广告，它不需要信封，通常制作成正反两面的卡片或者 4 页的广告纸。推广组合可包含上述所有形式，也可涵盖其中几种。每个直邮品种都要印刷足量，以便投递多次。比如，有的公司可能会选择 3 个直邮品种，每个品种投递 3 次，合计就是 9 次直邮。

关于商业反馈卡的研究主要集中在测试不同因素变化的市场反馈。这些因素包括问候语、以真实邮票替代邮资总付、个性化邮件及其他变量。

尽管直邮有其可取方面，但仍存在很大不足。它与期刊不同。期刊是通过内容设计来吸引医生的，从而使其在临床、经济和文化知识方面得以改进。而直邮的设计体现了显而易见的促销目的。在传递产品信息的同时，是否能引起医生的兴趣对直邮来说是个挑战。

通过发行企业赞助的期刊和企业专刊可以克服上述缺点。这样可以通过向医生直邮其感兴趣的学术内容来兼取两种方式的优点。这种方式成本高昂，但也引起了广告主的兴趣。相应学术内容的准备要求有除广告推广人员之外的其他人员的参与，从而大大提高了推广的成本。为此，制药企业需要收集撰写内容的素材。企业会雇用一名员工专注于某一领域（如新闻和临床摘要），收集撰写素材，并将其用于多种不同的专刊，以迎合不同临床医生的需要。

个人销售/拜访

就目前而言，个人拜访已经是医药行业公认的药品推广最有效的手段。个人拜访与书面广告宣传的区别如表 13.5 所示，销售培训的侧重点如表 13.6 所示。

药品推广方式五花八门，制药公司在广告宣传部门对版面广告和直邮广告的投入越来越有限，而推广费用的平衡则越来越取决于销售推广部门。广告宣传部门和销售推广部门的本质区别在于它们是用不同的沟通方式传递产品信息的。前者主要侧重于通过书面的和可视化的信息进行传播，而后者主要依赖于销售个体化拜访和产品演示（并且往往是口头演示）的方式。

如前所述，个体销售拜访是昂贵的。能够部分保留个体销售拜访优势的方式有两种：一是会议展示（由销售主导）；二是电话销售。

表 13.5 个人拜访与广告宣传的异同点

特 征	广告宣传不同点	共 同 点	拜访方式不同点
功能方面	单向沟通，可以在传播渠道内大量投放广告；可以掌握信息内容，但相对来讲不够灵活；医生很难拒绝	必须易于理解，具有说服力，能够让客户产生兴趣和信任	双向沟通，可以控制信息量；可以根据环境有针对性地沟通；较难掌控传递信息的内容；医生可以拒绝拜访
感观方面	展示过程中很难加强信息的传递	必须谨慎选择，进行必要的感官刺激，以使信息通过感官的过滤而被接纳	可以同时刺激五感；在一次拜访中可以加强或者重复信息的传递
认知方面	主要通过建议而生效，主要技巧在于如何激发兴趣	尝试说明企业和产品与竞争对手不同并且优于竞争对手	可以帮助医生溯源找到问题的原因；主要技巧在于如何解决问题
感受方面	一条信息可能会激发不同感受，但无法随之灵活应对	都尝试激发正面感受	可以评价或利用正面或负面感受
促销效果	主要应用于成交前，交易之后仅仅能降低认知的失衡程度	对于提醒持续使用都非常重要	可以直接影响处方决策；可能当场为患者提供样品

表 13.6 销售培训的侧重点

培训项目	平均得分（1=不重要；5 分=非常重要）		
	初级培训	新产品培训	进阶培训 / 认证项目
公司的使命和愿景	3.86	3.78	3.22

续表

培训项目	平均得分（1=不重要；5 分=非常重要）		
	初级培训	新产品培训	进阶培训 / 认证项目
口头沟通技巧	4.47	4.18	4.14
书写技能	1.86	1.70	1.97
产品知识			
解剖学	4.07	3.78	3.11
生理学	4.26	3.89	3.30
药理学	4.02	4.02	3.44
生物化学	2.86	2.94	2.52
微生物学	2.81	2.77	2.34
医学术语	4.43	4.16	3.45
药物相互作用	3.81	4.00	3.57
政策法规	3.23	2.97	3.02
道德伦理	4.39	3.55	3.75
与竞争对手的比较分析			
产品	4.55	4.71	4.30
价格	3.45	3.97	3.28
销售渠道	3.23	3.34	2.77
推广	4.05	4.34	3.74
销售力量	3.18	3.39	2.82
与下列人员沟通技巧			
医生	4.89	4.38	4.80
药剂师	4.34	4.36	4.11
护士	4.08	3.94	3.88
药品批发商	3.37	3.43	3.26

资料来源：S.Kodialam，R.Segal, and D.S.Pathak, “Anatomy of Today’s Sales Training Programs,” *Medical Marketing and Media*, March1, 1988, 23: 8-12.Continuing education.

会议展示

会议展示结合了某些广告宣传和销售拜访的特性，综合性的特点使其具有自己独特的战略决策。Douden 建议展示计划的市场推广方法要按照以下 7 步制定：

（1）以 12 个月为周期，详细评估展示计划。通过其他市场计划，我们已经了解了目标市场。然而每个不同学科领域，都有一长串州级、区域级、全国级乃至国际级会议、研讨会、例会和专题会。

（2）为下一年的每场会议展示制定具体目标。利用全年的展会计划，统筹安排，向不同的市场和客户群介绍并展示新产品信息。没有新产品的公司可以通过贸易展会向访问者提供市场和研发信息，同时进一步传递产品信息。

（3）确定展会可利用的预算，同时在各个展会中合理分配。参与贸易展非常昂贵，但有研究数据表明展台访问的人均费用远比针对单个客户专程拜访的费用低。因此，展会的费用被认为是一项必要的市场开发铺垫的费用，可为之后的其他推广活动（如直邮和拜访）埋下伏笔。同时还有研究表明，在经济危机时期没有削减展会费用的公司在经济复苏后有更快的销售增长率，因为它们在市场上保证了产品的持续曝光率。因此，学术会议展示的投资也被认为是一种长期投入。

（4）制订能保证达到上述目标的具体方案，包括展台设计、制作、时间表、物料运输及返程等。如果计划需要一对一的深入信息传递，那么就需要设计隔离开的安静沟通区域；如果希望展示视听材料，则要让其成为全场的焦点。无论目的如何，展台的部件最好是可组合和拆卸的，以保证它们可以根据不同的展示面积大小和不同的展示目的进行调整，而使用时间长达 3 ~ 5 年。

有的展台只有一个 Logo 而没有具体的推广材料；有的展台上有太多的图文让参观者无所适从。信息过多或过少都是不可取的。可以把展台想象成一个广告牌，将最独特的产品特性或不可替代的产品利益用最精练的陈述展示出来。要决定如何展示信息，需要回顾和思考参展的目标。其目的在于让参观者对公司是干什么的一目了然，以及他们能在展台上发现什么。

（5）仔细列出所需的物料和设备，包括邀请函、签到、会客室、展会期间的特别活动。

（6）周密的参会计划，包括参会人员名单、对展会具体安排和目标清晰明确的会前说明。展会接待人员随时可能开始或结束一段对话，因此每名工作人员必须非常清楚日常拜访和展台上接待客户的区别。与参观者交谈的目的是为了更快地确定其是否为潜在客户，并且决定适当后续跟进方式。这其实不仅包括与每名参观者交谈的时间，也包括其他参观者在展台逗留的时间。工作人员如果和某名参观者进行延伸性沟通，其实是在浪费本可以用来和其他同样的潜在客户接触的时间。

同时，应该考虑让那些没有参与展位接待的员工加入进来，或许来自实验室或者研发部门的工作人员能够帮助医药代表们当场解答一些问题。另外，可以邀请一些重要的客户到展位并将其介绍给其他参观者，并请他们用自己的话来阐述所体会到的产品优点。此外，营销团队的其他成员（如广告总监和售后服务的工作人员），可以通过这次展会来更新他们对市场环境“大气候”的认知。

（7）建立一个内部跟踪系统来衡量每场展会参与的结果。每场展会之后，在展位收集到的所有的联系卡都应该被送回公司，然后制作复印件，将信息添加到统一的潜在客户邮件列表中，再根据卡片标注的信息邮寄相应的文献，并附上感谢信。最后，将卡片的原件寄给相应的销售代表以便之后跟进。

电话销售

电话销售就是通过电话进行的销售推广。当然，电话销售会失去许多面对面交流的优势（眼神交流、肢体语言和实物展示），而在某些情况下，这些都是个人关系建立的基础。不过，这种方式还是保留了可以交换意见的优势，并且比当面拜访成本更低。

绝大多数电话销售都是通过药品制造商指派的某领域的专业人士进行的。从需求层面来看，电话销售人员所要接受的训练和所要掌握的技巧其实往往要比上门销售的推销员简单。电话销售的作用包括：

- 形成销售线索。
- 销售人员销售活动的补充/跟进。
- 详述那些通常在市场上不被重视的产品。
- 接触到那些不愿意和销售人员当面接触的医生。
- 接触到那些通常不直接拜访的专科医生。

样品

从某些方面看，提供药物的样品是最合理的推广方法。患者的实际使用效果是药物有效的最好的证明方式。毕竟，每名医生最终必须通过自己的“临床试验”来获得对新产品的体会。然而，样品的提供一直存在争议，并在 1987 年《处方药营销法》发布后受到了更多限制。

1986 年，一项为药品制造商协会（现在称为 PhARMA）进行的研究显示，医生普遍会收到样品。这项研究的结论包括以下几点：

（1）医生使用样品相对比较保守，在一周的典型实践中，4/5 的患者没有得到所处方药物的样品。

（2）药物样品并没有明显地降低零售药店的收入。医生在办公室使用样品进行即时治疗的作用是零售药店无法替代的。此外，绝大多数样品都会带来需要在药房进行调配的处方。

（3）即使医生熟悉某种药物，他们向患者提供该药物的样品也并不说明样品的使用没有试验的成分。处方药样品常常被医生用来进行一些“测试”，特别是内科医生。医生了解某种药品并不代表他们了解该药物对某名患者的作用。资料显示，比起未被自己处方过的药品，医生更加重视评估药物用于新患者的疗效和安全性。

（4）样品对于儿科医生及药店关门或药物不容易获得时特别重要，此时样品可能是医生手上唯一的治疗资源。对现有的样品流程进行修改时需要考虑这些特殊状态下样品的作用。

（5）在各种获取药物样品的调整方案中，药物优惠券遭到的反对最多。虽然降低经济负担是使用样品的一个重要原因，但这并不足以认可一个用样品解决经济问题而不是医疗问题（如即时的治疗、患者的耐受性评估）的方案。

（6）药物优惠券系统似乎会阻碍医生使用新药。那些使用过优惠券的医生从专业的角度目睹了样品优惠券系统的运行。他们和目前没有使用过优惠券的医生达成了共识：优惠券系统不及目前的药物样品发放系统合理，同时它会推迟新药物的试用。因为医生有样品系统切身使用的经验，故其共同认识非常值得参考。

（7）要求获得药物样品必须递交书面申请的政策虽然没有像药物优惠券系统那样

引起广泛的反对，但很可能延缓新产品的使用。因为相比于经常使用的药品，医生申请不熟悉的新药可能性很小。

（8）在现有样品获取政策的调整方案中，要求医生签署样品收据的反对声音最小。虽然超过 1/3 的医生认为这比现有政策更糟，但同时 3/4 的医生认为即使新方案生效，他们仍然愿意获取新药的样品。

美国国会认为，在法律角度上看，"现有系统下，通过制药企业的销售代表向医生提供药物样品的方式已经被滥用了几十年，并导致向患者销售假冒、过期、伪劣药品的现象发生"，由此导致了《食品、药品和化妆品法》的修订。新的法案包括下列规定：

- 要求州政府在联邦法律下向药品批发商颁发执照，要求设立储存、处理和产品流转记录的最低要求。
- 禁止美国生产的药品出口后再进口，除非由制造商再进口或用于紧急用途。
- 禁止销售、交易或购买样品。
- 禁止贩卖或伪造药品优惠券。
- 需要医生以书面形式申请药物样品。
- 禁止医院或卫生保健机构转售购买的药品（同时规定了一些例外情况）。
- 对违反上述规定的行为施以刑事处罚。

FDA 的公示中阐明了其药物样品管理的要点：

> 处方药的制造商或分销商可以根据医生的要求，通过邮包或正常送货分发样品给执业医生、医院药房或其他卫生保健机构。执业医生需要提交一份包含指定信息的书面申请，在收到样品后签收相关收据，并将收据交回给药物制造商或分销商。

换言之，销售人员不能未经请求直接提供样品了。拜访者仍然可以根据医生的书面申请提供药物样品，但必须得到签名的收据。

FDA 允许医药公司分发事先印刷的申请表给医生，用以申请获取样品。这些表格必须包含所有需要的信息：识别申请者的信息；药物名；需求量；制造商或分销商的名称；申请日期。新法案中还提到"FDA 要求每个样品或每组样品有单独的书面申请，并且不能使用无上限或'长期'的药物样品订购申请"。

提供书面申请几乎是新规则中最不麻烦的一项要求。同时，法规并没有限制医生和销售人员之间即时的样品申请和获取。

新法案对于样品管理的主要压力在于样品存储、分发和记录的要求。FDA 的临时政策声明包括以下内容：

➢ 适当的样品存储：所有的药物样品必须在能保持其稳定、完整和有效性的条件下储存。
➢ 公司代表持有的样品清单：药品生产企业必须在医药代表处建立完整的药物样品清单。
➢ 医药代表名单：药品生产企业必须制作并保存分发样品的医药代表、相应住址及样品储存地址的清单。

其他媒介

新的技术、竞争的压力、传统媒体的“混乱”、目标人群的不断变化导致营销技巧必须不断更新。这个阶段，营销活动开始使用一些新的推广方式，我们称为“替代媒体”。这些媒体形式各异，本书很难详细描述，同时也无法衡量它们的相对优缺点。

媒体的选择步骤

媒体选择需要做两个决定：① 使用什么媒体；② 对于既定的媒体，做出具体的载体选择。比如，如果决定用杂志进行推广，就要决定在哪本杂志上做广告效果最好。

选择媒体的种类可以使用以下两种方法：① 千人覆盖成本；② 媒体和受众的特征匹配性。

千人覆盖成本

长期以来，千人覆盖成本一直是媒体选择最常用的方法。虽然这一方法简单好用，但是也有很多不足之处。这个方法在选择推广媒体种类的时候仅考虑了覆盖人群的数量而忽略了覆盖人群的质量。

此外，千人覆盖成本的计算方法有时是有误导性的。假如根据媒体定义的方式去考虑"曝光"的概念，就会导致误认为在杂志中插入广告就意味着完成了覆盖，却忽略了受众是否真正看到了杂志中的广告。此方法也没有考虑到不同刊物在读者心中的形象及不同媒体影响力的区别。

媒体和受众的特征匹配

媒体选择的另一种方法是选择特定的目标受众，然后将他们的特性与媒体相匹配。即使只是在印刷版的期刊中进行媒体选择也是一项复杂、充满变化的工作，要知道仅供医生阅读的期刊就有四百多种。因此，下列每点都需要仔细评估：

- 期刊编辑内容的倾向。
- 期刊出版的频率。
- 付费发行量。
- 广告量。
- 有无特刊。
- 截止日期。
- 市场和受众情况。

医药媒体专家乔治亚娜·帕帕江（Georgiana Papazian）为媒体选择提供了很好的指导[①]：

选择合适的媒体是营销计划的扩展；杂志是一种可以用来帮助产品完成营销目标的工具。良好的营销/媒体输入源于营销计划，因而营销计划是期刊推广项目的关键。

预算、目标受众和广告策略仍然不足以制订期刊营销计划。在目前的环境下，还需要提出并解答其他问题、获取其他数据以选择合适的媒体。这些问题和数据包括：

- 治疗领域是什么？领域内的主要竞争产品是什么？

① 这部分摘录经过 Pharmaceutical Executive 的允许进行了改编。Pharmaceutical Executive， March 1985，p.50. Copyright 2001 Advanstar Communication Inc. Advanstar Communication Inc. 保留这份材料的所有权力。

- 广告时段如何？这可以帮助策划者明确如何投放广告。
- 哪个细分市场是主要的广告投放对象——诊所还是医院，抑或两者都有？是否需要根据医生在不同区域的比例调整广告的覆盖比例？
- 是否特别考虑支持销售趋势好的市场的覆盖，或者销售趋势不好的市场？
- 是否有非医生的目标受众？广告的时间安排如何？广告策略是什么？这部分推广包括在整个推广预算中吗？

尽管一些规划者更习惯人工编制期刊计划，但是期刊数量的增长使人工编制越来越容易混乱，因此使用电脑来编制出版计划也随之变得越来越普遍。计算机可以将目标受众与有效的测试性受众研究及其他变量相结合来进行定量分析。利用期刊排名、目标领域细分等方法对于目标产品推广最重要的特定期刊进行操作，并反复使用和核查，利用电脑进行不同排列组合的测试最终得到特定的期刊组合——一个最接近目标的组合。

在公司看来，期刊是一种广告信息的输送工具。通常，一份出版物或者期刊带来的曝光机会本身不会被仔细分析，但目前这些信息可以转化为接触量和接触频率，并做出成本效益分析。

接触量最精确的定义是在一定时间内接触到某种出版物的读者数量。接触频率则是指每位读者在相同时间段内接触到该出版物的次数。

编写计划时需要综合考虑接触量和接触频率，以确保广告信息得到广泛曝光，而且不局限于一小部分受众。

决定支出的多少

决定一家公司全部推广活动的支出（包括广告宣传、人员销售和推广活动）并不是件容易的事。没有一个不变的标准去衡量某个产品/市场的推广应该花费多少钱。这是因为推广支出多少会受一系列复杂情况的影响。

推广支出是整体市场预算的一个组成部分，所以分配到某个部门的资金（如广告）会影响市场营销中其他活动的费用。例如，在广告推广上额外的支出会不会比一个新的包装设计更好，可能就是一个颇具争议的问题。此外，推广支出必须从价格决策的角度去考虑。显然，更高的售价可以比更低的售价提供更多的推广费用。推广费用还要受到产品销售情况的影响，而产品的销售情况非常难以被准确地估计。这里涉及的另一个相关问题是推广的积累效应。虽然广告效果持续时间的问题远未得到解决，这个领域的研究重点仍然一直集中在此问题上。广告及其他推广形式的效应是可持续的这一观点已经被广为接受，但是该持续性的时间长短并不确定。

推广会导致竞争反应，但无法准确地预测竞争对手的应对行为从而决定相应预算。

尽管存在诸多困难，人们已经从实践中发展出一些策略性颇为合理的决定推广费用的经验法则。这些经验法则可以分为两种形式：分解法（Break-down Methods）和加总法（Buildup Methods）。在讨论这两种方法之前，简要地回顾一下边际分析（Marginal Analysis）在推广支出决策上的应用还是很有价值的。

边际分析是最早的处理推广预算问题的框架。根据这种方法，推广活动每项组成部分的费用都需要进行处理，使得边际收益等于边际成本。例如，广告花费应该等于由广告带来的额外销售引起的利润增长。与此类似，人员销售的费用应该等于销售人员带来的销售利润。整体而言，建立最优预算应该能够使广告、人员销售和营销推广每一分花费的边际收益都相同。换言之，每一项推广项目的经费应该相应地增加或者减少，直到边际收益相等。

理论上，这种方法貌似很合理，然而边际成本和边际收益的衡量是一个困难的问题。即使边际收益可以预估，边际平衡这种方法也并不一定行得通。比如，没有一家公司愿意为了达到边际花费和边际收益平衡而雇用或解雇销售人员。此外，如果 3/4 的销售人员时达到边际平衡该怎么办呢？与此类似，在投放广告时，可以选择在杂志中投放一个广告，或者不投放任何广告，很难恰好处于边际平衡状态。

广告的持续效应是一个复杂的问题，人们在广告到底能对销售产生多久的影响这个问题上没有共识。传统上认为广告的影响可达数年之久，然而领域内的一些研究表明，广告对销售的影响是一个短时现象，持续的时间为 3 ~ 5 个月。简而言之，虽然边际方法为推广支出的比例分配提供了一个不错的理论框架，但是它在实际应用中作用有限。

分解法

某些分解法在确定推广费用时很有帮助。在销售占比法中，推广支出是前一年的销售额或预计的未来销售额的确切占比。最初这个比例由估计而来，之后则用历史信息来决定推广支出占销售额的百分比。这个方法的基本原理就是必须通过销售来检验推广费用是否合理。这个方法被许多公司运用，因为它简单、易于理解，并且能使经理们在经济衰退时期得以灵活地走捷径。而这个方法的缺点是基于销量决定推广费用有“顺序颠倒”之嫌。进一步说，这个方法的逻辑并未将推广的积累效应考虑在内；它将推广看作一种必须要从销售收益中划出的必要支出，并且不考虑推广与竞争对手活动的关系及其对销售收益的影响。

另一种分配推广费用的方法是根据承受能力尽可能地多支出。这种方法中，资金或者流动资源的可利用性是决定推广支出的主要考虑因素。换句话说，即使一家公司对销售额期望很高，如果它的现金流很紧张，那么它的推广力度也可能会很弱。这种方法存在几个层面的疑问。这种方法使得推广支出依赖于公司的流动资源，而事实上一家现金短缺的公司最好的做法可能就是增加推广费用，从而寄希望于提高销售额。进一步说，这个方法存在的风险在于，即使在市场紧张销量低迷的时期，如果公司恰巧有可用的资源，那么它也会投入更多推广费用。然而，这个方法确实考虑了推广的长期作用，如广告的累积效应。在充满不确定性的状况下，这个方法是个谨慎的选择。

竞争对等法认为推广支出应和市场份额直接相关。所以，一家公司的推广支出应当与竞争对手保持一定的比例，从而维持其市场地位。如果某行业的领导者将销售收入的 2%用于广告投放，那么该行业的其他公司也应该按照相似比例进行广告投放。考虑到行业的竞争性，这看似是一个合理的方法，然而其中仍然存在一些缺陷。首先，这个方法需要我们知道竞争对手对于推广的考虑，但是这种信息常常是不得而知的。例如，市场的领导者可能决定将重点放在降价而非推广上，那么只仿效其广告支出而不考虑其定价的决定就会非常不可靠。其次，公司可以通过明智的媒体选择、广告时间选择、高超的广告制作及出色的销售管理项目等，使推广投资得到更大回报，因而可以和另一家投入 2 倍推广花费的公司获得相同的收益。由于推广仅仅只是影响营销绩效的一个因素，所以要保持自己的市场份额，仅仅保持推广份额与竞争对手对等是不够的。

加总法

许多公司都设有广告、人员推销和促销经理，他们向市场营销经理汇报。市场营销经理为每条产品线的广告、人员推销和促销设置不同的特定推广目标。

现实中，要把广告投放、人员推销和营业推广的作用精确地分开绝非易事，因为这 3 种推广手段存在或多或少的重叠。每家公司都需要制定出自己的促销组合方法。当各种推广手段的目的得到确定时，它们就会被正式定义为工作目标，并传达给相关的经理。每位推广经理需要根据这些目标再设定自己的操作目标，而这些被精确定义的目标将被再转换为每个部门的具体操作。

部门目标确定之后，每个组成部分都需要详细预算，为达成目标所需的每个项目确定预算。在每个部门准备自己的预算时，市场经理则要为每个部门准备预算汇总，根据总体营销策略简明地列出各部门主要的支出。

加总法要求经理分析推广活动的预期作用，以及其在市场目标达成中的贡献。它不仅能够帮助推广经理控制推广费用，也有助于推广经理在面对由经济衰退导致的推广费用削减时不至于太过沮丧。

小 结

推广组合包括广告、人员推销、促销和公关。推广活动的每部分都应设立目标，而且需要反映推广部门所设定的总体目标。与此相似，为推广部门设定的目标应与市场营销其他因素（产品、价格和场所）的目标相结合，并反映市场营销部门设定的目标。

为广告推广设定的销售目标通常被称为市场营销目标。虽然存在“销售增长是由于市场营销经理致力于制定市场营销策略”这样的说法，销售增长实际上还是要用到推广组合中的各种手段的。销售增长可能来自价格的下降、分配渠道的改变、产品（包装）的改变或更快的送货方式（物流），无论与广告结合与否。因此，要辨别具体是哪个因素在销售增长中起了作用，即使并非不可能，也相当困难。

如果设立目标的原因之一是方便业绩评估，而广告对于销售的作用无法从其他因素中剥离，那么应当如何评估广告的有效性呢？如果一个广告活动后销售额增加了10%，那么有多少是由广告单独贡献的呢？进一步的研究将有助于增进了解。

John Palshan 将市场营销沟通循环中的不同事件顺序描述如下：

◆ 回顾市场问题或机会。
◆ 市场满意度调查。
◆ 决定市场定位，细分市场机会。
◆ 选定参照物的调研和关键竞争分析。
◆ 应用调查结果来制订推广计划及设定目标。
◆ 对诉求或特征进行定量的观念测试。
◆（将上述结果）告知创作团队，开始广告设计。
◆ 对广告草案进行定量预审查。
◆ 初筛后的广告制作决策。
◆ 量化、诊断性、预测性的预测试。
◆ 最终的创意决定、微调和制作。
◆ 推广活动的媒体呈现。
◆ 测试后广告效果的每单位评估。
◆ 整体推广效果跟踪。
◆ 再循环。

最终，推广与其效果按照以下顺序起作用：

◆ 意识。
◆ 知识。
◆ 喜爱。
◆ 偏好。
◆ 确信。
◆ 处方购买。

第 14 章

环境

米基·史密斯

法律法规是药品推广中最重要的环境因素（见第 2 章图 2.1）。所有的推广都必须符合联邦贸易委员会（Federal Trade Commission，FTC）的规定，尤其是针对一些错误和误导性广告的规定，合法的处方药推广还必须遵守食品药品监督管理局（Food Drug Administration，FDA）的其他法规。实际上，联邦贸易委员会和食品药品监督管理局在这方面都保持着独立的管辖权和哲学理念。

法律法规

FDA

1962 年的药品修正案加强了 FDA 关于处方药标签的管辖权。FDA 认为药品标签应不仅包括已印刷的书面推广，同时应涵盖销售人员在医生办公室的口头推广，以及实际上其他所有东西。

和其他所有商品都不同的是，处方药只有在以下几种情况下才能借助媒体推广：完全符合 FDA 对药品说明书的审批要求（稍后讨论）；包含药物疗效和潜在副作用的“合理平衡”描述；全面公开药物疗效。顺带提一下，FDA 要求处方药的通用名字体在印刷广告中至少要有其品牌名一半大小。（在作者看来，这还不是 FDA 的强制命令的一部分。）

那么，这些又说明了什么呢？

让我们从药品说明书（Package Insert）开始说起。它是一份 1 ~ 1.5 英寸宽、2 ~ 3 英寸长的文件，主要用来为处方药提供官方（如 FDA 批准的）药品标签。之所以称为药品说明书，是因为 FDA 监管部门要求所有处方药的包装内都必须包含或附带这些印刷信息。虽然药品说明书的设计宗旨是为开处方的人提供重要参考信息，事实上在药剂师分发药物时，说明书经常被丢弃，甚至从未被阅读过。药品说明书（至少其内容）对处方药物推广无疑是重要的，因为其包含的信息是衡量推广信息的重要标准，并对其他的关联内容产生影响。

药品说明书（被批准的药品标签）中的信息是完全参照 FDA 审批的新药申请（New Drug Application，NDA）内容的。研发过程中的步骤会直接形成 NDA 的内容，而 NDA 是推广信息的内容基础。因此，推广实际上至少应该从临床实验的组织和成功就开始了。例如，一种从未对 60 岁以上女性进行测试的药物，不会被批准用于这个年纪和性别的患者，因此将市场营销贯穿于整个研发过程中是至关重要的。

对于 FDA 和医药行业来说，直面消费者的处方药广告无疑是一个特殊的挑战。有些规则相对容易遵守（如药物通用名为其品牌名一半大小尺寸），但是如何在广告中（尤其是电视广告）向消费者提供那些 FDA 要求开处方者需知的印刷成蝇头小楷的信息，以及这么做的原因是什么呢？在药物警告信息压缩版形成后，电视观众可以参考印刷在消费者杂志上的药物警告信息，这无疑是一个好不容易达成的妥协。

《制药经理人》（*Pharmaceutical Executive*）在 2000 年 4 月的一篇文章强调了 FDA 法规的经济学的重要性和不遵照执行的严重性。作者分析了大约 376 个“违规通知”和 20 封“警告信”，从中得出 “不遵守 FDA（推广）法律法规的代价是昂贵的”的结论。有多昂贵呢？假如 FDA 要求整改措施，以下是一些可能付出的代价：

- 期刊广告成本高昂，如在《美国医学会期刊》（*American Medical Association*）上，1 页广告和 1 页摘要的费用接近 15 000 美元。
- 根据作者的说法及涉及的医生数量，“亲爱的医生”信件耗资 15 000 ~ 130 000 美元。

- 各种销售支持材料都可能被要求销毁或修改，其中某些精心制作的项目可能花费高达每份20美元。
- 销售人员需要召开补救性会议，每位与会代表都需在差旅费和住宿费上花费400～500美元。
- 无形的费用也会相应增加，因为公司会被强制公开宣布“根据FDA规定，我们告知你们的信息在某些方面是错误的”。

如何避免以上这些问题和其他代价？要保证走对第一步！本书作者建议采用如下“规避策略”：

- 要权衡广告和推广项目在疗效信息和安全信息方面的表述。
- 比较性和有关生活质量的陈述要基于全面和良好掌控的数据。
- 在获得FDA的批准前，相关材料应避免提及推广产品和新的适应症。
- 即使临床研究申请（IND）法规允许在“学术或大众媒体”进行“学术信息交流”，在FDA评审完所有的支持数据并授权投入市场前，相关材料应避免提及研究药物的推广。
- 公司法规事物部和法律部必须评审推广材料，以确保它们遵守了FDA要求的最新法规。
- 在推广公司产品时能做什么和不能做什么方面，公司和参与研发或者使用广告和促销材料的相关员工都应接受清晰、合理的指导。

一直以来，非处方药物都是由FTC负责管理的。有趣的是，当某种药物从处方药“转为”非处方药时，它也会被转到不同的联邦法规部门受监管，而该部门对药品的错误和误导性广告的标准无疑是药物“捕鼠器”。

当直接面向消费者的广告刚开始时，FDA几乎没有这方面的监管经验，在世纪之交，它依然在其所处的新环境中艰难前行。

伦理、文化

药品推广的首要伦理/文化环境因素集中在非处方药推广的目标人群和处方药推广

的患者描述上。在早期的报纸上，“为什么处方药的推销广告中没有黑人”，我们发现黑人很少出现在药品广告画面中。这个问题被发现后，情况已经有了很大改变，但药品广告还是常常无法提供医生候诊室中人们的真实画面。

技术

随着 21 世纪的到来，最大的技术挑战是如何最好地利用电子媒体。人员推销、直邮、印刷媒体、样品、展销等作为推销手段都已经获得了或多或少的成功。大众已经意识到电子媒体的技术潜力，但还需对其进行仔细、全面地研究和利用。

事实上，每位医生和相当一部分非专业人士，他们在使用电脑查询搜索包括药物在内的几乎任何信息上都有或多或少的经验。花费多少、目标人群、广告内容等这些传统推广的问题，现在必须应用新的媒介来传播。这种潜力是巨大、无止境的，而且没有潜在危险。

电子商务已经对信息传递及实际的药物销售和交付产生了重大的影响。尽管因为各种原因，邮购处方药物的重要性已经不断增加，但通过电脑进行药物分销无论在数量上还是在增长率方面似乎都远远超过邮购。

经济

大众不愿意买药的原因是因为药价过高。为什么药物如此昂贵呢？这个行业最常见的控诉之一是在推广药物方面投入太多。因此，医药公司的推广费用在制药业总会被谴责。

诚如所述，一项（美国）医疗保险的门诊用药福利计划正在就关于处方用药价格管控问题如火如荼地讨论着。其他国家也在进行这种价格管控的讨论。但是在美国，除了公用事业部分和战时执行的控制，传统上都实行自由市场经济。虽然尚无定论，但如果形成某种价格管控，医药公司就将不得不重新评估其推广预算及其他费用。

社会

处方药直接面向消费者（Direct to Consumer，DTC）的推广，是21世纪社会环境变更的主要标志。无疑，消费者希望更好地管理自己的健康。有迹象表明，消费者对药物治疗比历史上任何时候都更加在行（至少有很好的了解）。他们不仅对药物和自身状况了解很多，研究也表明他们会毫不犹豫地向医生询问从电视和其他地方了解到的药物。

从整体或个人来讲，医生对于直接面向消费者推广的看法各不相同。一方面，医生几乎不会因为被发到直接面向消费者的广告而发怒，或者不会因为那些从不来医院就诊或至少早就该来就诊的患者而生气。数据表明，因为直接面向消费者广告去看医生的患者，常常被发现有一个或者多个状况需要给予医治。另一方面，一些或者说大多数医生认为直接面向消费者推广对他们的行医过程产生了干扰。

20世纪50年代后期到60年代早期，一些主要的医药公司开始进行改变，它们建立了独立的部门，并且通过不同的名称将非处方药与处方药在医生观念中进行区分。

竞争

医药行业因为行业特性，竞争对手的行为信息是非常公开的，尤其是推广信息。公司和产品方面的支出统计数据可以从相关的出版物（如《药物市场和媒介》）上得到。更多关于订单和价格的详细信息，可以从专门从事情报的市场分析公司得到。

竞争对手的推广内容和地点，从各种处方统计服务机构得到销售数据，以及可比较的价格信息，可以结合起来帮助策划推广项目。当然，分析完成的时间与推广项目相比有明显的时间滞后性，而竞争对手通常在这期间已经改变了1个或者诸多市场决策。

内部

假设推广预算有一些限制，那么每家公司内部就钱花在哪里的问题都会引起争议。直接面向消费者推广的费用是比较昂贵的，并且它在推广预算中属于相对较新的项目。可以想象，销售部门会对其预算的削减或者未增长感到不高兴，而这部分资金会被用于直接面向消费者广告。同时，推销人员因为首当其冲地受到医生关于直接面向消费者广告的抱怨，从而增加潜在内部冲突的可能性是显而易见的。这是对市场总监维持各方面平衡及合理分配推广计划各部分费用能力的一种考验。我们还应当重视产品在公司内部推广的重要性。

患者和消费者

需要、需求、知识和信仰

我们在本章讨论关于推广的个体对象。我们应当再次提醒自己，虽然推广包含说服的成分，但其主要功能之一是提供信息。回顾图 2.1，我们可以看到关于药物推广中的一些常见任务。

知识

这一点比较容易。推广可以而且应该给消费者提供必要信息，这些信息能够帮助他们在了解情况的前提下做出有关其自身或者其所关心的人的健康的决定。这些“知识”需要评估，然而正如幽默的哲学家乔希·比林斯（Josh Billings）所观察到的：“不是未知事物引起麻烦，人们的错误认识才是根源。”

信仰

与知识不同，信仰未必基于知识或者事实。安慰剂基于信仰而起作用，而且常常非常奏效！推销能够也应当更正基于错误信息的信仰，但是必须非常小心。让人们感谢推销者为改变其根深蒂固的信仰所付出的努力不是一件容易的事情。

需要

匹配需要和需求（稍后讨论）是医疗系统最重要的工具之一，而推广在其中起到关键作用。一个典型的例子是医药行业（以及其他参与者）多年来在鼓励人们测量血压中所起的作用。虽然测血压需求大量存在，但是通常这种无症状（高血压）的情形很少能促使人们去医院（而现在经常有学生在购物中心帮人们做血压测试）。当然，医药公司确实通过唤醒自我关心而卖出更多的药品——“积善而获利”。如果没有它们的努力，我们又能够多大幅度地降低发病率和死亡率呢？

需求

我们再次回到直接面向消费者广告上。真正的风险是患者可能被广告左右而对他们并不适合的药物治疗产生“需求”。我们应知道，守护人们的健康是医生、药剂师和其他专业医护人员的责任。我们也要强调，药物推广者的责任不仅仅限于严格遵守 FDA 规定，而且要确保提供足够的警示，避免处方药和非处方药被用于不恰当的需求和治疗。

人类的医疗条件

这个至关重要的外部环境是持续和永恒不变的。实际上，我们对于“医疗”的定义是持续变化的。男性秃顶是“医疗状况”吗？勃起功能障碍是什么？意外怀孕又属于哪一方面？这些是社会问题还是医疗问题？实际上，这些都是通过药物和医药工作者治疗的。我们是否应当担心医疗状况的定义？如果存在改变基因遗传组合、思维方式及成长模式的技术，我们是否不应该静观其变，让社会去定义和再定义医学的范围职责（自发利用）？而这些反问与推广又有何种关系？

小 结

谚语说，知识就是力量。推广提供知识——有时让消费者信服并购买产品，有时告知消费者有能够解决他们问题的药物存在，有时提醒他们注意那些可能自己也不清楚的问题。推广是强有力的，然而环境影响确实会改变其特征，这也将是对于药品推广从业者进行改变的一个挑战。

第 15 章

实践

米基·史密斯

根据前一章所描述的环境因素（以及一些无法明确的因素），我们要面对现实，看看那些负责推广药品的从业人员为了履行他们的销售职责到底都做了什么。

在这一章，我们将重点介绍专业人士在最具挑战性的市场中所运用的一些营销战略和战术。在简短的历史回顾之后，我们将会从以下几方面深入了解推广实践，包括目标人群、信息传递、生命周期考量、产品问题、营销组合及预算，最后提供业内人士结合自身实践进行的分析。

开始之前，我们先看一个小案例，即《医药广告新闻》（*Med Ad News*）（参见 2000 年 5 月刊）选出的 20 世纪末“年度品牌之星”——西乐葆（Celebrex）的故事。西乐葆上市第一年的销售额达 25 亿美元，它是怎么做到的呢？运用本章的内容纲要，我们对此分析如下。

- 目标人群：向某些处方医生大力介绍产品，并积极开展直接面向消费者的推广计划。
- 信息传递：声称每天仅需服药一次就可缓解疼痛，且无胃肠道副作用，从而提高依从性。
- 生命周期考量：开创了全新的药物类型，同时申请新的适应症。
- 产品特点：新颖、安全、独特的作用机制（在上市阶段）。
- 营销组合：3 000 位西尔和辉瑞的销售代表负责推广，西尔在风湿和整形领域拥有丰富的客户资源，而辉瑞在初级保健领域资源丰富；同时辅以针对处方医生和患者的积极、强大的广告攻势。产品的新颖性也吸引了大量的媒体报道。

➢ 竞争环境：在产品上市之初，市场上并没有其他 COX-2 抑制剂，但 Vioox 和 Mobic 很快出现，并通过差异化定价吸引了客户。撰写本文时，扩大适应症并推出二代产品可能会是 Celebrex 应对竞争的选择。

➢ 预算情况：据西尔官方宣称："我们投入市场的资源几乎是西尔其他产品的 2 倍。"

下面，让我们来看看营销实践吧。

历史一瞥

1999 年，《医药广告名人堂》发表了"医药大道"（*Medicine Avenue*）一文，副标题是"美国医药广告那些事儿"。这篇有漂亮插图的文章具有极强的可读性和吸引力，并从个人视角展现了自第二次世界大战结束以来的医药广告历史，因而备受推捧。Frank Hughes 和 John Kallir 写道："我们同客户一起，抓住了医生的想象力，把一个新兴产业变为世界上最成功的行业之一。"

关于营销组合的其他部分并没有类似的记录，但一些文章［如《One for a man，Two for a horse》（一本用图片来讲述专利药物历史的图书）］中描绘了摩登时代以前相当卑劣的营销手段。"万灵油推销员"这个名称就是在那个时代产生的（当时确实有"万灵油"这种产品），即便当今有强大的法律监管（正如前面章节提到的），这种巧舌如簧、不顾事实的产品营销手段仍让人对现代营销心存怀疑。

说到营销监管，FDA 和制药业之间始终存在着一种动态的紧张关系，尤其从 1962 年开始，所以出现了可以相互牵制的准制衡系统。在这个系统中，FDA 常常说"你不准……"，而制药业的专家们则不断尝试着去改变 FDA 的立场，他们往往也做到了。别觉得太惊讶，创造营销方法的人不是总先于专职监管的人一步！

推广的目标人群

一则近期为《女病患》（*The Female Patient*）杂志做的广告有着这样的标题："今天，女性患者和她的医生才是医疗保健的真正决策者。"这句话传达了3层含义：第一，越来越多的患者倾向自主选择治疗方案；第二，"决策者"这一名词反映出这样一种事实：开出"处方"或许不再是成功营销方案的最后一步；第三，在这个医学专业化时代中，患者也许会求诊于不同专科的医生（本章作者就在3个月的时间里求诊过一个家庭医生、一个心血管科医生、一个电生理医生和一个泌尿科医生）。

总体来说，处方药（和某些非处方药）的主要推广对象一直是处方医生，而且在可预见的未来也将会是。但是，除了医生，很多其他的决策者现在也加入进来，他们也应该被视为产品的推广对象，比如：

- 药剂师，特别是能影响处方组成及涉及仿制药使用的药剂师。
- 护士和护理人员。
- 其他类别的医生，如牙医、兽医、某些州的验光师。
- 管理式医疗机构的执行主管。
- 立法机关内外的政策制定者。
- 消费者和他们的代表。

就处方医生而言，制药公司很善于将其分成一大堆子目标群体。我们可以根据医学专业、用药性质和频率、行医模式（独立诊所、家庭诊所、医院等）对医生进行分类。这些信息可在直邮、杂志广告、人员销售申请中加以利用，可能会大大提高投入产出比。这种方法在一定程度上对于健康领域其他相关人士同样适用，甚至可能获得患有哮喘、糖尿病或高血压的消费者名录，从而可以直接面向消费者进行推广。

其他决策者，包括HMO（健康维护组织）和其他管理式医疗机构的执行主管，同样是目标人群。有二十多本杂志被广泛用作推广媒介，如《当代医疗》（Modern Healthcare）、《商业与健康》（Business and Health）和《医药交流》（Medical Interface）。这些杂志的大多数读者自己并不负责开处方，但可能从行政和经济方面对药物的最终使用产生极大影响。

消费者显然一直是非处方药的推广对象。之前提到，杂志其实是被“创造”出来给早期的专利药物发布广告用的。（有一个类似的、有趣的现象——早期没有广告的电台节目的出现是为了刺激消费者去购买收音机的。）

到了 2000 年，消费者已然成为处方药广告的受众。当年，直接面对消费者营销的费用超过 20 亿美元。这个相对较新的现象带来了一定的挑战和机遇，下面就举两个小案例进行说明。

1991 年，Ciba-Geigy 在许多消费者杂志上为其产品 Actigall 发起了广告宣传。

— 广告标题是“如果你不能或不想做胆囊手术，该怎么办？”该广告建议，当你的医生认为你需要手术而你却不能或不想做时，可以让医生开 Actigall（活性成分是熊去氧胆酸）。注意，并不是所有的胆结石患者都需要治疗，广告宣称“症状轻微的患者或许只需让医生观察病情，看是否有进一步的发展”。

— 在这则广告中，Actigall 被描述成一种结石消融剂，腹泻是其最常见的副作用。广告指出“在结石完全溶解后的 5 年内，多达 50%的患者出现胆结石复发”，广告结尾处写有“遵医嘱”字样，并给出了药品的简明资料。

在筹备面向消费者宣传的同时，Ciba-Geigy 还在医学期刊上用了 2 个版面来发布广告，并在侧栏中以“公司高管虚拟对话”的形式向医生解释消费者广告的策略。

— 针对医生的专业广告刊登在 1 月和 2 月的医学专业期刊上，其中包括《美国医学协会杂志》《美国家庭医生》《美国医学新闻》和《内科医学新闻与医疗经济学》。广告同时被刊登在一些药学刊物上，如《药物专题》《药学时报》和《美国药剂师》。此外，500 名医药代表在向医师和药剂师介绍 Actigall 时，还散发了 140 万份宣传手册。

设计专业推广活动的目的在于消除医生对直接面对消费者广告的抵制。

1992 年，一个消费者广告（当时是 Marion Merrell Dow）向使用 Cardizen 的患者介绍新一代的 Cardizen CD（Cardizen 控释胶囊）。它是这样说的：

> ➢ 新一代 Cardizen CD：
> ➢ 更经济合算。
> ➢ 服药更方便。
> ➢ 询问你的医生 Cardizen CD 是否适合你。
>
> 广告还提供了一个免费咨询电话，患者可以拨打电话免费订阅 CardiSense——一个关于健康生活的时事通讯。
>
> 这则广告瞄准了 3 个契机：
> ➢ 在患者的帮助下，它可以提醒医生注意出现的新产品。
> ➢ 患者换药时，可以避免换成仿制药，因为没有具有等效性的仿制药（参考生命周期章节）。
> ➢ 得到 CardiSense 订阅用户的邮件列表。

信息

在第 13 章，我们列出了处方药广告中的诉求类型。它们构成了促销信息体系的一部分，涵盖了以 3 个目标之一。

告知

这些信息都是教育性的：

- ➢ 我们是新的，而且目前有货。
- ➢ 我们的某些方面发生改变了。
- ➢ 教你正确使用我们的产品。
- ➢ 你可能忽略了某些用途。例如，Berocca Plus 片的广告向医生推荐了一些适合“营养疗法的对象”：
  - — 1 000 万名酗酒者。
  - — 2 550 万名老年患者。

— 2 350 万名手术患者。

— 500 万名住院感染患者。

— 数以百万计低卡路里饮食的减肥人群。

辅以示例性患者图片的广告可以非常清晰地传递信息。

说服

大部分的产品推广，其本质就是说服。“选择这个产品吧，我会告诉你为什么。”表 13.1（第 13 章）中的诉求旨在说服受众人群，而业内的各种组合推广和所有的推广媒介都采用了这些诉求。

提醒

关于这一方面大概也没有什么新信息可以说了，但是没有人会将飞翔在 40 000 英尺高空中的飞机的引擎关掉，原因仅仅是它飞行得太顺利了。一幅苹果的图片常年占据着《美国药学会杂志》的封底，这是一则广告，它的口号很简单：“罗氏芬，一天一次。”

生命周期

前面提到，西乐葆（Celebrex）因为 1999 年的成功上市，被评为“年度品牌之星”。而 1995 年《医药广告新闻》评选出的“年度品牌之星”是普雷马林（Premarin），这个药当时已经上市 52 年了！编辑们选择普雷马林的原因如下：

- 持续增长的能力。
- 开发不同适应症的能力。
- 专利到期后的生存能力。
- 维持医生和患者信任的能力。

惠氏制药在其广告中用大标题宣称："普雷马林无可比拟。"

从西乐葆到普雷马林，每个产品均会经历生命周期的不同阶段。因此，推广工作的挑战之一就是要适应甚至有时要去影响每一个阶段。

在产品引入阶段，市场人员必须告知产品的有效性，有时还需要通过解释新的药物类型来产生基础需求，如同西乐葆案例中所说的那样。因此，市场先驱者往往为后来者奠定了基础（默克在宣传 Vioxx 是 COX-2 抑制剂时就容易得多）（见表 15.1）。

表 15.1　上市活动

广　告	市场营销	销　售
确认宣传资料和促销费用	市场营销服务	销售推广
确认直邮广告费用	收集和分析市场数据	具化细节
联系广告代理商	准备初期市场计划	制定销售报表
开发图形概念和策略	进行专题小组讨论会	制定初步上市计划和进度
准备初步的杂志广告费用	要求工作成本分析	准备进度会议
提交期刊广告进度	进行初期市场预测	设计展会展板
提交期刊广告方案	要求稳定性研究	设计和制作幻灯片、卡带或视频节目
制作并发送直邮广告/推广材料	发布新药申请的包装要求	
测试和批准杂志广告	确定产品和包装费用	草拟上市和销售计划
准备会议展板（加工制作）	进行专题小组调研数据分析	向广告代理商发送销售报表
设计广告草图	发布产品和包装价格	发送会议展板
制作宣传视频	开发最终样品包装	审查上市及销售计划
审查和确认期刊广告进度	完善和发送包装流程	确定会议小组
规划和审批推广资料要求	发布包装细节	制作会议展板
筹备并奖励中标的推广资料	发布包装规格要求	打印上市和销售计划
印刷直邮和推广资料	发布预算	向员工发布终版广告插页
让广告代理商向期刊发送插页广告订单	发布生产订单	运输会议展板
	产品营销专员	内部通告上市销售计划

续表

广　　告	市场营销	销　　售
设计新闻稿	确定营销计划	内部通告最终的新药申请批准结果
在商业期刊发布新闻稿	市场计划提交管理层	内部演示幻灯片、磁带或视频节目
邮寄推广资料	联系批发服务商	销售培训
	联系销售推广	培训部门进行评估
	与政府事务沟通	准备疾病及产品知识培训
	与医院沟通	将疾病知识单元发送给参与测试的
	与会务部门沟通	员工
	与零售商沟通	将产品知识单元发送给参与测试的员
	准备初期市场预测	工发布最终培训课程
	准备初步产品报告	根据最终的产品说明书修改培训内容
	准备单位销量预测	
	规划预算	
	提请工作费用分析	
	最终确认	

资料来源：Bert Spilker, *multinational pharmaceutical companies*（Philadelphia,PA: lippincott-raven）, p.362.

在产品成长阶段，推广者负责建立“我们的品牌最好”的概念，以刺激选择性需求。在这一阶段，基于价格、安全性、疗效、易用性等因素的对比推广是常用的策略。

在市场成熟阶段，可能有很多竞争产品，这就需要加大推广力度，常需更多的投入以维持市场份额。对于一直保持高市场份额的公司来说，“提醒物”的促销形式相对来说代价不高，以表达“我们的品牌真的更好”的诉求。

在销量滑坡阶段，推广活动应减少，主要精力可能会被有的放矢地投入到还会继续使用该产品的消费人群上。

请注意，以上各阶段的长度都是会变化的。此外，与研发部门在引入新适应症、新剂型、新包装等方面合作，能够使推广传达出新信息，从而延长甚至改变每个阶段。例如，高特灵就经历了 2 次产品引入期，第一次是作为高血压的治疗药物被引入的，第二次是作为治疗良性前列腺增生症（Benign Prostatic Hyperplasia，BPH）被引入的。

产品因素

产品性质（以及其适应症）会影响推广的性质。有些产品需要详细说明才能有效使用，这时人员销售可能会比较有优势。有些产品可能与同类产品作用不同。实际的物理外观也很重要。出于种种原因，处方医生可能需要了解产品的外观或者口感。产品的命名也很重要。由于名称混淆，也曾导致严重的医疗事故，所以不应让处方医生在学读产品名称时有太多障碍。

这产品一天服一次就有效吗？儿童能否耐受？它真的是独一无二的吗？

1999年3月的《研发动向》（*R&D Direction*）对46个新获批的药品进行了分析，结果显示每种新药都有1个或多个独特的特性可供推广。比如：

- Celebrex（西乐葆），前面已述。
- Paxil（百可舒），治疗强迫症及“社交焦虑症”（一种新适应症）。
- Zofran-ODT（枢复宁口内速溶片），针对不能用栓剂或片剂的肿瘤患者的一种新剂型。
- Combipatch，首个贴片剂型的混合激素替代治疗方法。
- Preven，首个性交后72小时有效的紧急避孕药。

文中的这些例子都可借鉴，从而提高推广效率。

在研究及理解了市场环境后，首要且最关键的决策是目标产品受益者的选择。做好这个决策之后，市场管理团队就必须确定产品的竞争定位。

什么是定位

美国著名营销专家 Ries 和 Trout 对“定位”的定义

“定位并不是要你对产品做什么事情，而是把产品定位在你未来潜在客户的心目中（以长远的眼光来定位产品）。最基本的定位方式不是去创造什么新的或与众不同的东西，而是去操纵那些已经存在于人们脑中的概念和想法，或是与之建立联系。”

定位笔记

- 定位始于对市场的划分,这种划分基于不同目标群体希望从产品中获得的不同益处。
- 定位往往依靠直觉。
- 定位有助于根据某些决定性因素(如产品益处和质量方面的特征)形成一张虚拟的竞争对手分布图。
- 定位图有助于识别机会，并能明确产品当前的定位和期望的定位。
- 定位的目标是使产品变得独特，特别是在目标人群的脑海中占有一席之地。
- 定位包括认真考虑公司产品线上的所有产品。
- 集中资源和推广力量于某个特别的定位或质量特点是攻击定位的最好方法。
- 对现有产品重新定位、引进新产品等积极主动、灵活的反击是保护定位的最好方法。
- 设计产品时，要确保质量包含在最能影响产品竞争性定位的特征中。

定位策略分类

- 产品属性定位。
- 性价比定位。
- 使用/应用定位。
- 用户定位。
- 产品类别定位。
- 竞争定位。

Zoloft(左洛复，盐酸舍曲林)

生产厂商：辉瑞

定位类型：产品属性

左洛复适用于治疗抑郁症，百优解(Prozac)是其主要竞争对手。左洛复通过不断改变广告的标语和图片，试图在医生中建立该产品能使患者生活更快乐的形象。

Pravachol(普拉固，普伐他汀钠)

生产厂家：百时美施贵宝（原研厂家：日本三共，1 335 亿日元）

定位类型：使用/应用、竞争

Zocor（舒降之，辛伐他汀）

生产厂家：默克

定位类型：使用/应用、竞争

这两个产品作用机理一样，都是 HMG-CoA 还原酶抑制剂，皆属抗高胆固醇血症药物。但它们之间又因与心力衰竭相关的适应症不同而存在区别。普拉固将自身定位于针对特定的患者风险，强调降低首次心梗发生的风险；而舒降之定位于更宽泛的患者风险，强调通过降低冠心病死亡、非致命性心梗和心肌缺血再灌注损伤来降低总体死亡率。

Allegra（艾来，非索非那定，特非那丁活性代谢产物）

生产厂商：德国 HMR（现赛诺菲集团旗下）

定位策略：产品属性，性价比

艾来是一种抗过敏药，公司一直想要用它来替换 Seldane（敏迪，特非那定）。为了与老药区别开来，公司将艾来定位为非镇静类抗过敏药，给医生提供了一个更好的治疗选择，同时与敏迪等其他非镇静类抗组胺药相比具有更好的性价比。

Kytril（凯特瑞，盐酸格拉司琼）

生产厂商：SmithKline Beecham（史克药厂，已合并于葛兰素史克）

定位策略：性价比

凯特瑞是一种止吐药，主要用于预防肿瘤化疗引起的恶心呕吐。与主要竞争对手 Zofran 及其肠外剂型相比，凯特瑞是从药物经济学角度给自己定位的。

Tylenol（泰诺，对乙酰氨基酚）

生产厂商：McNeil（现为强生子公司）

定位策略：使用/应用，竞争

泰诺定位于与换季相关的特定症状的疾病类型。此外，它没有胃肠道副作用（该副作用会加重伤风感冒和流感），并以此与其他镇痛药区分开来。

Naldecon（盐酸苯丙醇胺、氯苯那敏、苯托沙敏、盐酸苯福林）

生产厂商：Apothecon（BMS 旗下）

定位策略：用户

Naldecon 是一种治疗咳嗽和感冒的药物，共有 4 种剂型，是老人、成年人、儿童和婴幼儿制剂。Naldecon 的定位是做各个年龄阶段都适用的药物。

Nyquil（奈奎尔、琥珀酸多西拉敏、氢溴酸右美沙芬、对乙酰氨基酚、盐酸伪麻黄碱）

生产厂家：宝洁（Procter & Gamble）

定位类型：应用

Nyquil 是针对伤风感冒和流感症状的药物。由于这些症状在晚上会加重，所以 Nyquil 的定位是用于缓解夜间症状。其定位独特，对消费者很有吸引力。它是成功定位的经典案例。

整合营销组合

如今，推广手段已越来越多样化。除了传统的 4 种方式——个人推销、杂志广告、直邮、试用装，还有许多其他的推广方式，从咖啡杯到互联网。如何能最有效地利用这些方式呢?

营销组合的整合面临两大挑战：一是推广信息的一致性；二是预算（预算会在后面讨论）。表 13.4（在第 13 章）不完全列举了推广组合决策的标准示例。

表 15.1 说明了整合过程的复杂性，但也仅涵盖了新产品上市的部分活动计划。

尽管也有其他部门参与其中，但最后都是由市场部来协调上述及其他所有活动费用的。此外，公司内部有些推广活动可以不同的面貌呈现（如医学教育）。总之，寻找合适的整合方式 与其说是一门科学，不如说是一门艺术，即使分类工具一直存在。

预算

试想一下，销售副总裁刚被告知她的销售预算（而不是销售指标）被砍，用去做直接面对消费者的广告。在财务资源总是有限的情况下，这种费用冲突常常发生。

企业很少披露推广费用的多少和用途分配。比如，我们可以知道先灵葆雅 1999 年在消费者广告上投入了 2.23 亿美元，但它在人员销售上花了多少却不得而知。

我们希望制定推广预算的过程是精打细算的计划，而不要成为内部争夺钱的斗争。现在有工具可以帮助制定这些决策。

《今日产品管理》（*Product Management Today*）1993 年 12 月刊中，Robert Girondi 阐述了一种可将逻辑系统应用于推广企划中的方法。

“在制订药品推广计划中运用相对媒体价值”

制订推广计划比以往任何时候都重要，以前从未有人这么关注过营销的投入产出比（Return on Promotional Investment，ROPI）。而现在，广告公司及其服务的产品组都在通过不同方式问同一个问题：通过当下的这个推广计划，我到底能得到什么样的可衡量的回报？

在日复一日的工作中，我们通过比较曝光率高但影响小和曝光率低但影响较广的媒体价值，以进行定性判断和相关决策。我们不得不根据确切的投入产出比做出决策，如是否采用电话留言便笺纸、杂志广告、销售拜访或病例卡来传达信息——而做出以上决策通常基于相对成本、个人经验、销售人员的介绍等考量，直至今日还没有其他更好的考量方法。

信息的复杂性

回答上述问题实际上要取决于所要传达信息的复杂程度，以及所选媒体使产品达到宣传目标的能力。宣传目标可以理解为目标医生在处方你的产品之前会提前与你取得联系。最后，在实际工作中常要用到媒介组合，这就引出了一个更重要的问题：当下这些各不相同的媒体，其相对价值各是什么？

凭直觉，我们认为电话留言便笺的影响力要弱于销售拜访，但是到底差多少很难知道，尤其考虑到前者可以比后者显著提高品牌的曝光率。

为了找到这个重要问题的答案，并且真实记录医药界常用的各种宣传媒介的“相对价值”，HCI 公司在过去 5 年中在 12 000 多名医生中做了 260 多个对照试验。在经营中，若必须以最小的成本产生最大的效果，这项研究的结果可以为我们比较不同媒介相对价值时一次性提供所需细节（见表 15.2）。

表 15.2　相对价值的研究结果

推广方式	与杂志广告相比的相对价值
晚餐会	5.00
研讨会/大会	4.66
销售辅助的细节（首要）	3.33
销售辅助的细节（次要）	2.33
医学电视	2.00
用会议进行产品介绍	1.66
直邮	1.17
细节提示	1.00
杂志广告	1.00
参考类出版物	0.66
处方垫片	0.33
其他办公用品/便笺本/笔	0.16

资料来源：新泽西州普林斯顿的 HCI 公司。

重要的是要理解“相对价值”不是根据销售反馈来评估的，而是基于在某个进行中的项目的常规媒介组合中，传播信息的媒介能给出下次曝光机会的相对能力。

有了这个信息，就可以准确地衡量并组合杂志类和非杂志类媒介渠道，包括人员推销、大型会议、晚餐会等推广形式。

相对价值在推广策划过程中的应用

为了最有效地使产出投入比最大化，需要强调一下这个逻辑缜密的决策过程中的几个步骤：

1. 综合处方周期要求（每周必须拜访某个客户几次，以达到让他们记住、可执行的效果）、产品推广周数和目标客户的定义，产品组就可以推断出要达到预期效果所需要的曝光值（见表15.3中的A）。

2. 根据产品的生命周期，配比适当比例的非人员媒介进行一部分品牌宣传（见表15.3中的B和C）。例如，处于生命周期初始阶段的产品需要在目标受众心中确立它的定位、建立品牌知名度及普及其益处，同时获得目标市场中创新群体的认可。研究显示，杂志广告是一种覆盖面广、出现频率高且成本低的推广方式，可以更高效地达到推广目的。因此，75%的品牌曝光是通过杂志广告的形式辅以一些非杂志类的印刷媒体（如处方垫片、产品介绍手册等）来实现的；剩余的25%是为了更频繁、更有规律地覆盖重量级处方医生，这就不能仅仅依赖杂志了。

表15.3 曝光目标值：降压药——等价值调整

	产品周期初期		调整后的等价值	综合预算（美元）
采购周期	3		3	
工作周数	× 50		× 50	
目标受众	× 122 000		× 122 000	
目标曝光值 A	18 300 000		18 300 000	
人员拜访曝光值 B	366 000	D ×3.3	1 207 800	
需要的曝光值	17 934 000		17 092 200	7 435 107
杂志曝光值	13 450 500		12 819 150	4 671 277 E
非杂志曝光值	4 483 500 C *		4 273 050 C *	2 563 830 E
达到的曝光值	18 300 000		18 300 000	

注：*杂志与非杂志媒体比例为3：1。

我们现在可以把上面讨论的相对价值应用到策划流程中。回到我们的那个例子中（见表 15.3 中的 D）：就传递信息的能力来说，利用销售工具进行基本产品介绍的相对价值是杂志广告的 3.3 倍，所以通过产品介绍带来的品牌曝光价值就从 366 000 上升到了 1 207 800（366 000×3.3）。这就使非人员印刷媒体带来的额外品牌曝光降低到 17 092 000，这是利用之前确定的杂志与非杂志媒介 3：1 的比例进行调整后的结果，同时也是产品生命周期中最合适的状态。

3. 结合已知的媒介成本、处方周期要求、推广周期内的工作周数及目标受众的定义，就可以将基于频率的品牌曝光目标换算成完成市场计划所需的等值资金。

4. 必须为总体的投资回报率（Return on Investment，ROI）计划及战略实施建立推广预算标准。为满足这一需求，可以将曝光方式分配转换为资金预算，这只需将各媒介的曝光分配乘以对应的平均成本（见表 15.3 中的 E）。以下几条适用于这个案例：

- 1 280 万次杂志曝光，每次成本 0.38 美元（490 万美元）。
- 430 万次非杂志类媒体曝光，每次成本 0.60 美元（260 万美元）。
- 为完成目标，整体印刷品预算 750 万美元。

这个“草根”的零基础预算，可以进一步完善以更真实地反映竞争花费水平或者反映标准响应模型（看哪个更合适），甚至适用于采用这 3 个完全不同途径的平均花费水平。

制定媒体进度表

一旦确定了具体的经费，就可以制定相应的媒体进度表。也是在这个阶段，可以根据不同媒体的相对价值做选择（这是一个非常精彩的话题，但并不是本案例的主题）。

这个流程值得一试，特别是该流程可以将“如果”的方案考虑进去。其益处多多，其中之一就是使推广策划者感觉舒服——这是一种可信度，可以很好地帮助策划团队捍卫其建议的推广费用。没有什么比研究得出的数字更能强化接受度了。

应用研究得出的医药营销媒介的相对价值所带来的益处比比皆是，而且显而易见。特别是可将产品介绍与其他推广方式结合起来，发挥更强的协同作用，并且保证最优的投入产出比。（经允许，转载自 1993 年 12 月《Product Management Today》。）

小 结

作为4P中最重要的因素，推广（Promotion）承担着传递和说服的责任。这种责任履行得相对有效，尽管可能并不是一直高效。推广的创新属性总能使创新性比结果更受到关注。

由Med Ad News每年发布的“曼尼”年度广告代理奖（the “Manny” Awards for the Advertising Agency of the Year），采用如下几个标准来甄选获奖者：

- 管理能力。
- 收益增长。
- 创新的营销能力。
- 新客户数量。
- 客户流失量。
- 吸引、培养、保留人才的能力。

尽管这些对涉及广告及其他推广媒体的成功很重要，我们仍需衡量和奖励传递与说服的能力。

第 6 部分

结　论

第 16 章

前景：治疗与患者需求的结合

米基·史密斯

在最后一章，我们想总结一下前面的内容。我们将检验之前所提出的假设，即有良好的药品营销才能造就好的药品，同时总结一下本章中 4P 的某些内容。①

药品营销的公众认知

没有哪个行业的市场营销活动像制药业这样受到如此频繁、如此不准确、如此不公正的批评。“市场营销”这个词经常使用不当，还带有那么一些贬义。批评家们通常带有包括下述 1 种或多种负面的意见，仿佛根本没有意识到药品营销的正面意义。

① 本章的大部分内容引自国家制药委员会（National Pharmaceutical Council）副主席理查德·利维（Richard Levy）博士和米奇·史密斯撰写的一篇专著《药品营销是治疗与患者需求的结合》。这篇专著由全国制药委员会发表于 1993 年，这里使用这些材料得到了委员会的允许。这一章节在出版伊始，以我们的最佳见解，发现并预测了当时还刚刚初露端倪的一些趋势。在此期间，这些趋势中有许多已经发生，最值得注意的是制药公司需要展示药品的经济利益价值，并与患者直接沟通。在过去的几年间，这些领域的活动越来越多，证明（这些趋势）确实在发生。

不准确的负面意见

- 药品的开发并非基于患者或支付人的需求，市场营销就是为了销售那些脱离现实的研究者们发明的没有用的、昂贵的、多余的药品。
- 推广活动是没必要的。具有重大意义的好药自然不愁买家。医生们肯定知道哪些是新药、好药。推广活动的偏见太大了，以致对于医生们来说既不可信也没有用。
- 公司在市场营销上花费过多，特别是推广活动和广告。
- 市场营销抬高了药品成本。
- 药品的营销活动主要就是推销。市场营销的其他那些隐性功能（如维持高效率的分销渠道）显得没那么重要。
- 刺激药品的需求量是不对的，这是在鼓励不必要的消费。

简而言之，批评者们相信，市场营销对药品来说没什么附加值。这些通常情况下被强烈坚持的观点，说明市场营销在制药业的作用亟待澄清，还需要描述它所赋予产品的实际价值。当然，这些也是本章的目的之一。

药品营销的定义及作用

很明显，使市售药品剂型便利、口感美味、包装高效是很有实际价值的。然而，市场营销还为药品增加了许多其他更深层次的价值，不过其中大部分是隐性价值，还没有得到广泛的理解。

市场营销的基本功能是技术转化。药品只有在被需要的时间和地点，才有其价值。药品研发的本质就是收集化合物如何在人体中起作用的信息，而药品营销的本质就是与医疗服务提供者和消费者沟通这些信息。因此，研究、开发和市场营销是一条信息链中的不同环节，通过这个信息链，研究概念被转化成临床上有用的治疗工具，这些信息也逐层搭建，使其对医疗保健系统来说更有用。将技术信息通过市场营销传递给终端用户是制药业创新的关键一环。如果医生不知道新药带来的治疗机会，就谈不上实现有效的创新。

市场营销这条主线贯穿在制药业的整幅巨作中。它把这个复杂行业的许多方面结合在一起，也是所有成功的制药公司业务运作的基础。在我们严肃地讨论政府对医疗行为的严格监管时，决策者和公众必须认识到，制药业和其他医疗保健行业的营销，是，也必须是，其母体产业不可分割的一部分。如果要更完整地理解药品营销，就要认识到市场营销不仅是一个必要的商业功能，它对于全体国民的健康也是至关重要的。下面就是建立这些理解的核心概念。

产品开发的驱动力

制药公司愈发有组织地反映这样一个事实，即为了取得商业成功，必须把研发与客户需求紧密联系起来。市场营销人员加入到产品开发团队中，能提供分别来自患者、医生和支付人的独特视野。

药品本身没有任何诉求；我们所需要的是其给患者生命带来有益作用，以及医疗费用上的考量。因此，终端用户的看法和需求是产品开发的指南。市场营销活动就是为了找到需求所在，优化产品以满足这些需求，并就产品的实用性及特性与医生、患者和支付人进行交流。因此，药品开发是“消费者驱动”的；营销活动把使用者的需求与合适的产品联系起来，这在药品创新的每个阶段都是必不可少的一环。

产品开发是一个圆，它始于患者，从于患者，也止于患者。在这个过程的每个阶段中，市场营销都起到了交换信息的作用。市场营销的作用依次是：

- 基于患者需求做出评估，指导药品创新。
- 与医生沟通药品的可用性和特性。
- 促使患者合理用药。

市场营销推动我们从患者需求未获满足的状态开始，直到许多这些需求都可以通过新疗法得以满足的阶段。然后，当市场营销又发现了产品的不足之处时，这个周期又重新开始。

市场营销并不是强迫医疗专业人士使用产品；相反，它只是向医生们提供信息，让他们可以从经过细致描述各自特征的药物中，选择符合患者个体需求的治疗方案。

患者的治疗需求千差万别，取决于疾病的性质、症状、并发症、合并用药、对特定副作用的耐受性、年龄、性别、种族和人种背景、以前的用药经历、过敏，以及许多其他因素。实用药品选择的范围越大，就越能准确地找出最适合的治疗药品。市场营销活动通过向专业医疗人士提供产品特性，让他们能根据得到的信息做出最适合的选择。

市场调研活动通过了解患者未满足的需求来寻求商机。例如，虽然对更好的癌症治疗有明确要求，但还是需要通过调研来了解现有疗法的具体缺陷、烦扰、可被消除的副作用及需要改善的顺从性问题。市场部需要找出这些潜在的问题，并将这些信息传达给研发团队。

市场部必须从患者和医生中找线索。即使有强大的销售团队支持，仅仅为了满足并不存在的需求而设计的产品也注定会失败。市场营销失败的代价巨大，最终其成本将被转嫁到消费者身上。市场营销通过扫除那些在商业上注定要失败的参与者，以帮助降低成本。

有些产品在开发期间就被终止，另一些也可能被重新定位。然而，市场较小本身不一定会使产品灭亡；制药业的“孤儿药”开发就证明了企业界满足真实的医疗需求的意愿，尽管实际上获得经济收益的可能性较小。最大化的商业成功，可以通过开发“用户友好”的产品加以实现，如优化的剂量、剂型、口味、方便使用、耐受和包装。获得 FDA 认证，并不是药物研发的终点；它（药物研发）只是指明了一个全新的方向，其成功与否主要取决于市场的考量。上市后的典型研发活动包括如下几个方面：

- 给老年人和其他患者群设计的更低剂量的制剂。
- 增加适应症。
- 长效给药系统，减少给药频率。
- 改进口味和包装。
- 深入描述并量化不良反应。

除了确定患者症状、满足患者需求这个主要作用外，市场营销现在又面临向支付人证明产品经济价值的挑战。政府、医疗管理组织、医疗服务的购买者及其他出资人，现在对于所有成分的价格和价值都会进行仔细地分析，包括药物制剂。

20 世纪 80 年代，制药企业开始对这些新的市场要求做出积极反应。它们开始把技术评估作为一个新的“赛场”，并且展现自身价值已成为一种新的竞争手段。大型企业开始提供“成本—效益”分析的技术，这是因为它们相信（这是正确的），这些研究在市场上将越来越受欢迎。

大型制药公司在建立、资助和优化药物经济学这个激动人心的新领域方面，扮演着重要角色。这个领域具有重大意义、影响深远的事例，至少可以追溯到1977年，Smith、Kline & French证明了用西米替丁代替手术治疗溃疡具有重大的经济利益。1981年，凯西美储大学流行病学和社区医疗学教授邓肯·纽豪瑟（Duncan Neuhauser）在回顾了大量该公司赞助的经济学研究后，认为这是一项重大的贡献，并宣称此类分析“适用于大范围的医疗干预”。

药物经济学的进一步发展仍在继续，现在有无数的研究文章比较替代药物治疗，寻求药物治疗与其他治疗手段相结合，评估药物价值与其价格的相互关系。

这些活动成为市场的一个驱动力。近年来，评价药物健康经济学的发表文献呈爆炸态势。研究的范畴已经扩展到如下领域：生活质量评估、疗效度量和决策分析。各大公司也特别注重使药物经济学研究成为产品营销策略中证明信息和科学效力的因素。现在，这些先锋技术也被制剂委员会、第三方管理者和政府决策者作为一种正经的工具用于决策制定方面。

市场营销压低药品价格

制药业面临的一个特有问题就是公众对其产品通常持有的负面看法。每个人都希望能迅速缓解症状、有效治愈疾病，但是很少有人由衷地因为达到了这些看似简单目的的药品价值而感到满意。还没有表现出症状的患者通常都不愿意为了没有立竿见影或明显好处的药品付款，而更乐意把钱花在一些有明显价值的东西上——新衣服、电影票或去饭店大快朵颐。疾病患者或慢性病患者购买药品时往往掺杂着病痛带来的负面情绪。最后，药品通常要先付款，而且价格不菲。另外，那些更昂贵的医疗服务通常要求基本医疗保险的覆盖作为缓冲。这些因素综合起来，使得药品不受欢迎——其价格甚至更不受欢迎——似乎从来都没有合适的价格，只有“过高”的价格。

然而，当公司为了竞争市场份额时，市场营销的确有助于控制药品价格。整个仿制药行业采取主要基于价格的竞争战，但是在相同的治疗领域，不同品牌药品之间也一直存在着价格竞争。虽然不同的产品极少在治疗上等效，但也通常可以找到大致的替代品。因此，市场分析不充分导致定价过高的产品将鲜有人问津。

除价格竞争的机制外，市场营销还通过扩大消费者的基数来降低药品价格。产品定价在某种程度上基于对市场容量的估计，因此通过推广活动刺激合理的需求来挖掘市场潜力很有必要。药品的广泛使用可以扩大经济规模并降低价格。研发和制造费用分摊到更大的基数上，单位成本就降低了。这就是为什么广泛使用的慢性病用药（如针对关节炎和高血压的药物）的价格远低于患者人数相对较少的药品（如肿瘤产品）。

通过高效率的分销节约成本：市场营销的一个关键因素

药品不会自动找到通往药房货架的道路。一个很关键的却很少被提及的药品营销功能就是建立和维护药品的实物流通系统。美国的营销业建立了全世界最高效率且最具成本效益的分销系统。

这个系统让我们可以把拯救生命的新药在获得上市批准后迅速分销到各地。在获得 FDA 批准后，关于这个新药的重要信息可以立即与全美所有的临床医师们交流，并在 48 小时内把药品运送到全国的各个药房。

这个分销系统还能通过通知医生、药剂师重要的、新发现的不良效应，从而得以迅速、正确地针对坏消息做出反馈。如果质量控制或药品贿赂的问题被发现，则可以迅速追溯到该批次药品的销售终端，并从各个药房召回产品。

事实上，任何处方药在美国的任何一个小镇上都有销售就足以证明这个系统有多成功。这个分销系统是由制药业的制造、批发、零售共同组成的。这个系统对于消费者来说实际是隐形的。

制造商只是复杂的制药工业中的一环，许多其他成员同样在药品的供应上起着重要的作用。要在制造商与消费者之间成功建立高效的互动，就需要建立一个复杂的分销渠道，其中包括独立药房和连锁药房、邮购服务供应商、药品配送专员、医生和药剂师、批发商、零售商、医院、诊所和政府设施。至于选择哪种渠道，则取决于实际情况、不同患者的需求和愿望。患者所在地理位置和已有的分销渠道则会影响厂址选择、仓库、销售区域的扩展及产品的运输。

数以千计的终端零售药房本身也是制药业的一个组成部分。许多药房还提供送药上门服务——无与伦比的方便。受惠于制造商的自由退货政策，消费者可以更方便地获取药物，这样就让药剂师得以储备许多药品。另一些“后台”营销活动将生产者与分销商联系起来，以帮助确保产品的供应。宽松的信贷政策、高效的进销存系统及关于公司产品供应和药品性质的良好沟通都确保了患者能确实获得他们需要的药品。

制药业的批发商对这个系统的高效率和成本节约起到特殊的贡献。批发商选择、购买并在药房附近保存商品。批发商通过集中采购、以经济的方式批量分销、把商品运送到药房来节约成本。这个功能减少了转移交易次数，为系统节约了相当一部分成本。

据全美药品批发商联合会（The National Wholesale Druggists' Association）估计，每年通过批发渠道的总交易量为4 030万美元（制造商至批发商的交易量为780万美元，批发商至药房的交易量为3 250万美元）。如果所有这些产品都是从制造商直接分销到药房，相对的交易量将为4.392亿美元。因此，批发运作使美国的药品交易额总量减少了90.8%。这就是说，药品在被分销的过程中，每年节约了100多亿美元。

与临床医师沟通：把产品与患者需求联系起来

制药公司也希望不要在药品推广上花费太多金钱；它们更希望把钱花在运作上，或发给股东。然而遗憾的是，虽然市场营销可能成功地以正确的价格供应正确的产品，但仍然可能因为没有与处方医生和分销商建立强有力的沟通，最终在市场上失败。推广活动就是进行此类沟通的一个媒介。

当然，推广活动的目的之一是促进销量。但是，制药行业的市场沟通活动，更主要的目的还是提供信息——教育医疗专业人士如何正确使用这个药品，何时使用，何时不能使用。其核心是，这是一个研究密集型、高科技领域，也是一种信息服务行业。

市场沟通活动经常成为众矢之的，这主要反映出人们不能完全理解以下情况：

➢ 沟通活动的必要性，最重要的是非商业来源的信息。

➢ 推广材料的准确性和有用性。

➢ 广告的作用和相对重要性。

为什么医学文献还不足够

几乎所有的医疗机构——从乡村卫生员到西方的某领域专家——都没有一个完整的机制要求医疗服务提供者在他们完成学业后每时每刻都能跟上制药业的发展。

目前，制药业的市场沟通活动代表了最有组织、最全面地更新医生及其他决策者知识的工作，让他们了解到特定药品的上市、安全性、疗效、风险及用药技巧。医学院、医院和医学社团认同制药业在教育上做出的贡献，也承认如果没有制药业的支持，在目前的水平上，他们没有人力和财力来支持这部分的医疗教育。美国医学会认为，制药业对医学教育的支持“是医疗系统的一个至关重要的部分”。FDA 局长 Kessler 指出：“很长一段时间以来，FDA 已经意识到，由制药业资助、临床研究者进行的演讲对于向医疗专业人士提供信息和教育方面起着重要作用。”

如果突然对所有药品推广活动施加禁令，新信息的引入将被阻断，这会立即对处方医生的知识水平产生负面影响。因此，在对这个必要的信息来源做出任何负责任的批评前，必须提供另一个可用的信息系统，而且这个系统必须能在覆盖范围、目的性、信息的时效性、沟通的有效性和费用方面与现有的系统相匹配。这些因素对于医疗服务提供者、支付人和患者的相对重要性可能不同，但是如果有另外一个系统，其可接受程度对于许多人来说可能都不及现有的制药公司主导的推广活动系统。一位学者曾提出用美国药品教育基金（National Drug Education Foundation）主导的项目代替商业推广信息。据估计，这个假想的项目理论上将需要每年 1.67 亿美元（按照 1976 年的美元汇率）的费用，这还一定是被低估的数字。

由制药公司提供的市场沟通活动是医生获取药品信息的一个重要渠道。与大部分医生参加的培训和正式的继续教育项目相比，制药公司通过市场沟通活动提供的产品信息更具时效性和活力。

特定的产品是否已经上市，是必须交流沟通的基础信息。医生在可以对某个产品开处方之前，必须首先知道其存在。医生为他们的患者实施被称为“代理搜索”的方式，即他们知道患者的需求，再搜索现有的产品的特性（以选择最佳用药）。虽然医生的搜索是积极的且有教育背景支持的，但是如果没有人（通常是制造商）通过一个正式而系统的工作知会其存在，医生是不太可能知道有这个产品的。

医学文献很广泛，但是实际临床工作中要获取产品信息其实很困难。从医生的角度，药品销售队伍是获取信息的一个效率极高且有效的途径。只需要投入 5 ~ 10 分钟的时间，不需要去图书馆，很少有时间阅读海量药品文献的临床医生就可以得到他们所需要的特定信息。销售拜访对于公司来说花费较大，但是对于医生来说却是一种极有价值的服务，可以让他们节省大量的时间，用以贡献于患者关怀。

制药公司赞助的医生教育信息交流，其相对重要性取决于某个产品的生命周期。对于新上市的产品来说，赞助商家是主要的信息来源，因为在这个时候，医学文献中极少有关于这个产品的文章。而商家在此时拥有该产品的大量信息，这是在支持其 FDA 上市批准过程中所收集的。因此，商业信息资源在知会医生新兴制药技术方面特别重要，这让患者能更早地受益于这些开发活动。（从商业的角度看，在上市时加强宣传分发产品信息对于确立产品地位很有必要，而总体的商业成功主要取决于产品周期前几年的运作成功。）随着产品的日益成熟，公开发表的文献中关于此产品的报道越来越多，产品教育的担子又转移到了官方医疗文献、评论、综述及其他出版物上。

成功的药品推广有赖于医生对患者适应症及所提供的药品作用机制的理解。例如，在公司介绍第一个 β 受体阻滞剂、第一个口服降糖药时，其中的一个任务就是要回顾药物潜在作用的生理学机制。这些活动中包含了相当重要的教育价值。

针对医生处方的教育活动，有时必须先于协助医生进行诊断的工作。例如，关于溃疡性结肠炎，20 世纪 60 年代早期的研究显示，一线临床医师对这种病的诊断较迟，这通常导致选择有效治疗的时间也被推迟，有时甚至导致悲剧的发生。主要治疗药物的制造商正在努力教育医生改进疾病的诊断。这种努力当然有助于销售，同时能让患者得到更及时的临床关怀。

有些人认为，商业推广活动本身倾向性明显，因此其作为信息源的价值值得怀疑。虽然来自商家的信息的确会代表产品的最高光的一面，但是医生知道这种倾向性的存在，并且会进行相应的纠正。而且，销售代表在与医生的不断交往中是否能建立起信用度，就取决于这些信息的真实性。如果销售代表能建立一种互信的气氛，他们的推广活动就会更有效，而其基础就是准确地、不夸大地说明产品已被证实的适应症。如果销售代表的介绍偏离事实真相，他们的信誉将很快遭到破坏。

产品竞争让医生不得不面对多种倾向性，以及事实的多种方面，因为每个公司都会推广自己产品的优势，并将这种优势与其他产品进行比较。医生置身于这种多角度的信息量中，就能够了解到更多信息，为他们的每一个患者选出最好的药品。

药品推广的法规建立了符合规则、公平竞争的环境。FDA 明文设立了公司可以做和不可以做的药品推广活动的界限。沟通仅限于产品的首要优势信息，如疗效、改良的剂型、更低廉的成本、更少的药物相互作用等。同时，法规不允许销售代表向医生兜售产品官方标签以外的药效作用，即使有充分的临床证据显示产品对该标签外的适应症确实是有效的。

广告的视野

人们在提到推广时实际上指的是广告，即使广告只是推广活动的一小部分。这种公众可以看见的、引人注目的活动，实际上花费相对很少。

在制药业，在期刊广告上分配的花费占不到市场预算的 10%，而这笔费用据估计又有大约 20%是花在 FDA 强制性的简报上的。

在医学期刊上做广告的主要目的不是说服医生处方某个药品，或提供全面的信息，而是建立或强化产品形象或公司形象。要引起人们对新产品，以及原有产品的新批准适应症、新剂型和新不良事件的关注，广告是一种颇具成本效益的方法。广告能够刺激医生更有兴趣地从销售代表或期刊文献中获得更多信息。广告的目的不是为了传递信息；它主要是为了将产品区别于竞争产品。

虽然许多广告都是为了新产品，但也有许多是老产品的广告。这是为了提醒医生还有替代的治疗手段，最新的药品对于患者来说不一定就是最好的。新产品和旧产品的混合式广告有助于让医生意识到，在治疗某种疾病时还有一系列“均衡的组合”可以选择。

在医学期刊上做药品广告与做消费品广告不同；它是技术性和科学性的，FDA 对于这些广告上可以说些什么有严格的规定，而且仅限于已经获得批准适应症的标识。由于 FDA 对于违规行为的罚款很高、很严厉，而且违规行为对企业的声誉也很有害，所以企业都会尽力避免在广告中犯错或误导人们的行为。广告商团体（美国广告联合会，Association of National Advertisers）和广告代理机构（美国广告代理联合会，American Association of Advertising Agencies）也有自身的监管机制。

为了确保处方药品广告和标签的准确性、真实性和公正性，FDA 立法强制性规定，产品标签中必须包括最新的产品安全性和有效性信息；而且，这些产品标签必须以最有效的方式提供和分发。

在向公众分发前，制药企业必须先将所有准备分发的产品标签、广告、推广材料（印刷材料或视听材料）提交给 FDA。新处方药的上市活动也必须提交监管机构审核，以确认是否符合法规要求。另外，如果制药企业认为竞争对手的推广材料有违规行为，也可以要求 FDA 审核其竞争对手的材料。

虽然广告费用并不是市场部的主要费用支出，但是它的确在非商业渠道中起到了支持医学信息流动的重要作用。广告收入也让医学期刊的出版商和专业社团降低了向研究者、医生和图书馆提供医学期刊的成本。期刊的广告部与编辑部是严格分开的，广告收入对于医学报告的筛选或内容不会产生任何影响。

通过直接面向患者的市场营销节约医疗成本

虽然之前提到了一些不尽如人意的地方，然而大量直接面向医生的营销工作也确实反映出制药行业对于有效地与处方医生沟通这个市场需求的认识。但是，药品营销中存在一个重要的疏漏，即在延续性的信息传递过程中缺少最后也是最关键的一步工作，那就是与药品的终端用户——患者沟通。增加与患者沟通的营销费用将产生实际经济效益和临床效果。患者会更正确地、更坚持地使用药物，结果很有可能降低整体医疗成本。

大型制药企业已经日渐意识到过去在向终端用户传递信息“输送量”方面的失败，并且着手开展大量正规的直接面向患者和药品供应者的依从性教育项目。研究证明，这些提高药物依从性的营销工作可以有效地降低整体的治疗费用。

让患者合理地使用药品，是生产该药品企业的主要职责。这些致力于提高患者药物使用依从性的制药企业，已经不畏艰险地采取了行动，果断投入了市场资源。它们意识到虽然处方医生和药剂师在患者依从性教育方面扮演着一定的角色，但是制药企业不能太指望于他们承担主要职责。制药企业必须自己带头教育患者如何使用药物，并教给药品供应者如何有效地教育患者使用药物。在这些活动中，制药公司必须肩负额外的营销费用。

在过去的 20 年中，制药企业的市场营销者已经开始致力于一些直接针对患者的营销工作。虽然存在争议，但是这些项目增加了公众对疾病风险的认识，使高血压、溃疡、吸烟、更年期和抑郁症得到了早期治疗，同时改善了对避孕的管理。

前联邦贸易委员会高级经济学家保罗 · 鲁宾（Paul Rubin）曾提到："由于提供了药品的信息，处方药的广告和推广对患者来说是有益的。在医药市场，对医生或者患者的欺骗是尤其不可能的。"

鲁宾进一步断言，直接面对消费者的药品推广活动很有可能导致更低的价格：

> 如果针对专业人士的广告有任何不利的作用，则这样的广告有可能导致市场力的增加和价格的提升。有效地减少这种效应的方法是允许增加直接面向消费者的广告，因为消费者对于产品降价有着最浓厚的兴趣。增加针对专业人士广告的管理将会是有害的，而且不会产生收益。

梅森和鲁宾曾经提出，如果直接面向消费者的广告提供 4 种信息，药品价格将有可能下降。

- 某种疾病的存在：比如，可以有助于一个人认识到一种可治疗疾病的症状。
- 现有的治疗方法：对于已经被诊断的患者，如果他听说有一种新的治疗方法，他则可能返回医生那里寻求治疗。
- 副作用：当患者知道目前有一种更耐受的治疗方案时，他可能会与医生讨论，可能增加治疗的依从性。
- 风险：没有人能在不了解任何治疗相关信息的情况下，评估治疗的风险。

药品营销促进需求：有益于医疗保健体系

通过营销手段促进药品市场的需求有助于创造一个健全的市场，而通过限制营销活动、控制信息流通去尝试管理需求将造成市场的低效。

自由信息流通对市场经济而言是必不可少的，因为其基本目的就是满足客户的需要。在医疗这个大舞台，患者、医生/药剂师和支付方会有些不同的需求，并且他们会根据各自的目的、经济状况和价值取向对产品和服务做出选择。要在知情的情况下做出选择，任何一方都需要关于有效性、费用、竞争产品的质量和服务的良好信息。

在一个有效的医疗市场上，供需关系应该通过信息流不断地做出调整，并且有力的营销有助于推动这些信息流的更新。在经济体系中，这是市场营销的典型作用，但也存在一些顾虑，即通过刺激产品和服务的需求，催生出不必要和过度使用的产品，从而增加医疗支出。但是，这些价值判断最好还是让消费者来做出抉择，他们自己知道各自的需求并且会做出一个成本收益较好的决定——只要他们有相关的高质量信息。

这个医疗系统并不完美，药物有时会被过量使用，但在依从性较差的情况下，处方药使用不足（的情况）更加普遍，这些都会给社会带来更大的成本。对比其他形式的治疗，同样达到有效治疗效果，药物治疗一般来说都是最便宜的途径。药物未被充分地利用导致了治疗花费的增加，从而表现为对经济的负担。

虽然运作一个良好的医药市场需要药物的信息，营销工作是否合适、传递的信息是否准确也是非常重要的。不合适的药品营销工作的例子包括错误的信息、未经证实的结论，以及或微妙或公然的行贿。因此，制药行业应该控制的是信息的质量，而不是数量。

尤为重要的是，药品市场上做出任何的改变都应该是经过深思熟虑的，因为经过几十年发展后一个有效率、有能力的药品市场已经存在了。我们目前的医疗市场系统的最大的缺点是商品和服务在这个领域内缺乏公平配置，包括药品市场。政策的挑战是，在不破坏现有的有效和高效的激励研究系统的情况下，提供公平的药物准入。

后记

思齐俱乐部由一群志同道合的医药经理人在 2012 年年初创办，“思齐”取自《论语》“见贤思齐焉，见不贤而内自省也”。成立之初，由于没有针对医药市场的学习资料。思齐组织翻译了本书，作为俱乐部会员共同学习的资料。

分享的精神和学习的能力是个人和组织成长的核心竞争力，分享是帮助他人成长，学习是成就未来的自己。思齐本着“学习+分享+交友”的宗旨，打造了医药经理人的知识分享平台——思齐圈，并围绕思齐圈平台陆续推出了线下沙龙思齐讲座、新媒体思齐俱乐部、行业报告思齐白皮书、行业大会思齐年会、高端圈层见贤会等产品形态，致力于全方位满足医药经理人的学习和社交需求，助推会员的成长和行业的发展。

值本书重印之际，我仅代表思齐对蔺胜照先生以及协助翻译的同行们（按姓氏拼音顺序）表示由衷感谢：

白雪、鲍秋霖、卞文梅、陈蕊、陈思佳、陈文菁、陈艳、池敏、邓小兵、邓永培、丁选、董冰、窦一、段炼、方芳、方欣、符莹、傅莉莉、高璎、关培蕾、郭玲、郝群、何国蕊、和付林、洪薇、洪远东、华慧、黄浩、黄莉、黄密密、黄平、黄文静、黄文兰、黄艳丹、计瑶、贾易丹、金宇、静文、老东辉、黎浩、李天翱、刘保成、刘洪斌、刘佳明、刘乐尧、刘鎑、刘谦、刘伟、卢洁、卢婧、陆文渊、栾奕、罗青蓝、马新征、马卓然、彭金凤、钱考胜、秦亚宜、任正华、戎海瑾、生炜、施慧、王建华、王珏、王俊卿、王蕾、王天龙、王艺瑾、王震、王智、王呈超、温跃强、翁春春、吴兰霞、夏和雪、谢伟、徐欢、徐君、杨伶、杨茂区、杨琦、杨毅刚、杨莹、叶明、尹大默、尤晨、于桂玲、于立新、虞娟、张楚玉、张冬云、张晗、张剑、张敏捷、张祺、张蕊、张妍、张泱泱、张玉飞、赵洁、赵晓雯、郑承珉、郑一宁、钟华、钟幸、周奋华、周磊。

——思齐俱乐部创始人　洪远东

思齐圈
SiQiQuan.org
医药经理人知识分享平台

学习 分享 交友
20万医药经理人聚合地

六大知识分享场景
思齐的活动、直播、视频全在这里哦！

网站
思齐圈

新媒体
思齐俱乐部

高端圈层
思齐见贤会

线下沙龙
思齐讲座

行业大会
思齐年会

行业报告
思齐白皮书

扫一扫，加入思齐圈！

www.siqiquan.org

反侵权盗版声明

电子工业出版社依法对本作品享有专有出版权。任何未经权利人书面许可，复制、销售或通过信息网络传播本作品的行为；歪曲、篡改、剽窃本作品的行为，均违反《中华人民共和国著作权法》，其行为人应承担相应的民事责任和行政责任，构成犯罪的，将被依法追究刑事责任。

为了维护市场秩序，保护权利人的合法权益，我社将依法查处和打击侵权盗版的单位和个人。欢迎社会各界人士积极举报侵权盗版行为，本社将奖励举报有功人员，并保证举报人的信息不被泄露。

举报电话：（010）88254396；（010）88258888

传　　真：（010）88254397

E-mail：　dbqq@phei.com.cn

通信地址：北京市万寿路 173 信箱

电子工业出版社总编办公室

邮　　编：100036